마음으로 듣는 부처님 말씀

아 함 경

마음으로 듣는 부처님 말씀

중아함 222경과 장아함 30경에서
가려뽑은 부처님 육성 법문 100가지

홍 사 성

장승

독자들에게 사경(寫經)을 권하며……

사바세계를 살다 보면 뜻하지 않은 일로 고통을 당하는 경우가 많다. 갑자기 사랑하는 사람이 죽었다든지, 보증을 서 주었다가 채무를 떠안게 되었다든지, 한창 일할 나이에 몹쓸 병에 걸렸다는 선고를 받았다든지, 죄도 없이 송사에 휘말려 관청에 끌려 다닌다든지, 놀러 갔다 교통사고를 당해 불구가 되었다든지……. 이런 일들은 어느 순간 갑자기 찾아와서 우리를 당황하게 만든다.

이럴 때 사람들이 의지하는 것이 종교다. 신을 믿는 사람은 자기가 믿는 신에게 제발 이 고통이 빨리 사라지기를 기도한다. 점을 치거나 굿이라도 해서 액땜을 하고 싶어 한다. 세상에 그 많은 교회가 들어서고 점집이 번창하는 것은 그만큼 뜻하지 않았던 일로 고통을 받는 사람들이 많다는 얘기다.

불교의 경우도 신앙적으로 보면 이 범주에서 크게 벗어나지 않는다. 인간의 힘으로는 어쩌지 못하는 고통 앞에 맞닥뜨리면 신이나 성황님을 찾듯이 절에 가서 부처님 앞에 엎드린다.

하지만 부처님을 신과 같은 존재로 생각하고 그 앞에서 기도를 한다고 문제가 해결되는 것은 아니다. 부처님은 도리어 그렇게 생각하거나 믿는 것을 어리석은 일이라고 말한다. 부처님에 따르면 인간의 행복과 불행은 신의 뜻에 의하거나 숙명에 의해서도 아니고, 우연히 그렇게 되는 것도 아니다. 어디까지나 스스로가 지은 업에 의해 그렇게 된다는 것이다.

그렇다면 불교는 현실적 고통에서 헤매는 중생에게 아무 것도 해줄 수 없는 종교인가. 결코 그렇지 않다. 누구든 불교를 바르게 믿고 실천하면 고통의 근원을 제거하고 마음의 평화를 얻을 수 있다. 그 방법의 하나가 '경전 읽기'다. 어떤 사정에 의해 고통을 받게 되었더라도 마음을 다해 경전을 읽으면 도움을 받을 수 있는 것이다. 이것을 신앙적으로 말하면 가피(加被)라고 한다.

지난 몇 년 동안 나는 개인적으로 아주 어려운 일을 겪으며 지냈다. 나로서는 도저히 수긍하기 어려운 일에 연루돼 매우 힘든 시간을 보내야 했다. 솔직하게 말하면 사람이 미워지고 용서하기가 힘들 정도였다. 더욱이 평생 부처님 그늘에서 살아 왔으면서 그런 일을 당해서 분노를 삭이지 못하는 것도 스스로를 부끄럽게 했다. 그때 내가 선택한 방법이 '경전 읽기'였다.

내가 펴든 경전은 부처님의 육성이 담겨 있는 아함부 경전의 하나인 중아함과 장아함이었다. 중아함은 60권에 222경이 들어 있는 중간 길이의 경전군이고, 장아함은 22권에 30개의 긴 경전이 들어 있는 경전군이다. 이 경전들은 잡아함처럼 재미있는 에피소드 중심이 아니어서 재미는 덜하다. 하지만 우리가 인생을 살아가면서 유념해야 할 중요한 태도와 덕목을 제시하고 있다. 그런 점에서 이 경전들은 교리적으로 매우 중요한 내용을 포함하고 있다고 평가받아 왔다. 나는 이처럼 중요한 경전들을 한 자 한 줄 새겨서 읽고, 그것을 다시 컴퓨터에 옮겨 써 나가는 방식으로 독경과 사경을 했다. 그러는 동안 나에게는 작은 변화가 일어났다. 무엇보다 부처님이 제자들에게 잔소리에 가까운 훈계를 했던 뜻이 어디에 있는지 어렴풋이 짐작이 갔다. 그러자 원망하는 마음도 줄어들고 작으나마 평안이 찾아오기 시작했다.

이와 함께 좋은 인연도 만들어졌다. 〈불교신문〉에서 경전을 읽고 음미하는 칼럼 집필을 의뢰해 온 것이다. 마침 나는 이 책의 전편에 해당하는 잡아함에 대한 독후감 《부처님은 이렇게 말씀했다》를 쓴 적이 있었다. 나는 그 책의 속편을 쓴다는 기분으로 중아함, 장아함에서 가려뽑아 컴퓨터에 저장해 놓았던 100개의 경전에 독후감을 덧붙여 나갔다. 연재가 계속되던 2003년 초부터 2004년 말까지 나는 독자로부터 과분한 격려를 받았던 것으로 기억한다.

그러나 책을 내려고 교정쇄를 읽다 보니 부처님 가르침에 사족을 덧붙인 꼴이어서 여간 송구스럽지 않았다. 무엇보다 친절한 해설을 한답시고 주제넘은 말을 너무 많이 한 것 같아 마음이 편치 않았다. 독자들께서는 이런 점이 눈에 띄거든 너그럽게 이해해 주기 바란다.

기왕 아함부 경전에 대한 독후감을 책으로 내는 김에 나는 스스로에 대한 약속 한 가지를 더 하려고 한다. 이 책과 앞의 책에서 다루지 않았던 증일아함에 대한 독후감을 쓰는 일이다. 그렇게 되면 4부 아함 전체에 대한 일독(一讀)을 하는 셈이다. 이 일을 마치게 되면 나도 '성스러운 무리의 물결(預流)'에 발을 담글 자격을 얻게 될지 모르겠다.

마지막으로 이 책을 읽는 독자들께 한 가지 권해 드릴 것이 있다. 내가 쓴 독후감은 읽지 않더라도 가능하다면 경전의 본문은 한 번씩 베껴 쓰는 사경(寫經)을 해보라는 것이다. 정말 마음이 편해지고 행복해질 것이다.

불기 2549년 가을
필자 합장

차 례

독자들에게 사경(寫經)을 권하며······ 5

제1부 부처님은 누구인가

- 부처님의 행로 ·········· 15
- 부처님의 출가 동기 ·········· 18
- 부처님이 설법한 이유 ·········· 21
- 스승에 대한 예의 ·········· 24
- 기원정사 건립의 내력 ·········· 27
- 제자의 옷을 꿰매주는 부처님 ·········· 31
- 반드시 지옥에 떨어질 사람 ·········· 34
- 부처님의 인격적 풍모 ·········· 37
- 부처님의 어른다운 모습 ·········· 40
- 부처님의 약점 ·········· 43
- 누가 용 중의 용인가 ·········· 46
- 부처님은 길을 일러주는 분 ·········· 49
- 부처님의 32가지 신체적 특징 ·········· 52
- 진리를 등불 삼아라 ·········· 55
- 부처님께 올린 마지막 공양 ·········· 58
- 부처님의 몇 가지 유훈 ·········· 61
- 훌륭한 교사였던 부처님 ·········· 64
- 여래의 화장법 ·········· 67
- 사리를 나누어 공양하다 ·········· 70
- 불교교단이 의지해야 할 곳 ·········· 73

제2부 참다운 진리를 묻는다

- 불교는 만인의 행복을 위한 길 …………………… 79
- 불교는 만민평등의 종교 …………………………… 82
- 훌륭한 사람의 조건 ………………………………… 85
- 불교만이 위대한 종교인가 ………………………… 88
- 다른 종교에 대한 불교의 태도 …………………… 91
- 여성은 열등한 존재인가 …………………………… 94
- 우주생성과 권력형성의 과정 ……………………… 98
- 형이상학적 논쟁의 무익함 ………………………… 101
- 형식적 종교의례의 무용성 ………………………… 104
- 기복주의를 보는 불교의 입장 …………………… 107
- 세상에서 가장 훌륭한 기도 ……………………… 110
- 운명에 대한 세 가지 오해 ………………………… 113
- 동기론이 맞나 결과론이 맞나 …………………… 116
- 인과응보의 굴레 …………………………………… 119
- 인과응보의 네 가지 법칙 ………………………… 123
- 윤회전생과 인과응보 ……………………………… 125
- 무엇이 윤회하는가 ………………………………… 128
- 신기한 것은 무익한 것이다 ……………………… 131
- 함부로 신통을 보이지 말라 ……………………… 134
- 점이나 주술을 행하지 말라 ……………………… 137

제3부 수행자를 위한 훈계

- 밥보다는 법을 구하라 ………………………… 143
- 누구를 위해 수행하는가 ………………………… 146
- 출가와 가출이 다른 점 ………………………… 149
- 부끄러움은 수행의 첫걸음 ……………………… 152
- 처음 마음을 잃지 말라 ………………………… 155
- 이쯤은 돼야 수행자다 ………………………… 158
- 불자의 이름에 합당한 사람 …………………… 161
- 가난해도 행복한 사람 ………………………… 164
- 수행자가 세워야 할 서원 ……………………… 167
- 사념처를 바르게 닦는 공덕 …………………… 170
- 수행자가 얻는 과보 …………………………… 173
- 왜 계율이 중요한가 …………………………… 176
- 계율 적용의 원칙은 상식 ……………………… 179
- 불사음계에 대한 몇 가지 문제 ………………… 182
- 쭉정이는 골라내서 버린다 ……………………… 185
- 세상을 맑고 향기롭게 하는 사람들 …………… 188
- 수행은 마음을 청정하게 하는 훈련 …………… 191
- 강을 건넜으면 뗏목은 버려라 ………………… 194
- 서로 용서하고 화합하라 ……………………… 197
- 신도에게 쫓겨난 수행자 ……………………… 200

제4부 불교도가 가는 길

- 반드시 출가해야 해탈하는가 ……………… 205
- 재가자는 언제 성불하나 …………………… 208
- 팔관재를 실천하는 공덕 …………………… 211
- 재가불자의 실천 윤리 ……………………… 214
- 중도 수행을 가르친 뜻 ……………………… 218
- 불자가 가져야 할 마음가짐 ………………… 221
- 욕망의 전차에서 하차하라 ………………… 224
- 쾌락이 곧 행복은 아니다 …………………… 227
- 사랑은 슬픔을 만드는 병 …………………… 230
- 왜 천사를 보지 못하는가 …………………… 233
- 누가 천국에 태어나는가 …………………… 236
- 불교적 신사가 취할 태도 …………………… 239
- 참다운 사람의 조건 ………………………… 242
- 깨끗한 보시의 공덕 ………………………… 245
- 돈 버는 법, 돈 쓰는 법 ……………………… 248
- 자기를 과시하려는 허물 …………………… 251
- 선지식을 가까이하는 공덕 ………………… 254
- 자식을 잘 키우는 법 ………………………… 257
- 불자가 준비할 노후대책 …………………… 260
- 부지런해야 좋은 일이 생긴다 ……………… 263

제5부 부처님의 당부

- 어리석은 현자가 되지 말라 ·········· 269
- 인간의 더러운 속성 몇 가지 ·········· 272
- 인생을 마구잡이로 살 것인가 ·········· 275
- 잘난 척하는 사람의 뒷모습 ·········· 278
- 어떻게 원한을 갚아야 할까 ·········· 281
- 여덟 가지 미증유법 ·········· 284
- 질투의 일곱 가지 죄악 ·········· 287
- 스승의 스승다운 모습 ·········· 291
- 참다운 스승과 제자의 관계 ·········· 294
- 전륜성왕이 다스리는 나라 ·········· 297
- 나라가 부강해지는 일곱 가지 비결 ·········· 300
- 대중지도자가 갖춰야 할 덕목 ·········· 303
- 권력 측근들이 알아둘 일 ·········· 306
- 수단도 정당해야 한다 ·········· 309
- 무상의 인식은 수행의 근본 ·········· 312
- 이 세상에서 가장 소중한 것 ·········· 315
- 삶의 무상성을 깨닫고 나면… ·········· 318
- 비불교적 태도에 대한 비판 ·········· 321
- 남을 꾸짖을 때 유의할 점 ·········· 324
- 정말로 중요한 덕목 두 가지 ·········· 327

제1부

부처님은 누구인가

부처님의 행로

 부처님이 사밧티의 기원정사에 계시던 어느 때의 일이다. 부처님은 당신이 걸어온 길을 이렇게 말씀했다.

"인생에는 두 가지 길이 있다. 하나는 욕망에 집착해 윤회를 반복하는 세속의 길이요, 또 하나는 생로병사가 없는 안온한 열반을 찾는 거룩한 진리의 길이다. 나도 정각(正覺)을 이루기 전에는 생로병사의 세속의 길을 걸었으나, 집을 나와 수행한 끝에 안온한 열반의 길을 걷게 되었다.

내가 출가를 하려고 하자 부모와 친척들은 좋아하지 않았다. 하지만 지극한 믿음으로 수염과 머리를 깎고 가사를 입은 뒤 도(道)를 배우고자 집을 나섰다. 나는 처음에 알라라 칼라마와 웃다라 라마풋타를 찾아가 배웠다. 그러나 그들의 법이 참다운 지혜와 열반으로 향하는 것이 아님을 알고 곧 결별했다. 나는 네란자라 강 언덕 보리수 밑에 자리를 깔고 앉아 '번뇌가 다하기까지 자리에서 일어나지 않으리라' 결심하고 수행했다. 그리하여 늙음과 죽음과 근심과 더러움에서 벗어나 열반을 얻었다.

나는 누구를 위해 설법할까 생각하다가 함께 수행하던 다섯 비구를 생각하고 그들을 찾아 녹야원으로 향했다. 내가 오는 것을 본 다섯 비구는 서로 '고타마는 좋은 음식을 먹으며 기름을 몸에 바르는 타락한 수행자다. 그를 보거든 일어나지도 말고 자리도 권하지 말자.'고 약속했다. 그러나 그들은 청정하고 광명에 빛나는 나의 얼굴과 위덕을 보고 자리에서 일어나 물을 떠다 내 발을 씻어 주었다. 나는 그들에게 말했다.

'나는 정각자다. 나를 '그대'라고 하거나 성과 이름으로도 부르지 말라. …… 수행자는 욕심과 향락에 치우쳐도 안 되고 스스로 고통을 주는 일을 해서도 안 된다. 양극단을 버리고 중도(中道)로서 팔정도(八正道)를 실천하면 지혜와 깨달음을 얻어 열반으로 나아가게 될 것이다.'

설법을 들은 저들은 바른 소견이 생겨, 늙음과 죽음과 근심과 염착(染着)이 없는 안온한 열반을 얻었다."

중아함 56권 204경 《라마경(羅摩經)》

불교의 경전은 역사적 인물로서의 석가모니 부처님이 설법한 내용을 집록한 것이다. 따라서 모든 경전은 부처님의 전기적 생애를 구성하는 중요한 자료가 된다. 그러나 방대한 경전을 어떻게 시간적 순차를 정해 배열해야 하는가는 쉽지 않다. 경전에 표시돼 있는 '어느 때'라는 표현만으로 언제 어느 때인지를 추정하기란 퍼즐 조각 맞추기만큼 지난하다.

다행한 것은 전기를 구성하는 연대기적인 언급을 하고 있는 자료가 있다는 점이다. 《사분율》《오분율》, 남전 율장 《대품》 등 율장은 부처님의 출가와 수행, 설법에 관한 사실을 비교적 순차적으로 전해 준다. 중아함의 일부 경전은 부처님의 출가와 수행에 대한 언급을 하고 있고, 장아함의 《유행경》 등은 부처님의 만년의 행보를 알 수 있게 하는 자료를 담고 있다. 이러한 자료를 씨줄로 하고 개별 사건을 날줄로 하면 부처님의 생애가 어느 정도 재구성된다. 이렇게 하여 구성된 경전이 《불본행집경》《태자서응본기경》《수행본기경》《대장엄경》《보요경》《인과경》 같은 전기경전(傳記經典)들이다.

이 중 앞에서 읽은 중아함《라마경》은 부처님의 출가와 수행, 성도와 설법을 가장 간단하게 언급하고 있는 씨줄에 해당하는 경전이다. 이를 통해 우리는 부처님이 걸었던 인생행로가 어떤 것이었던지를 짐작할 수 있다. 그것은 한마디로 욕망과 고통으로부터 해탈과 그 방법을 이웃에게 가르치기 위한 '지혜와 자비의 길'이었다.

부처님도 언급하고 있지만 이 세상에 태어난 사람이 걸어가는 길에는 두 가지가 있다. 하나는 '욕망에 집착해 윤회를 반복하는 세속의 길'이요, 또 하나는 '생로병사가 없는 안온한 열반을 찾는 거룩한 진리의 길'이다. 이 두 가지 길 가운데 불교도가 걸어야 할 길은 두말할 나위 없이 거룩한 진리의 길이다. 그러면 어떤 것이 진리의 길인가. 욕망에 집착해서 죄업을 짓는 일을 삼가고 참다운 행복인 열반을 추구하는 길이다.

그러나 사람들은 부처님이 걸어갔던 길, 부처님이 가르쳤던 길을 배반하고 다른 길만 걸어가려고 한다. 오늘날 세계가 아직도 투쟁과 갈등과 증오와 망상에서 벗어나지 못하는 것은 바로 세속의 길로만 치닫기 때문이다. 불교는 이런 세계와 인간을 향해 진리의 길을 걷자고 설득하는 종교다. 그렇지만 진정으로 우리가 행복을 원한다면 이제 그만 고집을 꺾고 부처님의 가르침에 설득당해 주는 것이 어떨는지…….

부처님의 출가 동기

 부처님이 사밧티의 기원정사에 계실 때의 일이다. 어느 날 부처님은 이런 회상을 했다.

"내가 출가하기 전 아버지 숫도다나 왕은 나를 봄, 여름, 겨울 세 개의 궁전에 머물게 했다. 궁전 가까운 곳에는 연못이 있었는데 거기에는 언제나 푸른 연꽃, 붉은 연꽃, 흰 연꽃이 화려하게 피어 있었다. 내가 목욕을 마치고 나오면 시종들이 온몸에 전단향을 바르고 비단옷을 입혀 주었으며, 언제나 일산을 받쳐 들고 밤에는 이슬에 젖지 않고 낮에는 볕에 그을리지 않게 도와주었다. 나는 항상 진기하고 맛있는 요리를 먹고 배고픈 줄 몰랐다. 내가 별궁에서 놀 때는 늘 아름다운 미희가 옆에서 즐겁게 해주었으며, 들로 나가 놀 때는 날랜 기병들이 주위를 경호했다. 나는 이렇게 풍족하게 지냈다.

어느 날 나는 농부가 밭을 갈다가 쉬는 것을 보고 나무 밑에 앉아서 이렇게 생각했다.

'어리석은 사람은 아직 건강하다고 언제까지 건강할 것이라 생각한다. 아직 젊다고 언제까지 젊을 것이라 생각한다. 아직 살아 있다고 언제까지 살 것이라 생각한다. 그러나 사람은 누구나 병들고 고통을 받는다. 지금 나의 건강도 영원한 것이 아니다. 또 누구나 늙고 쇠약해져서 고통을 받는다. 지금 나의 젊음도 영원한 것이 아니다. 또 누구나 늙고 병들어 죽는다. 지금 나의 삶도 영원한 것이 아니다. 얼마나 두려운 일인가. 그럼에도 사람들은 어리석어서 늙고 병들어 죽는다는 사실을 알면서도 범행을 닦지 않는다. 젊고 건강하다고 거들먹거리며 방일하고 욕심을 버리지 않는다.'

이렇게 깨달은 나는 늙고 병들어 죽는 고통을 극복하기 위해 출가를 결심하게 되었다."

중아함 29권 117경 《유연경(柔軟經)》

부처님의 출가 동기에 대해서는 예로부터 '사문유관(四門遊觀)'이라는 설화가 전해지고 있다. 《수행본기경》과 《태자서응본기경》처럼 간략한 것에서부터 《대장엄경》 《불본행집경》처럼 상세한 것에 이르기까지 많은 경전들이 이를 다투어 기록하고 있다.

이에 따르면 부처님은 출가하기 전 왕자의 신분으로 성 밖으로 외출을 나갔다가 인생의 충격적인 장면을 목도하게 된다. 즉 동문으로 나갔다가 노인을 보고 청춘이 지나가면 누구나 늙는다는 사실을 깨닫는다. 서문으로 나갔다가 병든 사람을 보고는 건강한 사람도 병이 들면 고통을 받는다는 사실을 깨닫는다. 남문으로 나가서는 상여를 보고 인생은 누구나 죽음을 면치 못한다는 사실을 알고 큰 충격을 받는다. 마지막으로 북문으로 나간 싯달타는 생로병사를 해탈하기 위해 수행하는 사문을 만난 뒤 출가를 결심했다는 것이다.

그러나 이는 '사실'에 입각한 기술은 아니다. 싯달타는 바보가 아니었다. 많은 경전은 싯달타가 어려서부터 매우 영민하고 종교적 명상이 깊었던 청년이었다고 쓰고 있다. 그런 청년이라면 사람이란 태어나면 늙고 병들어 죽는다는 사실을 몰랐을 리가 없다. 싯달타는 오래 전부터 생로병사의 문제로 심각한 종교적 고민을 하고 있었다. 그러다가 이를 해결하기 위해 출가를 결심했다. 그런 모습을 알게 해주는 자료가 바로 이《유연경》이다. '사문유관'은 이를 근거로 만들어진 드라마인 셈이다.

그렇지만 현실의 세계에는 이 드라마를 모르는 바보들이 수없이 많다. 사람들은 생로병사를 인생의 엄숙한 현실로 받아들이지 않는다. 우리가 살아가는 동안 수없이 남을 속이고 빼앗고 미워하며 엉뚱한 짓을 하는 것도 생로병사를 현실로 받아들이지 않기 때문이다. 그렇지만 조금만 생각이 깊고 철이 든 사람은 그렇게 처신하지 않는다. 아무리 발버둥 쳐도 청춘이 지나가면 늙음이 오고, 건강한 몸도 병이 들고 마침내는 죽고 만다. 설사 아직 나에게 늙음과 병듦과 죽음이 오지 않았다 해도 절대로 피할 수는 없다.

태국의 남부 차이야 마을에는 붓다다사(부처님의 종)라는 스님이 세운 수안목(해탈정사)이라는 명상 센터가 있다. 이곳 선방 입구에는 누군가의 해골이 하나 전시돼 있는데 그 밑에는 이런 설명이 붙어 있다고 한다.

'1930년 미스 타일랜드 실물'

아름다움을 자랑하던 미스 타일랜드도 죽으면 해골에 불과하다는 뜻이다. 그러니 어떻게 해야 하겠는가. 사람마다 목전의 생로병사 문제만 제대로 인식해도 인생을 살아가는 방법이 달라질 것이다.

부처님이 설법한 이유

부처님이 사밧티 기수화림굴에 1,200비구와 함께 계실 때의 일이다. 어느 날 부처님은 과거7불의 역사에 대해 이렇게 말했다.

"지금부터 91겁 전에 비바시불(毘婆尸佛)이 세상에 오셨다. 31겁 전에는 시기불(尸棄佛)이 오셨고, 31겁 중에는 비사바불(毘舍婆佛)이 오셨다. 현겁 중에는 구루손불(拘樓孫佛)과 가섭불(迦葉佛)이 오셨고, 석가모니불(釋迦牟尼佛)인 나도 이 현겁 중에 와서 깨달음을 얻었느니라.

비바시불은 12인연법을 순역(順逆)으로 관찰하여 깨달음을 얻은 뒤 이렇게 생각했다.

'나는 위없는 깨달음을 얻었다. 이 법은 매우 깊고 미묘하여 세상의 일들과 반대되는 것이다. 오직 번뇌가 없고 깨끗한 사람만이 알 수 있으며 범부는 알 수 없다. 내가 중생을 위해 설법한다 해도 저들은 알지 못하고 도리어 번거로움만 더할지 모른다. 그래서 나는 차라리 입을 다물려고 한다.'

이때 부처님의 생각을 알아챈 범천이 찾아와 이렇게 청했다.

'원컨대 설법을 하소서. 지금의 중생들은 업장이 엷고 공경하는 마음이 있으므로 교화하기 쉽나이다. 그들이 뒷세상에서 고통받지 않도록 제발 법을 설해 주소서. 지금 만약 법을 설하지 않으시면 이 세상은 망할 것입니다.'

이에 비바시불은 범천의 권청을 받아들여 이렇게 말씀했다.

'내 이제 너희들을 가엽게 여겨 마땅히 감로의 법문을 연설하리라. 그러나 내 말을 듣고 즐겨 받아 지니는 자를 위해서는 설법하겠지만 덤비고 어지러워 아무 이익이 없는 자를 위해서는 설법하지 않으리라.'

이렇게 하여 비바시불은 설법을 시작했다. 이것이 모든 부처님이 설법하게 된 인연의 전부다. 나도 또한 그렇게 했느니라."

장아함 1권 1경 《대본경(大本經)》

불교는 부처님이 깨달음을 얻은 뒤 설법을 함으로써 그 종교적 역사를 시작했다. 만약 부처님이 깨달음을 얻고 그것을 혼자 가슴에 품고 열반에 들었다면, 불교라는 종교는 태어나지 않았을 것이다. 그런 의미에서 부처님의 설법은 불교의 종교적 출발점이다.

이 경은 과거의 모든 부처님이 어떤 방법으로 깨닫고, 왜 설법했는지를 설명함으로써 석가모니불의 깨달음과 설법의 이유를 말해 준다. '범천권청(梵天勸請)'이라는 형식으로 묘사된 설법의 결심은 다른 자료, 《사분율》이나 《불본행집경》에 보다 상세하게 나온다. 이에 따르면 부처님은 처음에는 설법을 주저했다고 한다. 그 이유는 부처님이 깨달은 법은 심심미묘하여 중생이 알아듣기 어려울 뿐더러 설사 알아듣는다 해도 그대로 실천할 사람이 드물 것이기 때문이었다. 그런데도 설법을 한다면 도리어 사람들이 번거롭게 생각해서 거부할지도 모른다는 생각도 했던 것 같다.

그렇지만 부처님은 당초 했던 이런 생각을 거둬들이고 설법을 결심한다. 그것은 한 사람이라도 더 바른 깨달음을 얻고 바르게 살아가기를 바라는 자비심 때문이었다. 이 결심의 과정을 묘사하고 있는 것이 바로 이 《대본경》이다.

이 경을 읽다 보면 우리는 한없는 부끄러움을 느끼게 된다. 부처님의 가르침에 가깝게 가기는커녕 십만팔천 리나 멀리 떨어진 길을 걷고 있기 때문이다. 부처님은 설법을 결심하기 전에 중생들이 배신할 것을 뻔히 알고 있었다. 탐욕과 분노와 어리석음에 집착하지 말라는 것은 중생의 욕망과 반대되는 가르침이다. 그것을 과감하게 버리라면 과연 몇이나 따를지 몰랐다. 부처님은 그래도 설법을 결심했다. 그것은 일신의 편안함보다는 대중의 행복을 염두에 둔 결정이었다. 자신의 이익보다는 남을 먼저 생각하는 대승불교적 발상의 근거도 사실은 여기에 있다고 할 것이다.

그러나 안타까운 것은 이에 반응하는 중생들의 태도다. 중생은 부처님의 이러한 마음을 늘 배반하려고 하기 때문이다. 우리의 일상은 언제나 부처님의 가르침과 정반대 방향이다. 입으로는 그럴듯하게 불교를 말하지만 행동은 전혀 엉뚱하다. 계속 이렇게 살다가는 언제 삼악도(三惡道)의 고통에서 벗어날 수 있을는지 안타까울 뿐이다.

스승에 대한 예의

부처님이 사화외도(事火外道)였던 우루빈라 가섭 3형제를 교화한 뒤 1천 명으로 늘어난 제자들과 함께 마가다 국으로 향할 때의 일이다. 마가다의 빔비사라 왕은 부처님이 오신다는 말을 듣고 사군(四軍: 象軍·馬軍·車軍·步軍)을 이끌고 마중을 나왔다.

부처님은 멀리서 빔비사라 왕이 먼지를 일으키며 사군을 이끌고 오는 것을 보자 짐짓 길을 피해 니그로다 나무 밑에 가부좌를 틀고 앉으셨다. 이를 본 왕은 수레에서 내려 사군을 물리치고 걸어서 부처님께 나아가 예배하고 자신을 소개한 뒤 한쪽 곁에 좌정했다.

부처님 뒤에는 며칠 전 교화된 우루빈라 가섭도 있었다. 그는 많은 무리를 이끈 도사로서 이미 집착이 없는 진인이 되어 있었다. 마가다 국 사람들은 우루빈라 가섭을 보자 이런 생각을 했다.

'부처님이 우루빈라 가섭을 따라 수행을 하는가, 우루빈라 가섭이 부처님을 따라 수행을 하는가? 누가 스승이고 누가 제자인가?'

우루빈라 가섭은 마가다 사람들의 생각을 간파하고 자신이 왜 불을 섬기는 외도의 길을 버리고 부처님의 제자가 되었는지를 게송으로 말했다.

옛날 아무 것도 몰랐을 때에는
해탈을 위하여 불을 섬겼었네.
나이는 늙었어도 눈 뜬 장님처럼
사특하여 참 이치를 보지 못했네.

내 이제 제일의 자취를 보매
위없는 용이 말하는 바는
다함이 없어 괴로움 벗어나네.
그것을 보자 나고 죽음이 다했네.

우루빈라 가섭의 게송을 들은 마가다 사람들은 참 스승이 누군지 알게 되었다. 때가 무르익은 것을 아신 부처님은 그들을 위해 보시(布施), 지계(持戒), 생천(生天)의 차제설법과 고통에서 벗어나는 길인 사성제를 설했다. 이이 왕을 위하여 오온무상(五蘊無常)과 연기법을 설하시니 왕을 비롯한 모든 사람들은 법의 눈을 뜨고 두려움이 없게 되었다. 왕은 삼보에 귀의하고 우바새가 될 것을 맹세했다.

중아함 11권 62경 《빈비사라왕영불경(頻鞞娑羅王迎佛經)》

가섭 3형제가 부처님에게 귀의한 일은 부처님의 전도 활동 초기에 있었던 매우 극적인 사건이었다. 《보요경》에 의하면 이들 3형제는 불을

섬기는 사화외도(事火外道)였다. 이들은 각각 많은 제자들을 거느리고 있었는데 그 숫자는 무려 1천여 명이나 되었다. 큰형인 우루빈라 가섭이 5백 명, 둘째인 나제 가섭이 3백 명, 막내인 가야 가섭이 2백 명을 거느리고 있었다. 부처님은 이들을 교화하기 위해 우루빈라 가섭을 찾아가서 하룻밤 머물기를 청했다. 그러자 저들은 큰 뱀(毒龍)이 불을 뿜으며 살고 있는 동굴 속에서 잘 수 있으면 자라고 했다. 다음날 아침 부처님이 멀쩡한 모습으로 나오자 그들은 불을 섬기던 도구를 버리고 부처님께 귀의했다고 한다.

이 경은 그런 일이 있은 뒤 부처님이 새로운 제자 천 명을 이끌고 마가다의 왕사성을 찾아갈 때의 사정을 묘사한 것이다. 사람들은 '부처님이 우루빈라 가섭의 제자가 되면 되었지 그가 부처님의 제자가 될 리는 없다'며 이 엄청난 집단 개종 사건을 믿으려 하지 않았다. 이제 겨우 35세밖에 안 된 젊은 싯달타에게 여러 사람의 존경을 받던 나이 많은 수행자가 귀투(歸投)했다는 것이 상식적으로 납득되지 않았던 것이다. 그러나 이는 사실이었다. 부처님께 귀의한 우루빈라 가섭이 사람들 앞에 나서서 '나는 부처님의 제자가 되었다'는 점을 분명히 선언하자 그들도 믿지 않을 수 없었다. 진리의 세계가 아니면 보기 어려운 감동적인 장면이었다.

이 경전을 읽으면서 떠오르는 것은 출가자에게 합장하는 것을 거북해 하는 일부 잘난 사람들의 모습이다. 이들은 자기가 나이가 많다거나 학식이 풍부하다거나 지위가 높다는 이유로 스님들에게 합장하는 것을 자존심 상하는 일로 생각한다. 그렇지만 진리 앞에 귀의하는 데는 나이가 많고 적음, 지위가 높고 낮음, 학식이 깊고 얕음이 문제되지 않는다. 오직 누가 더 진실한지가 기준이다. 이 경우 자존심이란 도리어 무익한 것이다.

기원정사 건립의 내력

부처님이 사밧티의 기원정사에 계실 때의 일이다. 어느 날 병이 난 급고독 장자가 사람을 보내 사리풋타를 청했다. 한번 뵙고 싶다는 것이었다. 사리풋타는 다음날 아침 가사를 걸치고 급고독 장자의 집으로 갔다. 장자는 병이 깊어 매우 위중했다. 사리풋타는 급고독 장자를 위로하고 설법했다.

"장자여, 두려워하지 말라. 그대는 한번 부처님의 가르침에 귀의한 후 법에 대한 깊은 믿음을 성취했다. 바른 계를 지켰다. 설법을 많이 들었다. 간탐을 끊고 은혜를 베풀었다. 지혜를 얻었다. 삿된 소견을 가지고 있지 않다. 바른 해탈을 알고 있다. 그러므로 그대는 이미 수다원과를 얻었으며 악도에 떨어지지 않을 것이다. 그리고 곧 사다함과와 아나함과를 얻을 것이다."

장자는 한결 기분이 좋아져 자리에서 일어났다. 그리고 사리풋타와 함께 옛날 기원정사를 짓던 시절을 회상했다.

"사리풋타님, 존자님을 뵈오니 벌써 병이 다 나은 것 같습니다. 몸이 건강하니 옛날 일이 생각납니다. 내가 처음으로 부처님을 뵌 곳은 라자가하(王舍城) 죽림정사였습니다. 그때 저는 무슨 일이 있어 어떤 장자의 집에 묵고 있었는데,

그 집은 마치 잔치를 준비하는 듯이 즐거워 보였습니다. 내가 무슨 좋은 일이 있느냐고 묻자 그는 이렇게 말했습니다.

'나는 내일 부처님과 비구중에게 공양을 올리려고 하네.'

저는 그때까지 '부처님'이라는 말을 듣지 못했었는데 어떤 분이 부처님이며 지금 어디에 계시느냐고 물었습니다. 그는 석가족의 아들이 깨달음을 얻어 부처님이 되었으며 죽림정사에 있다고 말했습니다. 저는 그분을 뵙고 싶은 마음에 새벽같이 성문을 나와 죽림정사로 갔습니다. 그분은 저를 위해 사성제와 갖가지 설법을 해주셨습니다. 저는 그 자리에서 삼귀의를 하고 우바새가 되었습니다. 저는 부처님이 사밧티에 오셔서 안거하시기를 청했습니다. 부처님은 비구들이 머물 정사가 있으면 그리하겠다고 약속하셨습니다. 그리고 사리풋타 당신을 공사 감독으로 보내 주셨습니다.

저는 사밧티로 돌아와 어느 곳이 부처님이 말씀한 마을에서 멀리 떨어지지 않아서 사람들이 오고 가기가 편하고, 낮이나 밤이나 시끄럽지 않아서 명상하기 좋으며, 모기나 등에가 없는 곳인지를 물색했습니다. 그것은 기타 태자 소유의 숲이었습니다. 저는 그곳에 정사를 짓기로 했습니다. 그러나 기타 태자는 일억 금을 내서 숲을 황금으로 덮기 전에는 팔지 않겠다고 했습니다. 저는 창고의 보물을 꺼내 숲을 덮었습니다. 처음에는 반대하던 태자도 나중에는 자기가 정사를 지을 땅을 남겨 달라고 했습니다. 그리하여 우리는 16개의 큰집과 60개의 방사를 지어 약속대로 그해 여름 부처님을 모실 수 있었습니다. 그때 존자께서는 그 공사를 감독하시며 저를 도와주셨는데 오늘은 병든 저를 위해 설법해 주셨습니다. 이제 저는 병이 나았습니다. 원컨대 저의 공양을 받아 주소서."

사리풋타는 잠자코 그의 청을 허락했다.

중아함 6권 28경 《교화병경(敎化病經)》

부처님의 포교활동은 주로 죽림정사, 기원정사, 녹자모강당, 암라수원 등 4대 정사를 중심으로 전개되었다. 가장 먼저 지어진 절은 마가다 국 라자가하의 죽림정사였다. 이 절은 라자가하의 장자 가란타가 대나무 숲을 기증하자 빔비사라 왕이 정사를 지어 최초의 절을 만들었다. 《불본행집경》〈죽원보시품〉에 따르면 이 공사의 감독은 사리풋타가 했다고 한다.

두 번째로 지어진 절이 코살라의 수도 사밧티에 세워진 기원정사다. 이 절은 수닷타 장자가 기타 태자의 숲을 사서 정사를 세웠기 때문에 기타 태자와 급고독 장자가 세운 절이라는 뜻에서 기수급고독원이라는 이름으로 불렸다. 부처님은 이 절에서 무려 19회의 여름 안거를 보냈다. 많은 경전에 사밧티 기수급고독원의 이름이 등장하는 것은 이 때문이다. 이 경은 바로 이 기원정사가 건립되기까지의 과정을 소개하고 있다. 《사분율》에도 같은 내용이 나온다.

이 경에서 특별히 주목되는 대목은 절의 위치에 관한 언급이다. 이에 의하면 '마을에서 멀리 떨어져 있지 않으며, 사람들이 오고 가기가 편하고 시끄럽지 않아서 명상하기 좋은 곳……' 이 사찰의 입지로 적합하다는 것이다. 같은 내용은 죽림정사를 지을 때의 일을 기록하고 있는 《불본행집경》에도 나온다. 이는 절이란 산중에 있어야 한다는 우리의 통념이 얼마나 잘못된 것인지를 말해 주는 자료다.

한편 녹자모강당은 기원정사 옆에 있다고 해서 동원정사로도 불린 절이다. 앙가 국 장자의 딸 비사카가 사밧티의 장자 미가라(鹿子)에게 시집온 뒤 180만 금을 내서 정사를 지어 기증한 것이다. 그녀의 남편은 처음에는 외도를 믿는 사람이었으나 비사카는 남편을 교화해 부처님을 따르도록 했다. 남편은 뒷날 아내를 가리켜 '비사카는 마치 어머니와 같다'고 칭찬했다. 녹자모는 그렇게 해서 붙여진 별명이다. 공사 감독은 목갈라나가 했으며 부처님은 이곳에서 여섯 차례나 여름 안거를 보냈다.

　암라수원은 밧지 국의 수도 베살리에 있는 복숭아 나무 숲에 세워진 절이다. 중각강당이라고도 불리는 이 절은 암라팔리라는 유명한 창녀가 기증했다. 부처님의 주치의로 활약한 기바는 그녀의 아들로 빔비사라 왕과 관계해 낳은 것으로 알려지고 있다. 그녀는 이런 저런 인연으로 암라수원을 절로 만들어 기증하고 자신도 출가해 비구니가 되었다. 이 절은 특히 부처님이 열반하시기 직전 마지막 여름 안거를 보낸 곳으로 유명하다.

제자의 옷을 꿰매 주는 부처님

부처님이 사밧티 급고독원에 머물 때의 일이다. 그 무렵 아니룻다도 사밧티의 사라라 산중 바위굴에서 수행하고 있었다. 어느 날 아침 걸식을 나갔다가 아난다를 만난 아니룻다는 이런 부탁을 했다.

"아난다님, 내 옷은 더러워지고 다 해어졌습니다. 시간이 괜찮다면 누가 사라라 산으로 와서 나의 공덕의(功德衣)를 좀 지어 주었으면 합니다만……."

아난다는 아침 공양을 마치고 비구들에게 아니룻다의 부탁을 말했다. 많은 비구들은 선뜻 이 부탁을 받아들여 너도나도 사라라 산으로 가겠다고 했다. 비구들이 아니룻다 처소로 가기 위해 정사가 부산해지자 부처님도 그 사실을 알게 되었다. 부처님은 아난다를 불러 경위를 소상하게 들은 뒤 이렇게 말했다.

"그런 일이라면 왜 나에게는 옷을 지어 주기를 청하지 않았는가?"

아난다가 당황해 하며 '부처님께서도 가시겠느냐'고 물었다. 부처님은 흔쾌하게 자리에서 일어서 아니룻다의 해진 옷을 꿰매 주기 위해 제자들을 이끌고 사라라 산중 바위굴로 향하였다. 사라라 산 바위굴에 모인 수행자는 무려 8백여 명이나 되었다. 부처님은 손수 아니룻다를 위하여 떨어진 옷감을 펴 마름질을 하고 바느질로 잇대어 붙여 나갔다. 부처님과 동료 비구들의 조력으로 아니룻다는 그날 새로운 삼의(三衣)를 마련할 수 있었다.

　삼의가 마련되자 부처님은 그것을 아니룻다에게 주면서 그곳에 모인 비구들을 위해 설법하도록 했다. 부처님의 명을 받은 아니룻다는 자신이 출가하여 부처님의 가르침을 따라 수행한 과정을 가감 없이 말했다. 그 설법은 매우 진실한 것이어서 여러 사람들에게 감동을 주었다. 제자들과 함께 아니룻다의 설법을 들은 부처님은 그를 칭찬하며 이렇게 말했다.

　"지금 사라라 산에 8백 비구가 모여 아니룻다의 공덕의를 지어준 것은 그의 수행과 덕망이 그만큼 뛰어났기 때문이다. 지극한 믿음으로 출가하여 머리와 수염을 깎고 수행하는 사람들은 마땅히 아니룻다와 같이 진실한 마음으로 수행해야 할 것이다."

중아함 19권 80경 《가치나경(迦絺那經)》

　부처님이 아니룻다의 옷을 꿰매 주는 이야기는 《증일아함경》 31권 〈역품〉에 더 자세하게 나온다.

　이 경에 따르면 아니룻다는 어느 날 설법을 듣다 졸아 부처님께 꾸중을 들은 일이 있었다. 이후 그는 잠을 자지 않고 수행하다가 눈병이 생겨 실명하게 되었다. 어느 날 아니룻다는 옷을 기우려고 했으나 바늘에 실을 꿸 수가 없었다. 아니룻다는 대중들을 향해 '복을 구하려는 사람은 나를 위해 실을 꿰어 달라'고 말했다. 이에 부처님은 이렇게 말했다.

　"바늘을 가져 오라. 내가 꿰어 주리라. 이 세상에서 복을 얻고자 나보다 더 노력하는 사람은 없다. 그래서 나는 여섯 가지 일에 게을리하지 않는다. 여섯 가지는 남에게 베푸는 것이요, 남을 가르침이며, 억울함을 참아 견딤이요, 계를 잘 지킴이요, 중생을 감싸고 보호함이요, 위없는 깨달음을 구하는 것이다. 나는 이 여섯 가지 일에 만족함이 없이 항상 힘쓴다."

두 경전을 비교해 보면 상황은 동일하나 내용은 다르다. 《가치나경》은 8할을 할애하여 아니룻다의 수행 과정을 설명하는 데 비해 《증일아함경》은 부처님도 공덕을 짓기를 원한다는 것이 주제다.

그건 그렇고, 이 경전의 이름인 가치나란 범어 카치나(kaṭhina)의 음역으로 '공덕'이란 뜻이다. 수행자들은 안거가 끝나면 여행중에 간편한 공덕의(功德衣)를 만들어 입었다. 그래서 가치나는 곧 가사를 의미하는 말로도 쓰인다.

카치나를 보시하는 전통은 지금도 동남아불교에 남아 있다. 스리랑카의 경우 10월 보름 여름 안거가 끝나면 신도들이 11월 보름까지 한 달 동안 '카치나'라는 가사를 보시한다. 이 기간을 '카치나 치와라 마사'라고 한다. 이 특별한 가사는 사찰 주변 지역의 모든 신도들이 돈을 조금씩 거둬 모으고 마을의 모든 사람이 한 땀씩 바느질을 해서 단 한 벌의 가사를 만들어 단 한 명의 스님에게 보시한다. 이 가사를 받는 스님은 직위가 높은 분이 아니라 입을 것이 없거나 모자라는 스님이 대상이다.

가사를 받은 스님은 그 가사를 3개월 동안 입고 있거나 항상 함께 해야 한다. 가사와 떨어져 생활하면 안 되기 때문에 잠잘 때도 머리맡에 두고 잔다. 그것은 온 동네 사람들이 정성으로 직접 만들어 준 깊은 은혜를 잊어서는 안 된다는 의미이다. 이 가사를 마을에 돌리면 나쁜 질병이 사라지고 큰 공덕을 얻는다는 믿음도 있다.

반드시 지옥에 떨어질 사람

부처님이 바기수(婆耆瘦)의 도성인 우다카에 머물 때의 일이다. 어느 날 부처님은 저녁 무렵 아난다와 함께 아치라바티 강에 들어가 목욕을 했다. 목욕을 마친 부처님은 부채질을 하고 있던 아난다에게 이렇게 말했다.

"아난다야, 데바닷타는 방일하였기 때문에 지극한 고난에 떨어졌다. 이로 인해 그는 지옥에 떨어져 1겁이 지나도록 구제받지 못할 것이다. 너는 내가 누구에게 이토록 무서운 얘기를 하는 것을 들어 본 적이 없을 것이다. 그러나 아난다야, 만약 데바닷타에게 희고 깨끗한 구석이 털끝만큼이라도 있다면 내가 이렇게까지 말하지는 않을 것이다. 비유하면 어떤 사람이 뒷간에 빠졌는데 다른 사람이 자비한 마음으로 그를 건져 주려고 왔다. 그런데 뒷간에 빠진 사람은 온 몸 어느 곳도 똥이 묻지 않은 곳이 없었다. 그러면 그에게 구원의 손길을 내밀 수 없는 것과 같다. 그래서 데바닷타는 지옥에 떨어져 1겁이 지나도록 구제받지 못할 것이라고 말하는 것이다.

아난다야, 사람들은 여래가 어떻게 데바닷타가 지옥에 떨어질 것을 미리 아는지 궁금할 것이다. 그러나 이는 아주 쉬운 일이다. 여기 한 알의 곡식 종자가 있다고 하자. 그 종자는 깨어지지 않고 썩지 않고 상자 속에 있다가 봄이 되면 파종이 된다. 때를 맞추어 비가 내리고 싹이 트면 그 종자는 열매를 맺게 된다. 그러나 때를 맞추어 씨를 뿌리지 않거나 비가 오지 않으면 열매를 맺을 수 없다. 수행하는 사람도 그와 같아서 때를 맞추어 선법을 닦고 번뇌를 제거하고 더욱 북돋아야 열매를 맺을 수 있다. 그렇지 않으면 번뇌가 깊어져 몸이 무너지고 목숨이 다하면 나쁜 곳에 떨어지게 되는 것이다.

또 비유하면 새벽이 되어 둥근 해가 떠오르는 것을 보면 어둠이 사라지고 밝음이 오는 것을 알 수 있듯이 선법을 행하는 사람은 어둠을 물리치고 해탈할 것을 알게 된다. 그러나 해질녘에 해가 지는 것을 보면 어둠이 오는 것을 알 수 있듯이 한결같이 나쁜 짓을 멈추지 않으면 그것이 미래 생명의 근본이 되어 몸이 무너지고 목숨이 다할 때 나쁜 곳에 떨어지게 되는 것이다."

중아함 27권 113경 《아노파경(阿奴波經)》

데바닷타는 부처님의 사촌 동생으로 아난다의 형이기도 하다. 그러나 그는 이런 좋은 인연에도 불구하고 삼역죄(三逆罪)를 지었다. 즉 그는 5백 명의 추종자를 모아 별도의 승가를 세우고 부처님에게 네 가지 요구사항을 내걸었다. 비구는 늘 보시 받은 좋은 옷을 입지 말고 분소의(糞掃衣)를 입어야 하며, 공양에 초대받지 말고 걸식으로 생활해야 하며, 지붕이 없는 나무 밑에서 살아야 하며, 썩은 오줌으로 약을 써야 한다는 것이다. 뿐만 아니라 그는 부처님에게 승단의 지도권을 양도하라고 요구했다. 이로 인해 교단의 화합이 깨지고 분열이 일어났다(破和合僧).

이에 대해 부처님은 불허의 뜻을 분명히 했다. 그러자 추종자들은 다시 부처님에게로 돌아갔다. 이에 데바닷타는 교권을 빼앗기 위해서는 부처님을 시해해야 되겠다는 반역의 생각을 품고 술 취한 코끼리를 풀어 놓았다. 그러나 코끼리가 부처님에게 무릎을 꿇자 이번에는 스스로 바위를 굴려 부처님 발가락에 상처를 입히고 피를 흘리게 했다(出佛身血).

이런 무도한 일에 대해 연화색 비구니가 데바닷타를 크게 꾸짖었다. 그러자 데바닷타는 분노해서 그녀를 주먹으로 때려 숨지게 했다(殺阿羅漢).

말하자면 데바닷타는 예수의 유다였고, 공자의 도척이었던 셈이다.

이런 일을 저지른 그를 교단이 비난하는 것은 당연하다. 모든 경전은 데바닷타 얘기만 나오면 그가 얼마나 몹쓸 사람인가에 대해 언급하고 있다. 이 경도 그 가운데 하나다. 특히 부처님의 입을 빌려 저주에 가까운 비난을 하는 장면은 매우 이채롭다. 보통의 경우 부처님은 그의 배신행위를 한탄하지만 구제받지 못할 몹쓸 인간으로 표현하는 일은 매우 드물다. 그럼에도 이런 표현이 보이는 것은 그가 도무지 손쓸 수 없는 사람임을 다시 한 번 짐작케 한다.

한편 대승경전인 《법화경》의 〈제바달다품〉에서는 데바닷타와 같은 악인도 마침내 성불하여 천왕여래라는 호를 받을 것이라는 예언이 행해진다. 데바닷타와 같은 사람을 일천제(一闡提)라고 하는데 이는 도저히 구제할 수 없는 악인이라는 뜻이다. 그러나 대승불교는 일체중생이 다 부처가 될 수 있는 존재이므로 어떤 악인도 구원이 돼야 할 교리적 당위성을 가지고 있다. 그래서 부처님을 시해하려고 한 데바닷타마저 구원이 된다. 이 점은 대승불교의 위대성이다.

그건 그렇고, 세상을 살다 보면 가끔은 데바닷타와 같은 사람을 만나는 수가 있다. 그럴 때는 어떻게 해야 할까? 부처님도 그런 악연은 피해 가지 못했음을 상기하면 조금 위로가 될지 어떨지 모르겠다.

부처님의 인격적 풍모

부처님이 비데바 국에 계실 때의 일이다. 마틸라에 범마(梵摩)라는 바라문이 있었다. 어느 날 그는 부처님이 10가지 이름과 32상을 구족하고 있다는 말을 듣고 제자 우타라를 시켜 사실인지 알아오라고 했다. 우타라는 무려 4개월 동안 부처님을 따라다니며 부처님의 위의와 예절을 관찰하고 돌아와 이렇게 보고했다.

"그분은 옷을 매우 단정하게 입습니다. 옷이 몸에 착 달라붙지도 않고 바람에 날려 떨어지지도 않습니다. 세 옷을 입어도 화려하지 않은 빛깔로 물을 들여 입었고, 벌레나 바람, 햇볕에 몸을 보호하기 위해 옷을 입었습니다. 어떤 장소에 들고 날 때는 몸을 지나치게 구부리거나 젖히지 않았으며, 걸을 때는 비틀거리거나 요란스럽지 않았습니다. 앉을 때는 평상을 바로 하고 앉았으며, 자리에 앉아서는 답답해 하거나 몸을 비틀지 않았습니다.

음식을 받을 때는 발우를 적당한 위치에 들었으며, 음식의 양은 언제나 적당하게 받았습니다. 식사를 할 때는 음식을 잘 다룬 뒤에 천천히 씹어 먹었습니다. 음식은 미각을 즐겁게 하기 위해서가 아니라 다만 몸을 보존하기 위해서 드셨습니다. 공양을 들고 손 씻을 물을 받을 때는 적당하게 받았고 손과 발우를 씻은 뒤에는 적당한 장소에 두셨습니다. 모든 거사를 위해 설법하여 기쁨을 성취케 하신 뒤에는 자리에서 일어나 돌아가셨습니다. 공양이 끝나면 가사와 발우를 챙기시고 손과 발을 씻은 뒤에 방으로 들어가 고요하게 명상에 들었습니다.

그분은 육신과 모든 감각기관이 고요했으며, 대중을 위해 연설할 때는 8가지의 음성을 사용하여 모든 대중이 잘 알아듣도록 했습니다."

여기까지 보고한 우타라는 그 스승에게 이렇게 청했다.

"저는 그분의 풍모를 보고 깊은 존경심이 생겼습니다. 부처님을 따라 출가해 범행을 닦고 싶으니 허락해 주소서."

범마 바라문은 제자의 청을 허락하고 자신도 부처님을 직접 찾아뵈었다. 부처님의 풍모는 우타라가 보고한 그대로였다. 그는 부처님의 설법을 듣고 재가 제자가 되었다.

중아함 41권 161경 《범마경(梵摩經)》

부처님은 참으로 많은 별명을 가진 분이다. 흔히 알고 있는 석가모니(釋迦牟尼: 석가족의 성자)라는 호칭 외에도 '여래십호(如來十號)'라고 해서 열 가지 다른 존칭이 또 있다.

여래십호란 진리의 세계에서 오신 분이라는 뜻의 여래(如來)를 비롯해 공양을 받을 만한 덕을 갖추신 분(應供), 일체의 지혜를 갖추어서 알지 못하는 것이 없는 분(正遍知), 지혜와 실천을 겸비하신 분(明行足), 생사의 고해를 잘 건너가신 분(善逝), 세간의 온갖 이치를 다 잘 아시는 분(世間解), 비교할 수 없이 훌륭한 신사(無上師), 중생의 어리석음을 조복받는 능력을 갖추신 분(調御丈夫), 신과 인간들의 스승으로 추앙받는 분(天人師), 진리를 깨달으신 분(佛), 세상에서 가장 존귀하신 분(世尊) 등을 말한다.

이런 화려한 수식은 어떻게 보면 과공(過恭)의 냄새가 없지 않다. 그러나 이 《범마경》을 읽다 보면 부처님에 대한 열 가지 별명은 결코 과장이 아니었던 것임을 알 수 있다. 그분은 우선 위의와 예절에서 신사로서의 손색이 없는 분이었다. 옷은 언제나 단정하고 깨끗하게 입고 다녔다. 일거수 일투족은 모두 품위 있고 교양 있게 행동했다. 특히 수행자로서 자기 자신을 통제하고 관리하는 데는 타의 추종을 불허했다. 그분이 얼마나 완전한 인격을 갖추었으면 4개월 간 약점을 찾으러 따라다니다가 도리어 감복해서 제자가 되기를 청했겠는가.

부처님이 이렇게 완벽에 가까운 인격을 가진 분이라고 할 때 사람들은 한 가지 의문을 제기하기도 한다. 부처님에게도 웃음과 여유가 있었을까 하는 것이다. 그래서 가끔은 부처님이 거룩하기는 하지만 너무 엄격해서 인간미가 없는 분으로 오해받기도 한다. 그러나 부처님은 그런 분이 아니었다. 《근본설일체유부 비나야잡사》 8권에 보면 코살라가 카필라를 공격해 동족을 몰살시키자 몹시 괴로워하는 모습이 다음과 같이 묘사되고 있다.

석가족이 몰살당하자 부처님은 심한 두통을 느꼈다. 부처님은 아난에게 발우에 가득 물을 떠오게 했다. 그 물을 이마에 뿌리니 곧 연기가 나며 소리내어 끓었다. 그것은 마치 달아오른 쇳덩이에 물을 뿌린 것과 같았다.

이것은 그분도 웃음과 눈물이 있는 인간이었음을 말해 주는 기록이기도 하다.

부처님의 아름다운 모습

부처님이 마가다 국 잔두 촌 망나림 굴에 계실 때의 일이다. 그때 임시로 시자가 된 메기야(彌醯) 비구가 아침공양을 마치고 호나림 강가의 맑은 물과 쾌적한 기후를 보고 기뻐하며 이런 곳에서 수행을 해 보았으면 하는 생각을 냈다. 메기야는 부처님께 나아가서 이 뜻을 알리고 혼자서 수행하기를 청했다. 부처님은 시봉할 비구가 올 때까지만 기다리라고 만류했으나 메기야는 거듭 거듭 간청했다. 부처님은 더 이상 만류할 수 없음을 알고, 하고 싶은 대로 하기를 허락했다.

메기야는 호나림으로 가서 나무 밑에 가부좌를 틀고 앉아 선정에 들려고 했으나 탐욕과 분노와 우치의 번뇌로 머리가 어지러웠다. 그는 문득 부처님을 생각하고 자리에서 일어나 다시 부처님에게로 돌아왔다. 부처님은 그가 왜 다시 돌아왔는지를 알고 이렇게 가르쳤다.

"메기야여, 수행자가 마음의 해탈을 얻고자 하면 오습법(五褶法)을 익혀야 한다. 첫째, 스스로 착한 벗이 되어 착한 벗과 함께 해야 한다. 둘째, 금계를 닦아 익히고 위의와 예절을 지키며, 티끌만한 허물을 보아도 항상 두려워해야 한다.

셋째, 말은 거룩하고 뜻이 깊으며, 행동은 부드럽고 유연하며, 마음은 번뇌의 덮개를 걷어 내야 한다. 그러자면 계(戒)·정(定)·혜(慧)와 해탈(解脫)과 해탈지견(解脫知見)을 잘 닦아야 한다. 넷째, 항상 정진하여 악행을 멀리 여의고 선행을 실천하되 전일(專一)하고 견고해야 한다. 다섯째, 지혜를 닦아 흥하고 쇠하는 법을 관찰하며 거룩한 지혜를 밝게 통달해야 한다."

계속해서 부처님은 메기야를 위해 이렇게 덧붙여 말했다.

"메기야여, 수행자가 모든 것이 무상하다는 생각을 얻으면 반드시 무아라는 생각을 얻을 것이다. 만약 수행자가 무아라는 생각을 얻으면 그 자리에서 일체의 아만을 끊고 무위(無爲)와 열반(涅槃)을 얻을 것이다."

중아함 10권 56경 《미혜경(彌醯經)》

이 경전은 두 개의 테마로 구성돼 있다. 앞부분은 임시로 시봉하던 메기야라는 제자가 부처님의 만류에도 불구하고 수행에 전념하기 위해 떠났다가 돌아오는 과정을 보여 준다. 뒷부분은 수행자가 어떤 태도로 수행에 임해야 하는지를 말씀하는 부처님의 가르침이다. 이 중 뒷부분은 경문을 읽으면 금방 알 수 있는 내용이다. 이에 비해 앞부분은 약간 이해가 안 되는 부분이 있다. 부처님은 왜 수행을 하겠다고 떠나려는 제자를 만류했을까 하는 점이다.

이를 알기 위해 다른 경(중아함 8권 《시자경》)을 참고해 보면 이 무렵의 부처님은 건강이 그리 좋지 않았던 것 같다. 그래서 시자가 결정될 때까지 기다려 달라고 한 것이다. 그럼에도 제자는 고집을 꺾지 않고 숲으로 떠난다. 인간적으로 보면 메기야라는 제자의 태도는 충분히 섭섭해 할 만한 행동이었다. 그러나 부처님은 그를 다시 받아 준다. 이 장면이야말로 뒷부분의 설법보다 더 감동적이다.

사실 젊은이들이 어른 말 안 듣고 저 잘난 척하기는 부처님 당시나 지금이나 마찬가지다. 젊은이들은 언제나 어른의 잔소리를 귀찮아한다. 존경하고 배려하기보다는 배반하고 외면하려 한다. 특히 디지털로 무장한 신세대 젊은이들은 농경사회나 산업사회의 아날로그적 경험과 가치관을 가진 어른들의 권위를 인정하려 하지 않는다. 그도 그럴 것이 농경사회나 산업사회에서는 어른들의 지식과 경험이 존경의 대상이었다. 언제 씨를 뿌리고 어떻게 일을 해야 할지를 안다는 것 자체가 대단한 노하우(know-how)였다. 이에 비해 디지털시대의 어른들은 젊은이보다 잘하는 것이 별로 없다. 컴퓨터를 다루는 기술은 어른이 젊은이에게 배워야 한다. 다 그런 것은 아니더라도 젊은이들이 안하무인의 못된 버릇을 드러내는 것도 이런 환경변화와 무관하지 않다.

하지만 철부지들이 방자하게 행동하는 것에 화를 내며 돌아앉는 것은 어른답지 않다. 어른은 기술이나 정보에서는 젊은이에게 뒤떨어질지 몰라도 경륜이나 도덕성, 아량에서는 우위에 있다. 그래서 '어른'이다. 그런 점에서 부처님이 '돌아온 제자'에게 아무 일도 없었던 듯 설법하는 모습은 매우 감동적이다. 그러면 우리는 어떤가? 만약 젊은이에게 관대하지 못하다면 아마도 이런 이유일 것이다. 이 경의 말미에 나오는 말씀대로 무상과 무아를 덜 깨닫고, 아직도 내가 최고라는 생각에 사로잡힌 '아만(我慢)'이 덜 극복됐기 때문이다.

부처님의 약점

부처님이 사밧티 기수급고독원에 계실 때의 일이다. 어느 날 존자 아난다는 비구들을 데리고 녹자모강당에 가서 볼일을 마치고 돌아오다가 파세나디 왕을 만났다. 왕은 아난다에게 얘기나 나누었으면 좋겠다고 했다. 아난다는 왕의 소청을 받아 주었다.

"아난다 스님, 한 가지 묻고 싶은 것이 있습니다. 혹시 부처님께서는 사문이나 바라문들이 싫어하는 행동을 한 적이 없었는지요?"

"부처님께서는 결코 세상 사람들이 미워하는 행동을 한 적이 없습니다."

"아난다 스님, 만일 어떤 사람이 나쁜 생각으로 남을 칭찬하거나 비방한다면 우리는 진실을 알 수 없습니다. 그러나 어떤 사람이 정직한 생각을 가지고 남을 칭찬하거나 비방한다면 우리는 진실을 알 수 있습니다. 스님은 오랫동안 부처님을 시봉하신 분이므로 남들이 알지 못하는 많은 것을 알고 있습니다. 아시는 대로 진실을 말해 주십시오."

"대왕이시여, 부처님은 탐욕을 떠나고 분노를 떠나고 어리석음을 떠난 분이십니다. 부처님께서는 일체의 착하지 않은 법을 끊고 일체의 착한 법을 성취한 분입니다. 또한 착한 법을 가르치고 이끌어 주시고 모범을 보여 주는 스승이십니다. 이런 분이 어떻게 사람들이 싫어하거나 미워할 행동을 하겠습니까?"

"그러면 부처님께서는 평소 어떻게 행동하십니까?"

"부처님은 어떤 행동을 해도 자기도 해치지 않고 남도 해치지 않아 모두를 해치지 않습니다. 깨달음이 있고 지혜가 있으며 악을 돕지 않고, 열반을 얻게 합니다. 지혜로 나아가고 깨달음으로 나아가며 열반으로 나아가게 합니다. 부처님은 어떤 것이 해도 좋은 행동인지 알며, 어떤 것이 하면 안 되는 행동인지 알아서 해도 좋은 행동은 하고 하면 안 될 행동은 하지 않습니다. 성취해야 할 것이 무엇이고 성취하지 않아도 될 것이 무엇인지 알아 그렇게 행동하며, 받아야 할 것이 무엇이고 받지 않아야 할 것이 무엇인지를 알아서 그렇게 행동하십니다. 끊어야 할 것이 무엇이고 끊지 말아야 할 것이 무엇인지를 알아서 그렇게 행동하십니다. 그리하여 훌륭하고 선한 행동은 더욱 더해 가고 그 반대의 행동은 더욱 감해 갑니다. 부처님은 이렇게 행동하시는 분입니다."

왕은 아난다의 설명에 큰 감동을 받고 자신이 입고 있던 좋은 옷을 보시했다. 아난다는 그 옷을 가지고 정사로 돌아와 부처님께 올리며 이렇게 말했다.

"이 옷은 코살라의 파세나디 왕이 보시한 것입니다. 원컨대 세존께서는 이 옷 위에 두 발을 올려 놓으시어 저들을 축복해 주소서."

중아함 59권 214경 《비하제경(鞞訶提經)》

파세나디 왕은 매우 솔직하면서도 유쾌한 사람이었던 것 같다. 그는 부처님을 존경하기는 하지만 그분도 인간이라면 어딘가 약점이 있을 것이란 생각을 했던 것 같다. 그래서 늘 부처님을 가까이 모시는 아난다를 만나

자기의 솔직한 생각을 털어놓았다. '당신은 남들이 모르는 부처님의 어떤 약점을 알고 있을 것 아니냐, 숨기지 말고 그것을 말해 보라'고 은근하게 유혹(?)했다고나 할까.

물론 여기에는 남의 비밀이나 약점을 캐기 위한 의도적 악의는 없어 보인다. 다만 부처님도 인간인데 어떻게 그렇게 행동과 말하는 것과 마음 쓰는 것이 흠잡을 수 없을 만큼 완벽할 수 있겠느냐는, 좀 소년 같은 의문을 가졌던 것으로 추측된다. 그러나 아난다의 대답은 스승에 대한 완벽한 믿음과 존경뿐이었다. 재차 삼차 유도심문을 해도 마찬가지였다. 세상에서 제자에게 이런 믿음과 존경을 받는 스승은 정말로 흔치 않을 것이다. 파세나디 왕은 이 점에 감동해서 입고 있던 옷을 벗어 부처님에게 보시한 것이다.

이 경전을 읽으면 우리도 파세나디 왕과 똑같은 의문을 갖게 된다. 우리의 경험으로 살펴보면 인간으로서 약점이 없다는 것은 도저히 불가능한 일이다. 실제로 부처님도 외도들의 질시를 받아 처녀를 임신시켰다는 모함도 받은 적이 있었다. 이것은 바꿔 말하면 부처님도 무엇인가 약점이 있었다는 증거가 아닐까. 그러면 그 약점이란 무엇인가. 앞에서 소개한 《범마경》이나 이 《비하제경》을 읽으며 느끼는 소감은 부처님은 너무 완벽한 인격을 갖추고 있다는 바로 그 점이 최대의 약점이었다. 평생 남에게 허물과 약점을 보이지 않았으니 속된 말로 얼마나 징그러운 사람인가.

그렇지만 우리가 아무리 이렇게 말도 안 되는 말로 그분을 모함하고 비난하려 해도 그분은 조용히 미소만 지을 뿐이다. 우리가 부처님에게 꼼짝 못하는 이유도 이 점 때문이 아닌가 싶다.

누가 용 중의 용인가

부처님이 사밧티 동쪽 녹자모강당에 계실 때의 일이다. 어느 날 해질 녘 부처님은 명상에서 일어나 옆에 있던 우다이에게 말했다.

"나와 함께 동쪽 강가에 가서 목욕이나 하자."

부처님은 우다이와 함께 강가에 가서 옷을 벗어 놓고 목욕을 했다. 부처님이 목욕을 마친 뒤 언덕으로 나와 옷을 입을 즈음 상류에서 파세나디 왕이 큰 코끼리를 타고 강을 건너고 있었다. 이를 본 제자 우다이가 말했다.

"부처님, 저 코끼리는 큰 몸집을 가졌으므로 사람들은 '저것은 코끼리 중의 코끼리며, 코끼리의 왕'이라고 합니다."

"그렇구나. 저 코끼리는 코끼리 가운데 가장 큰 코끼리여서 '코끼리의 왕'이라고 하는구나. 또 말이나 낙타, 소나 나귀, 뱀이나 사람, 나무 중에도 큰 몸집을 가진 것을 본다면 '저것은 말 중의 말, 소 중의 소며 왕'이라고 할 것이다. 그러나 나는 그런 것을 말의 왕, 소의 왕이라고 하지 않는다. 나는 이 세상이나 하늘세계에서 몸과 입, 생각으로 남을 해치지 않고 돕는 것을 일러 용 중의 용, 코끼리 중의 코끼리라고 한다. 그렇다면 우다이야, 너는 이 세상에서 누가 진정한 용 중의 용인 줄 알겠는가."

우다이는 '용 중의 용'이 어떤 존재여야 하는지를 깨닫고 이렇게 게송을 지어 찬탄했다.

세존께서는 인간으로 태어나
스스로를 다루어 바른 선정을 얻고
깨끗한 행을 닦아 익히고
마음을 쉬어 스스로 즐겁게 지내시네.

널리 듣고 바로 깨닫기는
마치 허공에서 해가 솟는 듯하고
일체의 용 가운데 우뚝하기는
산 가운데서도 가장 높은 봉우리 같네.

중아함 29권 118경 《용상경(龍象經)》

우리가 흔히 '위대하다'든지 '훌륭하다'고 할 때 그 기준은 무엇인가? 세속적 기준으로 말하면 남보다 힘이 세거나, 돈이 많거나, 권력이 있거나, 얼굴이 예쁘거나, 노래를 잘하거나, 빨리 달리거나 하여튼 조금이라도 잘하는 것이 있어야 한다. 그래야 훌륭하다고 평가를 받는다.

우리는 그런 사람이 되기 위해 모든 노력을 기울인다. 말이 노력이지 사실은 추악하고 비겁한 짓도 사양하지 않는다. 어쩌면 이 세상의 모든 투쟁과 갈등과

시기와 질투는 다 내가 더 훌륭하다고 평가받고 1등이 되려고 하는 데서 생기는 것이라 해도 틀린 말이 아니다. 역사적으로 일어난 모든 전쟁도 내가 너보다 더 많이 갖고 더 많이 지배하려는 데서 생긴 것이다.

역사와 현실은 이러한 경쟁에서 살아 남은 승리자의 것이다. 어디에도 패배자가 설 땅은 없다. 그러므로 인간이 남보다 더 많이 갖고 더 훌륭하게 되려는 것을 나쁘다고 비난할 이유는 어디에도 없다. 만약 비난하는 사람이 있다면 내가 못하는 일을 남이 한다고 질투하는 것에 불과하다. 이것이 세속사회의 솔직한 현실이다.

그러나 부처님이 가진 잣대는 좀 다른 것 같다. 부처님이 훌륭하고 위대하다고 말하는 사람은 행동과 말과 생각으로 남을 해치지 않고, 행동과 말과 생각으로 남을 도와주는 사람이다. 자신이나 집단의 이익을 위해서라면 정의와 원칙을 팽개치는 사람은 '용 중의 용'이 아니다. 작은 목소리로라도 그 부당함을 말하는 사람이 위대하고 훌륭한 사람이다. 남이 굶는 것을 보지 못하고 내 밥그릇을 나누어 주려는 사람이 거룩한 사람이다. 버스나 전철을 탔을 때 빈자리가 나면 궁둥이부터 먼저 들이미는 사람이 아니다. 주변에 노약자나 임산부가 없나 살펴보고 그런 사람에게 자리를 양보하는 사람이 훌륭한 사람이다. 부처님이 위대하고 훌륭하다고 하는 사람은 비록 작은 일이지만 조금이라도 남을 위하는 일을 하는 사람이다. 이런 사람이야말로 '용 중의 용'이라는 것이다.

그러면 우리는 어느 쪽에 속하는 사람인가? '용 중의 용'인가, 용인 척하지만 사실은 뱀인가?

그건 그렇고 이런 질문을 받으면 왠지 뒤통수가 가려운 것은 무슨 이유 때문인지 모르겠다. 혹 오늘 아침에 머리를 감지 않아서 그런가.

부처님은 길을 일러주는 분

부처님이 사밧티 동쪽 녹자모강당에 계실 때의 일이다. 어느 날 수학자 목갈라나가 찾아와 이렇게 물었다.

"부처님, 누구든 10층까지 오르려면 1층부터 차례로 올라가야 합니다. 야생의 코끼리는 순서에 따라 다루어야 길들일 수 있습니다. 마찬가지로 제가 공부하는 수학도 순서에 따라 배워야 합니다. 부처님의 가르침도 이와 같이 순서에 따라 공부하는 길이 마련돼 있는지요?"

"물론 그렇다. 나의 가르침도 순서를 좇아 공부하는 방법과 길이 마련돼 있다. 어떤 사람이 처음으로 교단에 들어오면 먼저 계율을 지킬 것을 가르친다. 그 다음에는 육근(六根)을 잘 지키라고 가르친다. 그 다음에는 혼자 숲 속의 고요한 곳에서 탐욕과 분노와 혼침과 불안과 의혹을 벗어나 지혜로서 번뇌를 제거하도록 가르친다. 그 뒤에 다시 모든 집착과 불선(不善)에서 벗어나 무상안온의 경지에 도달하는 길을 가르친다."

"그렇게 수행하면 반드시 모두 구극의 경지인 열반에 이르는지요?"

"어떤 사람은 열반에 이르지만 어떤 사람은 이르지 못하는 경우도 더러 있다."

"정녕 열반이라는 경지가 있고, 거기에 이르는 길이 있으며, 또 부처님이 거기에 이르는 방법을 가르쳐 주는데, 왜 누구는 그곳에 이르고 누구는 이르지 못하는 것입니까?"

"그대에게 한 가지 묻겠다. 누가 그대에게 라자가하 가는 길을 물었다 하자. 그대는 그 길을 자세히 일러주었다. 그러나 그가 가리켜 준 길이 아닌 엉뚱한 길로 간다면 어떻게 되겠는가?"

"그것은 저도 어쩔 수 없습니다. 저는 다만 길을 가리켜 줄 뿐이기 때문입니다."

"바라문이여, 그와 같다. 정녕 열반이라는 목적지가 있고, 가는 길도 있으며, 길을 가리켜 주는 사람도 있다. 내가 바로 그 안내자다. 내 제자가 내 말을 믿고 그 길을 걷는 사람은 구극의 목표인 열반에 도달할 수 있다. 그러나 개중에는 그렇지 못한 사람도 있다. 그 사람에 대해서는 나도 어찌할 수 없다. 나는 다만 길을 가리키는 사람일 뿐이기 때문이다."

중아함 35권 144경 《산수목건련경(算數目犍連經)》

불교 수행의 궁극적 목표는 무엇인가? 어떻게 해야 그 목표에 도달할 수 있는가? 이 간단하고 기본적인 질문이야말로 불교를 공부하기 위해 가장 먼저 알아 두어야 할 상식이다. 만약 이 상식을 무시하고 불교를 말한다면 처음부터 과녁을 잘못 겨냥하고 화살을 쏘는 것처럼 엉뚱한 결과만 초래하고 말 것이다.

이 경전은 바로 이 기본적이고 상식적인 질문에 응답하고 있다. 첫째, 불교

수행의 목표는 참다운 행복의 성취다. 열반은 불교식으로 표현하는 행복이다. 모든 번뇌와 고통이 사라진 상태가 열반이므로 이것만이 참다운 행복이라는 것이다. 그러면 그와 같은 행복에 이르는 길은 무엇인가. 그 방법으로 제시된 것이 삼학도(三學道)요 팔정도(八正道)다. 오직 부처님이 일러준 그 길로만 가면 누구든지 열반에 이를 수 있다. 그래서 부처님을 삼계의 대도사(大導師), 즉 세상에서 가장 훌륭한 길 안내자라고 한다.

불교의 길은 의외로 간단하다. 별도로 애써서 새로 깨달을 필요도 없다. 부처님이 깨달은 진리를 진리로 믿고 그대로 실천하기만 하면 된다. 기차가 레일 위를 달리면 마침내 목적지에 도달할 수 있듯이 부처님이 닦아 놓은 철길인 삼학도와 팔정도를 닦기만 하면 누구든지 최상의 행복을 성취할 수 있다. '불교를 믿는다' 는 것은 이 사실을 믿는 것을 말하다.

그러나 많은 사람들은 부처님이 가리켜 준 큰길을 놔두고 엉뚱한 길에서 헤맨다. 무엇인가 특별한 진리가 있는 것처럼 말하는가 하면, 입으로는 자비를 외치면서 손으로는 미움의 채찍을 휘두른다. 절에 갈 때의 마음과 절 문을 나서는 마음이 다르다. 말과 행동, 앎과 삶을 일치시키려는 것을 우습게 여긴다. 이런 사람은 아무리 부처님 제자라도 열반에 이를 수 없다. 이것이 이 경의 가르침이다. 말을 강가로 데려는 가도 강제로 물을 먹일 수는 없다는 뜻이다.

사족 한마디 덧붙이면 이 경에 등장하는 산수목갈라나는 바라문 수학자다. 10대 제자의 한 사람인 마하목갈라나와는 다른 인물이다.

부처님의 32가지 신체적 특징

 부처님이 사밧티 기수급고독원에 계실 때의 일이다. 어느 날 비구들이 점심을 먹은 뒤 강당에 모여 이런 이야기를 주고받았다.

"위대한 사람(大人)은 32가지 거룩한 모습을 갖추어야 한다고 한다. 그런 상호를 갖춘 사람은 세간에 있으면 전륜성왕이 되어 천하를 다스리며, 출가하면 위없는 도를 성취하여 부처님이 되어 그 이름이 시방세계에 두루 할 것이라고 한다."

그때 마침 부처님이 그곳을 지나가다가 비구들이 하는 말을 들었다. 부처님은 비구들이 대인의 32상호를 궁금해 하는 것을 알고 이에 대해 구체적으로 분별해 가르쳐 주었다.

"대인의 32상은 이렇다. 1은 발바닥이 평평하다. 2는 발바닥에는 천폭의 바퀴무늬 지문이 있다. 3은 발가락이 가늘고 길다. 4는 발 둘레가 바르고 곧다. 5는 발뒤꿈치가 넓고 편안하다. 6은 두 복사뼈가 꽉 찼다. 7은 몸의 털이 위를 행하고 있다. 8은 손가락 발가락 사이에 엷은 막이 있어 기러기의 발과 같다. 9는 손과 발이 부드럽다. 10은 살갗이 부드러워 더러운 것이 붙지 않는다. 11은 털은 한 구멍에 하나만 난다. 12는 털은 검푸르며 소라고동처럼 오른쪽으로 감긴다. 12는 장딴지는 사슴의 그것과 같다. 13은 성기는 말의 그것처럼 감추어져 있다. 14는 몸은 위아래가 둥글고 길며 균형을 갖추었다. 15는 몸이 구부정하지 않으며 곧다. 16은 꼿꼿이 서면 양손이 무릎을 만질 수 있다.

17은 온몸이 자금색으로 빛난다. 18은 두 손바닥과 발바닥, 양어깨와 목이 두툼하다. 19는 상체가 커서 사자와 같다. 20은 뺨이 사자와 같다. 21은 등이 평평하고 곧다. 22는 양쪽 어깨가 둥글고 원만하다. 23은 이는 40개나 된다. 23은 모든 이는 희고 고르다. 24는 어금니 4개는 상아와 같이 희고 깨끗하다. 25는 목소리가 범음처럼 아름답다. 26은 혀가 넓고 길어서 얼굴을 덮을 정도다. 27은 혀는 최고의 미감을 갖추고 있다. 28은 눈동자가 검고 푸르다. 29는 속눈썹이 길고 아름답다. 30은 양미간에 길고 하얀 털이 나서 오른쪽으로 말려 있다. 31은 머리카락은 소라고동처럼 동그랗게 말려 있다. 32는 머리 꼭대기에 상투 모양의 살이 융기돼 있다.……"

여기까지 설명한 부처님은 다시 32상을 갖춘 대인인 전륜성왕과 법왕의 위덕에 대해 이렇게 말했다.

"전륜성왕은 총명하고 지혜로우며 사군(차군·마군·상군·보군)을 거느리고 천하를 통일하게 된다. 그는 칼이나 몽둥이를 쓰지 않고 오직 정법으로 가르치고 명령하여 나라를 다스려 그 명성을 천하에 떨치게 된다. 그러나 만일 수염과 머리를 깎고 가사를 입고 지극한 믿음으로 출가하여 도를 닦으면 반드시 여래(如來)·무소착(無所着)·등정각(等正覺)이 되어 그 이름은 시방세계에 두루 하게 되느니라."

중아함 11권 59경 《삼십이상경(三十二相經)》

부처님의 신체적 특징을 말하는 '32상'은 명칭이나 순서가 자료마다 약간 차이가 있다. 이 경전에서 열거하고 있는 것은 27가지밖에 되지 않는다. 그러나 경의 명칭 《삼십이상경》이라고 하는 것을 보면 항목에 번호를 붙이지 않아 약간의 혼란이 생긴 탓으로 보인다. 그래서 여기서는 《대지도론》 권4에 나오는 항목과 순서를 맞춰 다시 정리했다.

옛날부터 사람들은 부처님과 같은 위대한 인물은 보통 사람과 다른 특징이 있다고 생각해 왔다. 32상은 바로 그러한 생각을 반영한 것이다. 이는 나중에 불상을 조성하는 중요한 기준이 되었다. 발바닥에 새겨진 수레바퀴 무늬, 온몸을 금색으로 도금하기, 목은 두툼해 보이도록 삼도를 만들고, 검고 푸른 눈동자, 미간에는 백호, 머리는 나발(螺髮), 정수리에는 육계(肉髻), 가슴에는 오른쪽으로 돌아가는 털을 상징하는 만자(卍字) 등이 그것이다. 또 콧수염과 턱수염은 사자와 같은 털이 있었다는 것을 나타낸 것이다.

다빈치가 해부학적으로 그린 인체비례 그림에 의하면 인간의 몸은 신장과 머리의 비례가 8분의 1이 되는 것이 가장 아름답다고 한다. 팔등신이라는 말은 여기서 나온 것이다. 부처님의 32상도 '등이 곧고 바르다'는 표현이 있는 것으로 보아 신체가 거의 팔등신 수준이었던 것 같다. 그러나 현재 우리들의 안목으로 보면 좀 이상한 것도 있다. 손가락과 발가락 사이에 물갈퀴가 있다든가, 혓바닥이 얼굴을 덮은 정도로 넓고 길다든가 하는 것이다. 유념할 것은 이러한 형상은 위대한 인물에게 요구되는 덕성을 신체적으로 표현한 이상상(理想像)이라는 사실이다. 따라서 중생이 깨달음과 열반을 얻기 위해서는 이런 신체적 특징을 갖추어야 한다는 식의 생각은 너무 교조적 태도다. 32상이라는 형상 자체가 나중에 부처님을 이상화하는 과정에서 생겨난 것이다.

진리를 등불 삼아라

부처님이 라자그리하 죽림에 계실 때의 일이다. 그때 라자그리하에는 흉년이 들어 걸식을 해도 음식을 구할 수가 없었다. 부처님은 비구들에게 베살리나 밧지로 가서 안거를 나도록 했다. 부처님 자신은 조금이라도 입을 덜기 위해 아난다와 함께 라자그리하에 남아 안거를 했다. 이 안거 기간 중 부처님은 병이 나서 몹시 위중했다. 아난다가 걱정을 하면서 왜 제자들을 불러 모으지 않는가를 여쭈었다. 그러자 부처님은 이렇게 말씀했다.

"나는 한 번도 비구와 교단을 소유하고 있다고 생각하지 않았다. 그러니 내가 어찌 대중들에게 명령할 수 있겠는가? 대중들이 아직 나에게 더 바라는 것이 있는지 모르나 나는 이미 내가 알고 있는 모든 법을 안팎으로 다 설해 마쳤다. 그렇지만 내가 모든 소견에 다 통달했다고는 말하지 않는다. 아난다야, 나는 이제 늙어 나이가 여든이 다 되었다. 비유하면 나는 지금 낡은 수레와 같다. 그 수레를 임시 방편으로 조금 수리해서 쓰고 있을 뿐이다."

여기까지 말씀한 부처님은 이어서 이렇게 일렀다.

"아난다야, 모든 수행자는 자기를 등불로 삼고 진리를 등불로 삼을 일이지 다른 이를 등불로 삼지 말라. 또 자기에게 귀의하고 진리에 귀의할 일이지 남에게 귀의하지 말라. 어떻게 하는 것이 그렇게 하는 것인가. 수행자는 자기의 몸(신)과 마음(심)과 감각작용과 마음에 대해 깊게 관찰하여 항상 잊지 않고 기억하며 세상에 대한 탐욕과 근심을 없앤다. 이렇게 하는 것이 자기를 등불로 삼고 진리를 등불로 삼으며, 자기에게 귀의하고 가르침에 귀의하는 것이라고 한다. 내가 멸도한 뒤에도 이렇게 하는 사람이 있으면 그는 곧 나의 진실한 제자요, 제일가는 수행자일 것이다."

여기까지 말씀한 부처님은 차바라 탑으로 옮겨 어떤 나무 밑에 이르자 '여기에 자리를 깔아라. 등이 아프니 여기서 좀 쉬어야겠다'고 했다. 아난다가 자리를 깔자 부처님은 거기에 앉아 '나는 사신족을 닦았으므로 마음만 먹으면 1겁이 넘도록 세상을 위해 어둠을 제거하고 인간들에게 많은 이익을 끼칠 수 있다'고 말했다. 하지만 아난다는 그 뜻을 알지 못했다. 그러자 마왕 파순이 나타나 부처님에게 '세존께서는 마음에 욕심이 없으시니 지금 열반에 드는 것이 옳다'며 열반을 권했다. 이에 부처님은 '지금은 때가 아니니 잠시 기다려라. 3개월 뒤에 열반에 들리라'며 마왕의 뜻을 일단 물리쳤다.

장아함 3권 2경 《유행경(遊行經)》

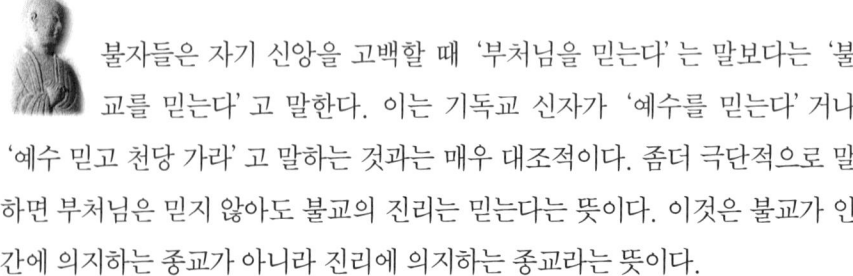

불자들은 자기 신앙을 고백할 때 '부처님을 믿는다'는 말보다는 '불교를 믿는다'고 말한다. 이는 기독교 신자가 '예수를 믿는다'거나 '예수 믿고 천당 가라'고 말하는 것과는 매우 대조적이다. 좀더 극단적으로 말하면 부처님은 믿지 않아도 불교의 진리는 믿는다는 뜻이다. 이것은 불교가 인간에 의지하는 종교가 아니라 진리에 의지하는 종교라는 뜻이다.

이러한 태도는 부처님 생존 당시부터 있어 온 기풍이다. 예를 들어 잡아함 47권 《발가리경》에는 박카리라는 제자가 중병이 들어 마지막으로 부처님을 한 번 뵙기를 소원했다. 부처님이 그를 찾아가자 박카리는 일어나 예배하려고 했다. 그러자 부처님은 이렇게 만류했다.

"박카리야, 나의 이 늙은 몸을 보고 예배한들 무슨 소용이 있겠느냐? 그대는 이렇게 알아야 한다. '진리(法)를 보는 자가 부처님을 본다. 부처님을 보는 자가 진리를 본다' 라고."

여기서도 알 수 있듯이 부처님은 자신에 대한 인격적인 숭배를 거부했다. 이러한 가르침은 열반에 즈음해서 부처님의 유훈으로 다시 한 번 확인된다. 모든 수행자가 마음에 새겨야 할 가르침이란 이런 것이다.

스스로를 등불로 삼고 진리를 등불로 삼으라.　　自燈明 法燈明
스스로가 의지처가 되고 진리를 의지처로 삼으라.　自歸依 法歸依

부처님이 이렇게 사람보다는 진리를 등불로 삼고 의지처로 삼으라고 한 것은 오직 한 가지 이유에서다. 사람에게 의지하려고 하면 실망하기 쉽지만 진리는 결코 우리를 배반하는 일이 없기 때문이다. 부처님 자신도 깨달음을 성취한 뒤 '이제는 누구를 스승으로 삼아 살아 갈까'를 고민하다가 '진리를 스승으로 삼아 살아 갈 것'을 다짐한 적이 있다. 사람에 의지하다가 실망만 거듭하는 이 세상에서 사람보다는 진리를 등불로 삼고 의지하라는 말씀은 두고 두고 새겨 볼 의미심장한 말이 아닐 수 없다.

부처님께 올린 마지막 공양

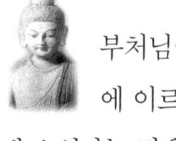부처님이 베살리를 떠나 쿠시나가라를 향하는 도중 파바(波婆) 마을에 이르렀을 때의 일이다. 대장장이의 아들 춘다가 부처님이 이 마을에 오셨다는 말을 듣고 찾아왔다. 춘다는 부처님의 설법을 듣고 기쁜 마음으로 이렇게 청했다.

"내일은 저희 집에 오셔서 공양을 받으소서."

아침이 되자 부처님은 제자들과 함께 춘다의 집으로 갔다. 춘다는 밤을 새워 준비한 공양을 올렸다. 그 음식은 전단(旃檀)나무 버섯을 지져 만든 아주 귀한 것이었다. 부처님은 이 음식을 공양한 뒤 이렇게 말했다.

"이 버섯은 다른 비구들에게 주지 말라."

부처님은 공양을 마치고 춘다를 위해 설법한 뒤 다시 길을 떠났다. 그러나 부처님은 등병을 앓고 계신 터에 춘다의 공양으로 식중독까지 겹쳐 매우 힘들어했다. 부처님은 너무 힘든 나머지 얼마 가지 못해 어떤 나무 아래 멈추어서 아난다에게 말했다.

"자리를 깔아라. 등병이 심하구나."

아난다는 자리를 깔고 부처님이 앉을 때를 기다렸다가 말했다.

"춘다는 비록 공양을 올렸지만 아무 공덕도 얻지 못할 것입니다. 여래가 그 집에서 마지막 공양을 받고 열반에 드시려고 하기 때문입니다."

"아난다야, 그런 말을 하면 안 된다. 도리어 춘다는 큰 이익을 얻을 것이다. 왜 그런가? 여래가 처음으로 도를 이루었을 때 공양을 베푼 자와 멸도할 때에 이르러 공양을 베푼 자의 공덕은 똑같아서 다를 바가 없기 때문이다. 너는 춘다에게 가서 이렇게 말해 주어라. '춘다여, 걱정하지 말라. 그대는 친히 부처님을 친견하고 설법을 듣고 공양을 올렸다. 그러므로 큰 이익을 거두고 큰 과보를 거둘 것이다.'라고."

부처님은 자리에서 일어나 다시 길을 재촉했다. 그러나 조금 걸으시다가 어떤 나무 밑에 앉아 아난다에게 말씀했다.

"내 등병이 아주 심하구나. 자리를 깔아다오."

부처님은 아난다가 자리를 깔자 거기에 앉아 쉬셨다.

장아함 3권 2경 《유행경(遊行經)》

부처님에게 올린 공양 가운데 아주 중요한 의미를 갖는 공양 두 가지가 있다. 하나는 부처님이 수행자였을 때 수자타라는 처녀가 올린 공양이고, 또 하나는 부처님이 열반하기 직전 대장장이 춘다가 올린 공양이다.

수자타의 공양은 성자에게 올린 최초의 공양이란 점에서 큰 의미가 있다. 당시 부처님은 오랜 고행 끝에 죽음 일보 직전에 이른 극도로 쇠약한 상태였다. 이를 본 수자타는 유미죽을 끓여 부처님께 공양을 올렸다. 부처님은 이 공양을 받고 원기를 회복해 마침내 진리를 깨닫고 교화의 삶을 살았다. 만약 이때 수자타가 공양을 올리지 않았다면 부처님의 성불도, 불교라는 종교의 탄생도 불가능했을 것이다.

이와는 달리 춘다가 올린 공양은 부처님께 올린 마지막 공양이란 점에서 특별히 기억되는 공양이다. 그러나 이 공양은 결과적으로 부처님을 살리는 공양이 아니라 죽음으로 이끈 공양이었다. 앞의 경전에서도 묘사하고 있듯이 부처님은 이 공양을 받고 식중독을 일으켜 설사와 복통에 시달리게 된다. 이때 부처님이 공양받은 음식은 숫카라맛다바(sūkara-maddava)라는 것인데 이는 한역에서는 '전단나무에서 나는 버섯(旃檀樹耳)'이라고 번역하고 있으나 사실은 '야생의 돼지고기'라고 한다. 만약 부처님이 이 공양을 받지만 않았다면 조금이라도 더 오래 살 수 있었을 것을 생각하면 여간 아쉬운 부분이 아니다.

이 공양을 둘러싸고 나중에까지 말이 많았다. 그러나 이는 대장장이 춘다에 대한 비난이 아니다. 부처님의 말씀에서도 보이듯 춘다의 공양은 최초의 공양인 수자타의 공양에 비해 결코 공덕이 적지 않다는 말로 면죄부가 주어진다. 부처님의 노쇠한 몸이 음식을 소화하지 못해서 그렇지 공양을 올린 사람에게는 아무 허물이 없다는 뜻이다.

이에 비해 부처님을 시봉하고 다녔던 아난다에 대해서는 비난이 자심했다. 아난다는 부처님이 열반에 든 후 최초로 교법을 결집할 때 참여할 자격이 정지될 뻔했다. 그 이유는 여성을 출가시켜 교법의 수명을 짧게 만들 우환을 남긴 죄, 대장장이 춘다의 공양을 막지 않은 죄 등을 들고 있다. 이는 불멸(佛滅) 이후 교단 권력의 추이를 짐작케 하는 자료이면서, 동시에 마지막 공양에 대한 교단의 인식이 어떠했는지를 보여 주는 것이어서 흥미롭다.

부처님의 몇 가지 유훈

베살리를 출발한 부처님이 열반지인 쿠시나가라의 두 그루 사라나무 사이에 이르렀을 때의 일이다. 멀리서 부처님 일행이 오는 것을 본 한 바라문이 존경심을 일으켜 문안드리고 내일 아침 공양을 올리고 싶다고 했다.

"그만 두라. 그대는 이미 내게 공양을 올린 것이나 다름없다."

그러나 바라문은 거듭 간청했다. 그러자 아난다가 나서 사정을 설명했다.

"부처님은 지금 매우 피로하고 위중하십니다. 수고롭게 하지 마십시오."

그가 물러가자 부처님이 아난다에게 말했다.

"저 사라나무 아래 누울 자리를 마련하거라. 나를 눕힐 때는 머리는 북쪽, 얼굴은 서쪽으로 향하게 하라. 왜냐하면 앞으로 내 교법은 북방에서 오래 머물 것이기 때문이니라."

부처님을 눕혀 드린 아난다는 이제 드디어 부처님이 열반에 들 것을 알고 슬픔을 참지 못해 한쪽 구석으로 가서 흐느껴 울었다. 부처님은 그런 아난다를 불러 위로했다.

"이제 그만 그쳐라. 그대는 나를 시봉한 이래 몸과 입과 생각으로 한량없는 자비로 공양해 왔다. 누구도 그대에게는 미치지 못할 것이다."

아난다는 간신히 울음을 그치고 부처님께 마지막으로 몇 가지 여쭈었다.

"부처님이 돌아가시면 많은 사람들이 우러러볼 데가 없어 찾아오지 않을 것입니다. 그때는 어떻게 해야 하는지요?"

"걱정하지 말라. 그들은 내가 태어난 곳, 정각을 성취한 곳, 처음으로 설법한 곳, 멸도에 든 곳을 찾아 나를 사모하고 내가 설법한 것을 생각하며 탑사(塔寺)를 예경하면 될 것이다. 그러나 도를 얻은 자는 그렇게 할 필요가 없다."

"부처님이 열반한 뒤에 수도를 원하는 자가 있으면 어떻게 해야 하는지요?"

"그들에게는 출가를 허락하되 지체하지 말고 시험 없이 구족계를 주어서 수행하게 하라. 또한 그대들은 오늘부터 내가 말한 소소계(小小戒)는 버리고 위아래가 화합해서 예도를 따르라. 이것이 집을 떠난 자가 공경하고 순종하는 법이니라."

이어서 부처님은 모든 비구들에게 법과 율에 대해 조금이라도 의심이 드는 것이 있다면 물으라고 말했다. 그러나 아무도 입을 여는 사람이 없었다. 그러자 부처님이 최후의 유교를 말씀하셨다.

"비구들이여, 그대들은 방일하지 말라. 나는 게으르지 않음으로써 정각을 이루었다. 또한 한량없는 선법은 방일하지 않음으로써 이루어지는 것이다. 일체 만물은 영원히 존재하는 것은 없다."

말씀을 마치자 부처님은 조용히 열반에 들었다. 그때 땅은 크게 진동하여 모든 사람들은 다 놀랐다. 허공에서는 연꽃과 우담바라가 꽃비가 되어 내렸고 천지는 큰 광명이 비쳐 해와 달이 비칠 때보다도 더 밝았다.

장아함 4권 4경 《유행경(遊行經)》

초기교단에서 부처님의 존재는 거의 절대적이었다. 수행자들은 부처님을 의지해 수행했으며, 무엇이든지 궁금한 것이 있으면 언제든지 찾아가 물어보고 문제를 해결했다. 그런 부처님이 돌아가신다는 것은 수행자들로서는 그야말로 청천벽력과도 같은 것이었다. 부처님의 열반이 당시 승가에 얼마나 충격을 주었는지는 경전에 그대로 반영되어 있다. 후대의 경전 편집자들은 부처님의 생애 가운데 열반에 들기 직전의 일과 열반 장면, 화장과 사리 분배에 이르기까지의 과정을 마치 일지를 써나가듯 생생하게 기록하고 있다.

이 가운데는 부처님이 열반에 든 이후 교단을 어떻게 운영할 것인가, 특히 계율은 어떻게 지킬 것인가 하는 문제도 포함돼 있다.

부처님 당시 계율은 문제가 있을 때마다 제정했다. 이를 수범수제(隨犯隨制)라 한다. 모든 계율은 이렇게 특별한 시간적·공간적·상황적 배경 아래 제정된 것이므로 시간과 장소가 달라지면 지키기 어려운 것이 생길 수도 있다. 아난다는 이런 문제를 물었다. 이에 대해 부처님은 '사소한 것(小小戒)은 버리거나 고쳐도 좋다'고 했다.

그러나 이것이 나중에 문제가 됐다. 무엇을 사소한 것으로 볼 것이냐 하는 문제 때문이다. 뒷날 제자들은 아난다에게 이 점을 물었으나 그것은 여쭈어 보지 않아서 모르겠다고 했다. 이로 인해 아난다는 책임을 다하지 못했다고 비난을 받아야 했다. 그만큼 이 문제는 교단의 중요한 관심사였다. 참고로 현재 한국의 승단에서는 새로 출가하는 사람들에게 부처님 당시 제정된 비구 250계, 비구니 348계를 다 지킬 것을 서약받고 있다. 그 중에는 도저히 지킬 수 없는 조항도 포함돼 있다.

훌륭한 교사였던 부처님

부처님이 열반을 앞두고 사라나무 사이에 누워 있을 때의 일이다. 수바드라라는 바라문이 부처님을 찾아와 뵙기를 청했다. 그는 나이가 120세나 되는 노인이었다.

"나는 오늘밤 부처님이 열반에 들 것이란 소문을 듣고 왔습니다. 부처님을 한 번 뵙고 의심나는 일을 묻고 싶으니 허락해 주시기 바랍니다."

시자인 아난다는 이를 거절했다.

"부처님은 지금 매우 위중합니다. 노인은 부처님을 번거롭게 하지 마시기 바랍니다."

그럼에도 수바드라는 재삼 부처님을 한 번 뵙기를 청했다.

이때 부처님이 아난다를 불러 말했다.

"너는 그 노인을 막지 말라. 들어오기를 허락하라. 의심을 풀려고 하는 것이니 조금도 귀찮을 것이 없다. 만일 그가 나의 설법을 듣는다면 반드시 깨달아 알 것이다."

아난다는 부처님의 지시로 그를 부처님 앞으로 안내했다. 노인은 부처님께 여쭈었다.

"세상에는 각기 자기가 훌륭한 성자라고 말하는 사람이 있습니다. 아지타 케사캄발리, 파쿠타 가차야나, 푸라나 카사파, 막칼리 코살라, 산자야 벨라타풋타, 니간타 나타풋다가 그들입니다. 부처님께서는 이들을 다 아시는지요? 이들의 가르침을 어떻게 보시는지요?"

"나는 그들의 주장이 무엇인지 다 안다. 다 쓸데없는 것이니 더 이상 그 일은 논하지 말라. 그 대신 그대에게 깊고 묘한 법을 일러주리라."

부처님은 그에게 사제·팔정도의 도리를 일러주었다. 그는 곧 깨닫고 구족계를 받기를 원했다. 이에 부처님은 이렇게 말했다.

"다른 종교의 바라문 밑에 있다가 이 교단에 들어오려는 자는 4개월 동안 살펴보아야 한다. 모든 위의를 갖추고 실수가 없는 자라야 구족계를 받을 수 있다. 그러나 이는 필수 조건이 아니다. 그 사람의 행이 훌륭하다면 가능하다."

수바드라는 구족계를 받을 수만 있다면 4개월이 아니라 4년 동안이라도 시험을 받겠다고 말했다. 부처님은 그날 밤 그에게 출가를 허락했다. 그리하여 수바드라는 부처님의 최후 제자가 되었다. 그는 그 자리에서 아라한이 되었으며 곧 열반에 들었다. 부처님보다 먼저였다.

장아함 4권 2경 《유행경》

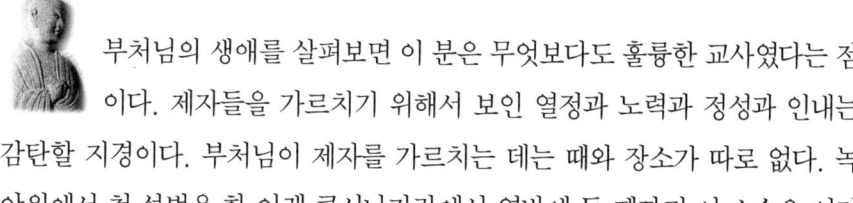

부처님의 생애를 살펴보면 이 분은 무엇보다도 훌륭한 교사였다는 점이다. 제자들을 가르치기 위해서 보인 열정과 노력과 정성과 인내는 감탄할 지경이다. 부처님이 제자를 가르치는 데는 때와 장소가 따로 없다. 녹야원에서 첫 설법을 한 이래 쿠시나가라에서 열반에 들 때까지 이 스승은 여러 사람이 모인 곳이나 단둘이 만났을 때나, 심지어는 목욕을 하면서도 설법을 할 정도였다. 이것은 그분이 얼마나 열정적인 교사였는지를 말해 주는 것이다.

교사로서의 부처님이 보여 준 여러 가지 에피소드 중에서 다시 한 번 전율하도록 감동적인 장면은 바로 임종 직전에 수바드라를 교화하는 모습이다. 경전의 표현을 보면 부처님의 목숨은 경각지간이었다. 더 이상 말하기도 어려울 정도로 쇠약해 있었고 통증에 시달리고 있었다. 그럼에도 부처님은 당신을 찾아 온 노인을 기꺼이 맞아서 그의 질문에 일일이 응답하고 가르침을 베푼다. 아무리 그분이 성자라지만 어떻게 죽음을 앞두고 이런 일을 할 수 있는지 보통의 사람으로서는 도저히 상상이 가지 않는다. 그분은 이런 스승이었다. 보통의 사람으로서는 할 수도 없고 상상도 할 수 없는 일을 하신 분이다. 이런 분에게 어찌 우리가 머리를 숙이지 않을 수 있겠는가.

부처님의 이런 모습을 보면서 생각나는 것은 불교의 종교적 목적에 관한 일이다. 부처님이 보여 주었듯이 불교는 중생을 가르치고 교화하는 것을 제일 사명으로 여기는 종교다. 만약 이 일을 소홀하게 했다면 불교는 오래 전에 역사의 뒤안길로 사라졌을 것이다.

현대불교도 가장 중요한 사명으로 여겨야 할 점은 교화활동이다. 만약 불교 수행자로서 이 점을 소홀히 한다면 부처님 제자도 아니고 시주밥 먹을 자격도 없다. 이런 관점에서 오늘날 한국불교의 모습을 보면 참 답답한 생각이 든다. 포교를 등한해도 너무 등한하고 있기 때문이다. 부처님은 돌아가시는 그 순간까지 설법을 사양하지 않았는데 요즘 수행자들은 무엇이 그리 바빠서 설법하고 전법하는 일에 그렇게 소극적인지 모르겠다.

여래의 화장법

 부처님이 파바 마을에서 춘다의 공양을 받고 길을 떠난 지 얼마 뒤의 일이다. 그때 부처님은 등병과 식중독이 겹쳐 몹시 힘들어 했다.

"아난다야, 목이 마르다. 물을 먹고 싶다. 물을 떠오너라."

"부처님, 지금 저 위쪽에서는 5백 대의 수레가 강을 건너고 있습니다. 물이 더러워서 마실 수가 없습니다. 조금만 기다리소서."

그러나 부처님은 목이 몹시 마르신 까닭에 세 번이나 물을 떠오라고 했다.

"부처님, 구손 강이 여기서 멀지 않습니다. 그 물은 맑고 시원합니다. 잠시만 참으소서."

구손 강에 이른 부처님은 물을 마시고 목욕도 한 뒤 다시 길을 떠났다. 그러나 극도로 쇠약해진 부처님은 얼마 못 가서 다시 나무 밑에 자리를 깔고 쉬었다. 아난다는 뒷날이 걱정이 되어 부처님께 여쭈었다.

"만약 부처님께서 멸도(滅度)하시면 장례는 어떻게 해야 하는지요?"

"그것은 네가 걱정할 일이 아니다. 나의 장례는 신도들이 알아서 할 것이다. 너는 네가 할 일이나 하거라."

"장례 절차는 어떻게 해야 하는지요?"

"전륜성왕의 장례법을 따르라. 즉 먼저 향탕으로 시신을 씻고 무명 천으로 몸을 차례대로 감고 시신을 황금관에 넣은 뒤 깨기름을 그 위에 쏟아라. 이 황금관은 다시 쇠관(鐵槨)에 넣고 쇠관은 전단향 나무관에 안치하라. 나무관 주변에는 온갖 향나무를 쌓고 그 위를 두껍게 덮은 뒤 이것에 불을 붙여 다비를 하라. 다비를 마친 뒤 사리를 거두거든 네 거리에 탑을 세워 거기에 안치하고, 탑 표면에는 비단을 걸어 전국의 길가는 사람들로 하여금 법왕의 탑을 보고 바른 법을 사모하게 하여 그들을 교화하도록 하라. 이 탑을 예배하는 사람은 살아서는 행복을 얻고 죽어서는 천상에 태어나리라."

장아함 3권 3경 《유행경》

인간은 죽은 사람의 시신을 매우 정중하고 종교적인 방법으로 처리한다. 시신 처리 방법으로 가장 일반적이고 오래된 방법은 매장이다. 매장은 별도의 복잡한 과정을 거치지 않고 땅을 파서 묻는다는 점에서 오랫동안 선호해 왔다. 시신을 매장하고 표를 해놓은 고인돌의 역사가 선사시대부터라고 하니까 그 역사는 자못 길다고 할 것이다. 다음으로는 시신을 불에 태우는 화장이 있다. 땅에 묻어 썩게 하기보다는 차라리 불에 태우는 것이 깨끗할지 모른다는 생각은 좀더 문화적인 발상이라고 생각된다. 이와는 달리 조장이나 풍장의 풍습도 있다. 티베트에서는 시신을 새의 먹이로 내준다. 이제는 쓸모 없게 된 육신을 보시함으로써 복을 짓고 죽은 영혼이 좋은 곳에 태어나기를 바라는 종교적 염원이 담겨 있는 장례법이다.

불교는 인도에서 태어난 종교이므로 인도인의 관습대로 화장을 했다. 이 경은 부처님이 열반한 직후 화장으로 장례가 치러졌음을 알게 하는 장례 절차 등이 소개돼 있다. 한 가지 의심스러운 것은 장례 절차를 '전륜성왕의 장례법에 따르라'고 한 대목의 진실성이다. 만약 이대로 부처님의 장례를 치렀다면 매우 호화로운 장례식을 했다는 얘기가 된다. 그런데 이를 부처님 자신이 지시한 것이라면 이해가 가지 않는다. 부처님 스스로 당신의 장례를 호화롭게 하라고 유언을 남겼을 것으로는 보기 어렵다. 그보다는 전륜성왕의 장례법은 이러이러하지만 법왕(法王)의 장례법은 보다 조촐하고 소박하게 하는 것이 좋다는 것이 부처님의 생각이었을 것이다. 그럼에도 이런 말이 없고 전륜성왕의 장례법에 준하라고 말한 것처럼 된 것은 어떤 이유에서일까?

그것은 아마도 재가신도들이 장례 절차를 논의하면서 부처님이 진리의 법왕이므로 전륜성왕에 준하는 수준으로 해야 한다고 결정한 것을 반영한 것으로 보인다. 그렇게 함으로써 부처님의 거룩함에 대한 추모와 이로 인한 포교적 효과까지 고려한 결정이었던 것이다. 이런 경우는 요즘에도 흔히 목도되는 일이다.

실제로 부처님의 장례는 매우 성대하게 치러진 것으로 보인다. 그리고 유골을 봉안하는 사리탑도 여러 곳에 세워서 불자들의 부처님에 대한 그리움을 채워 주었다. 이로 인해 재가신자들은 부처님을 대신한 탑신앙의 싹을 틔우게 되었다.

훌륭하고 거룩한 생애를 살다간 사람을 존경하고 추모하는 마음으로 치르는 장례는 이렇게 누가 시키지 않아도 성대할 수밖에 없다. 부처님의 경우도 당신의 생각과는 무관하게 화려하고 성대한 장례가 치러진 것은 추모의 마음이 그만큼 컸다는 것을 말해 준다.

사리를 나누어 공양하다

부처님이 쿠시나가라 사라쌍수 아래서 열반에 들자 모든 비구들은 몸을 땅에 던지고 슬프게 울었다.

"부처님의 멸도하심이 어찌 이리도 빠른가. 이제 중생은 도의 길은 쇠하고, 세간에는 눈이 없어지게 되었도다."

이때 아니룻다는 비구들을 달래고, 아난다를 시켜 성중(城中)으로 기별을 해 부처님의 멸도(滅度)를 알렸다. 아침 일찍 소식을 접한 말라유 사람들은 비통해 하지 않는 이가 없었다. 사람들은 각자 향과 꽃을 들고 와 부처님의 시신에 공양했다. 그렇게 하기를 7일이 지나자 사람들은 전륜성왕의 장례 절차에 따라 시신을 씻고 향을 바르고 무명으로 감싸서 관에 안치했다. 절차가 끝나자 사람들은 부처님의 시신을 화장하려 했으나 불이 붙지 않았다.

한편 이 무렵 마하카사파는 파바 국에서 부처님이 계신 곳으로 오다가 한 외도를 만났다. 카사파는 부처님의 안부를 물었다. 그는 '부처님이 멸도한 지 벌써 7일이 지났다'고 했다. 카사파와 그를 따르던 5백 명의 제자들은 이 소식을 듣고 크게 당황해 하며 슬픔을 참지 못하고 눈물을 흘렸다. 그러나 무리 가운데 발난타(跋難陀)라는 비구는 이런 말을 했다.

"형제들이여, 슬퍼하지 말라. 부처님이 돌아가셨으니 이제 우리는 자유를 얻었다. 그 노인은 항상 '이것은 하고 이것은 하지 말라' 고 잔소리를 했으나 이제는 듣지 않아도 된다."

카사파는 이 말을 듣고 불쾌했으나 일단 참고 비구들을 재촉해 쿠시나가라로 향했다. 열반지에 도착한 카사파는 부처님의 유신에 예배하고 화장더미에 불을 붙였다. 화장이 끝나자 사람들은 너나없이 사리에 공양하고 예배했다.

부처님이 열반하여 다비하고 사리를 공양한다는 소문이 퍼지자 인근 8개국의 왕과 백성들이 찾아왔다. 파바 국의 밧지 족, 카필라의 석가족 등이었다. 그들은 부처님과 각별한 인연을 내세워 각기 자기들이 사리를 모셔 가야 한다고 주장했다. 어떤 나라에서는 군대까지 동원해서 오기도 했다. 사태가 자못 험악해지려고 하자 마침 향성이라는 바라문이 나서서 중재를 했다.

"여러분은 모두 부처님의 가르침을 받은 분입니다. 부처님은 자비로 모든 중생을 안락하게 하라고 가르쳤습니다. 사리 분배로 서로 다투고 죽이는 것은 옳지 않습니다. 사리를 모시고자 하는 것은 부처님의 가르침을 따르고자 하는 것이니 골고루 나누어 모시는 것이 옳습니다."

왕들은 바라문의 중재에 동의했다. 그는 사리를 정확하게 8등분으로 나누어 분배했다. 그리고 사리를 담아 나누던 것은 자기가 갖겠다고 해서 허락을 받았다. 사리 분배가 끝나자 필발라 마을 사람들이 와서 화장하고 남은 재를 가져다가 공양하고자 했다. 그들도 허락을 받았다. 그들은 각기 부처님의 사리를 모시고 돌아가 탑을 세워 공양했다.

장아함 4권 4경 《유행경》

부처님이 열반한 직후의 사정을 전해 주는 이 경전을 통해 우리는 몇 가지 중요한 사실을 짐작할 수 있다. 부처님의 장례는 7일장으로 치러졌다는 것, 장례는 당시 교단의 연장자였던 가섭 존자가 도착한 이후에 화장으로 치러졌다는 것, 장례가 끝나자 사리를 나누어 공양하는 문제로 싸움이 일어날 뻔했다는 것, 부처님의 사리는 여러 부족들이 나누어서 탑을 세워 공양했다는 것 등이다.

그런데 이런 사실보다 우리의 눈길을 끄는 것은 부처님의 열반 소식을 접한 제자들의 반응이다. 많은 제자들은 스승의 죽음을 애통해 했다. 그러나 일부 제자 중에는 기뻐한 사람도 있었다는 것이다. 그 이유는 '이제 우리에게 어떤 것은 해도 되고 어떤 것은 하면 안 된다고 잔소리를 할 사람이 없어졌기 때문'이라는 것이다. 스승의 부고를 받고 좋아했다는 표현은 어쩌면 지나친 것인지 모르겠다. 설마 내놓고 그렇게까지 했을까는 의문이다.

그렇지만 한 가지 분명한 것은 '잔소리꾼'이 사라진 데 대한 해방감 같은 것은 있었던 것 같다. 그런 분위기는 정법의 인멸(湮滅)을 앞당길 수 있다는 우려를 갖기에 충분했다. 가섭 존자가 부처님 장례를 치른 뒤 100일 만에 서둘러 경전편찬회의를 주도한 것도 바로 이런 위기 의식을 반영한 것이라고 보아진다.

사실 부처님의 말씀은 중생의 입장에서 보면 귀찮기 짝이 없는 잔소리다. 하고 싶은 것은 하지 말라고 하고, 하기 싫은 것은 하라고 하니 귀찮기는 또 얼마나 귀찮은가. 그래서 우리들은 애써 부처님의 가르침을 외면하려고 한다. 그렇다면 우리야말로 제2, 제3의 발난타가 아니고 무엇이겠는가.

불교교단이 의지해야 할 곳

부처님이 열반에 든 지 오래지 않았을 때의 일이다. 이 무렵 아난다는 라자가하에 머물고 있었는데 어느 날 아침 걸식에 나가기 전에 잠시 바라문 구묵목건련의 집을 방문했다. 그는 반갑게 아난다를 맞이하며 인사를 했다. 두 사람이 문안인사를 하는 동안 마침 마가다 국의 우세 대신이 지나는 길에 권속들과 함께 구묵목건련의 집에 들렀다. 우세는 아난다를 만난 김에 평소 궁금했던 점을 질문했다.

"스님, 부처님께서 혹시 이 세상에 계실 때 혹시 어떤 제자를 내세워 당신의 후계자로 삼고 그를 의지하라고 말하신 적이 없습니까?"

"그런 적도 없고 그렇게 지목 받은 제자도 없습니다."

"스님의 말씀대로라면 불교교단은 지금 지도자도 없고 의지할 사람도 없습니다. 그런데도 스님들은 부처님이 이 세상에 계실 때처럼 서로 존경하여 다투지 않으며, 깊은 믿음으로 다 같이 가르침을 받들며, 물과 젖이 하나로 합하듯이 화합 승가를 이루고 있습니까?"

"우세여, 그대는 우리 승가가 의지할 데가 없다고 말하지 마십시오. 우리는 의지할 데가 있습니다."

"스님은 부처님이 어떤 비구를 내세워 후계자로 삼고 그에게 의지하라고 하시지 않았다고 하지 않았습니까? 그런데 의지할 데가 있다니 말씀의 앞뒤가 맞지 않습니다."

"그렇지 않습니다. 우리는 사람에 의지하지 않고 법에 의지합니다. 보름이 되면 한곳에 모여 포살을 하는데 그때 계목(戒目)을 잘 아는 비구에게 법을 청하여 듣습니다. 그가 청정하면 그의 말을 받들어 행하고 만일 그가 청정하지 않으면 우리는 법에 따라 조치합니다."

이 말을 들은 우세는 이렇게 감탄했다.

"아난다 스님의 설명은 스님들이 어떤 일을 결정할 때 마음대로 하는 것이 아니라 오직 법에 따라 조치를 한다는 말씀입니다. 그렇다면 부처님이 계시지 않고 후계자를 지목하지 않아 의지할 데가 없어도 법은 오래 존속할 것이며, 불교 승가는 물과 젖이 합치듯 화합하여 다투지 않을 것입니다. 부처님이 계실 때와 같을 것입니다."

중아함 36권 145경 《구묵목건련경(瞿默目犍連經)》

부처님은 당신의 입멸에 즈음해 '후계자'를 특별히 지정하지 않았다. 부처님 자신도 승가의 일원일 뿐이며, 승가는 '법'과 '율'에 의해 운영되는 단체였기 때문이었다. 우세라는 사람은 이것이 의문이었다. 과연 어느 단체가 지도자 없이 운영될 수 있을 지에 대해 상상이 어려웠던 것이다. 이에 대한 아난다의 대답은 불교교단이 무엇에 의해 어떻게 운영되는 집단인가를 잘 말해 준다. 그것은 사람이 아니라 '법'과 '율'이라는 것이다.

불교는 진리를 중심으로 구성된 교단이다. 이 교단을 운영하는 방법에 대해서는 율장이 모든 것을 다 규정하고 있다. 교단 구성원들은 이 법과 율에 의해 생활하면 된다. 이것이 사람에 의지하는 것보다 더 효과적이다. 사람에 의지하다 보면 사람에 따라 법과 율이 달라질 수도 있다. 하지만 법과 율에 의지하다 보면 모든 문제를 원칙에 의해 처리하고 해결할 수 있다. 불교교단이 오랜 역사 동안 무너지지 않고 존속돼 온 것도 바로 이 법과 율에 충실하려는 노력 덕분이었다.

법과 율을 존중하는 태도는 나라를 경영하거나 단체를 운영하는 데도 중요한 기준이 된다. 국가나 단체를 이끌어 가는 데 가장 중요한 것은 인치(人治)가 아니라 법치(法治)다. 사람에 의한 통치를 하려고 하면 원칙이 무너진다. 내 맘에 든다고 눈감아 주고 그렇지 않다고 내치는 것은 국가나 단체를 파멸로 이끄는 지름길이다. 자기 맘대로 국정을 농단하거나 회사를 주무르는 사람치고 오래도록 높은 자리를 지킨 사람이 없다. 권력자는 불평과 불만이 쌓인 백성에 의해 축출되었고 회사는 곧 문을 닫았다. 전제왕권의 시대에도 법을 만들고 그 법에 의한 통치를 하려고 했던 것은 이런 실패의 경험을 반복하지 않기 위해서다.

그런데 요즘은 이 법과 원칙이 사람에 의해 훼손되는 경우가 많다. 불교교단의 경우도 부처님의 교법이나 계율보다는 세속적 인정에 의해 처결하려는 예가 늘어나고 있다. 모두가 법과 율을 자의적으로 해석하려고 하는 데서 생기는 폐단이다. 이렇게 하면 모든 것이 무너지고 만다. 불교교단뿐만 아니라 모든 단체는 어떤 일을 처결할 때 법과 율을 존중하려는 노력을 게을리해서는 안 된다. 그것만이 바람 많은 세상에서 단체나 집단을 오래도록 영속시킬 방안이다.

제2부

참다운 진리를 묻는다

불교는 만인의 행복을 위한 길

 부처님이 사밧티 기원정사에 머물고 계실 때의 일이다. 어느 날 상가 바라라는 바라문 청년이 부처님을 찾아와 인사하고 이렇게 물었다.

"우리 바라문들은 자진해서 신에게 공물을 올립니다. 또 다른 사람에게도 그렇게 하도록 권합니다. 그것이 많은 사람을 위한 행복을 위한 길이라고 믿기 때문입니다. 그런데 부처님의 제자들은 집을 나와 머리를 깎고 가사를 입고, 마음을 조어하고 번뇌를 끊는 수행을 합니다. 그것은 혼자만 괴로움을 멸진(滅盡)시키기 위한 것입니다. 따라서 부처님과 그 제자들은 '혼자만을 위한 행복의 길'을 가는 것이지 '만인을 위한 행복의 길'을 가는 것은 아니라고 보는데 이에 대해 어떻게 생각하십니까?"

부처님은 대답 대신 그에게 이렇게 되물었다.

"그대는 어떻게 생각하는가? 어느 날 이 세상에 정각자가 나타나 이렇게 말했다. '이것이 진리의 길이다. 이것이 실천의 법이다. 나는 이 길을 걸으며 실천하여 모든 번뇌를 끊고 마음이 평화로워졌다. 그러니 너희들도 또한 이 길을 걸으며 수행하여 모든 번뇌를 멸진시키고 마음의 평화를 얻으라.' 이 말을 듣고 많은 사람들이 와서 함께 그렇게 했다. 그리하여 그들도 번뇌를 멸진시키고 마음의 평화로움을 얻었다. 그리고 다시 그들은 다른 사람들을 위해 가르침을 펴고, 그 가르침을 받은 사람은 다시 다른 사람을 위해 가르침을 펴서 그 숫자가 수천 수만에 이르렀다. 나와 나의 제자들이 이와 같은 길을 간다면 이를 혼자만을 위한 행복의 길을 간다고 하겠느냐, 만인을 위한 행복의 길을 간다고 하겠느냐?'

질문을 받은 상가바라는 이렇게 대답했다.

"부처님과 제자들이 집을 나와 머리를 깎고 가사를 입고 수도생활을 하는 것은 만인을 위한 행복의 길을 가는 것입니다. 결코 혼자만을 위한 행복의 길을 가기 위해 수행한다고 할 수 없습니다."

중아함 35권 143경 《상가라경(傷歌邏經)》

예로부터 불교가 다른 종교로부터 비난받아 온 이유 가운데 하나는 '불교는 혼자만의 행복을 추구하는 종교'라는 것이었다. 그 이유는 수행자들이 세속을 떠나 출가하여 생활하는 데 있었다. 가정과 사회와 국가에 대한 책임도 잊어버리고 오직 자신의 해탈을 위해 수행하는 사람들에 대해 세속 사회는 쉽게 동의를 할 수 없었던 것이다. 그래서 불교는 인도에서 '과부를 만드는 종교'라는 비난을 들어야 했다. 또 중국에서는 '사회적 책무와 부모에 대한 효도를 무시하는 종교(無君無父之敎)'라는 공격에 시달려야 했다.

이 경은 이에 대한 불교의 변명이다. 그 논리는 이렇다. 우선 불교는 인생의 목적이 무엇이냐고 묻는다. 누구라도 이런 질문을 받는다면 그 답은 행복이라고 할 것이다. 그러나 여기서 문제가 되는 것은 무엇이 과연 진정한 행복인가

하는 것이다. 세속적 기준으로 말한다면 오욕락(五欲樂: 財·色·食·名·睡)으로 대변되는 경제적 여유와 이성에 대한 사랑, 굶주림에서의 해방, 사회적으로 높은 명예를 갖는 것, 그리고 건강하게 오래 사는 것이 충족되는 삶일 것이다.

세속의 삶에서 이 같은 오욕락의 충족은 행복의 필요조건으로서 충분한 가치를 지닌다. 그렇지만 이것이 행복의 모든 요소를 결정하는 것은 결코 아니다. 그보다는 그러한 욕망의 불꽃이 꺼짐으로써 더 이상 무엇을 갈망하지 않는 상태가 되는 것이 중요하다. 모든 고통이 갈망에서 생긴다면 '괴로움의 원인을 소멸시킨 무고안온(無苦安穩)한 열반' 이야말로 참다운 행복이라고 할 수 있다.

불교는 이러한 행복이 모든 사람에게 이루어지기를 바라며 행복해지는 길을 가르치는 종교다. 그런데도 과연 불교가 혼자만의 행복을 위한 종교라고 한다면 이는 어불성설이다.

다른 경전에는 이런 비유도 있다. 어떤 사람이 어둠을 밝히는 등불을 켠 뒤 그것을 이웃집에도 나누어 주었다. 이웃집은 다시 등불을 다른 이웃에게도 나누어서 마침내 모든 집에 등불을 밝혔다. 이렇게 끝없이 등불을 밝혀 나가는 것을 '무진등(無盡燈)'이라고 한다. 불교는 이 무진등과 같이 끝없이 세상을 밝힌다. 그렇다면 '완전한 행복(涅槃)'의 사회적 확장을 위해 헌신하는 불교야말로 '만인의 행복을 위한 종교'라고 해야 할 것이다. 물론 현실불교가 불교 본래의 이상에 부합되는 종교 활동을 하고 있느냐는 별개의 문제이긴 하지만······.

불교는 만민평등의 종교

부처님이 사밧티 급고독원에 계실 때의 일이다. 그 무렵 많은 바라문들이 코살라의 한 장소에 모여서 '부처님이 사성계급이 모두 평등하고 청정하다고 말하는 것'에 대해 불만을 토로했다. 그들은 누가 가서 이 일을 따지고 항복받을 사람이 없을까를 논의하다가 7대 동안 깨끗한 혈통을 지닌 아섭화라연다나를 대표로 뽑아 보내기로 했다. 그는 내키지는 않으나 할 수 없이 부처님을 찾아가 물었다.

"바라문은 다른 종성보다 훌륭하다고 생각합니다. 바라문은 희나 다른 종성은 검으며, 바라문은 청정하나 다른 종성은 더러우며, 바라문은 범천의 아들로서 그 입에서 나왔으니 곧 범천이 변화된 종성이나 다른 종성은 그렇지 않습니다. 부처님은 어떻게 생각하는지요?"

"사람은 누구나 노예가 될 수도 있고, 주인도 될 수 있다. 사랑하는 마음과 미워하는 마음을 가질 수도 있다. 만약 마른 나무를 비벼서 불을 낸다면 똑같은 성질의 불을 낼 것이다. 비누로 때를 씻으면 누구라도 깨끗해질 수 있다. 그렇다면 사성계급이 무슨 차이가 있겠는가?"

이어서 부처님은 바라문에게 "만일 바라문 족 여자와 찰제리 족 남자가 결혼해서 자식을 낳았다면 그 신분은 어디에 해당되겠는가?"를 물었다. 그가 우물쭈물하자 부처님이 다시 물었다.

"그러면 어떤 바라문에게 자식이 넷이 있었는데 둘은 착하고 학문을 좋아하고 둘은 그렇지 않았다. 누구에게 좋은 자리와 음식을 주겠는가?"

"착하고 학문을 좋아하는 아들에게 주겠습니다."

"어떤 바라문에게 자식이 넷이 있었는데 두 아이는 학문을 좋아하되 정진하지 않고 악법을 행하기를 즐기며, 두 아이는 학문은 좋아하지 않지만 정진하기를 좋아하고 묘법을 행하기를 좋아했다. 누구에게 좋은 자리와 음식을 주겠는가?"

"정진과 묘법을 행하는 두 아이에게 먼저 줄 것입니다."

"바라문이여, 그렇다. 학문을 하지 않는 것보다 학문을 하는 것이 더 낫고, 학문을 하되 악법을 행하는 것보다 학문을 하지 않더라도 정진하고 묘법을 행하는 것이 더 낫다."

바라문은 부처님의 설복하러 왔다가 오히려 설복당하고 돌아갔다.

중아함 37권 151경 《아섭화경(阿攝惒經)》

인도 사회의 고질병인 계급제도는 바라문교의 전설에 근거한 것이다. 《마누법전》에 따르면 사제 계급인 브라만은 범신(梵神)의 입에서 태어났고, 귀족 계급인 크샤트리아는 옆구리에서 태어났으며, 평민 계급인 바이샤는 허벅지에서, 노예 계급인 수드라는 발가락에서 태어났다는 것이다. 이런 터무니없는 주장을 인정하는 한 계급제도란 인간에게 씌워진 '신의 굴레' 다.

부처님이 활동하던 시기에도 이런 말도 안 되는 계급제도가 여전했다. 그것은 워낙 강고한 것이어서 인도 민중을 질곡에 몰아 넣고 있었다. 부처님은 이러한 모순된 사회제도의 강력한 비판자였다. 부처님은 '모든 사람은 종성(種姓)에 의해 귀천이 결정되는 것이 아니라 행위에 의해 결정된다'고 선언했다. 이 말씀은 천둥과 같은 것이었다.

부처님의 노력에도 불구하고 인도는 아직도 불평등한 계급제도의 굴레에서 벗어나지 못하고 있다. 기득권자들이 교묘하게 방해하고 있기 때문이다. 이러한 계급제도를 혁파하기 위해 현대의 인도는 불교에의 개종운동이 활발하게 전개되고 있다. 인도의 법무장관을 지낸 암베드카 박사의 주도하에 불가촉천민 계층인 마하르 족이 집단개종을 행하여 1956년에는 350만 명의 신불교도(Neo-Buddhist)가 탄생했다. 1951년 조사에 의하면 인도 총인구의 0.5%인 약 18만 명에 불과한 점을 고려하면 엄청난 변화다.

이후 인도에서는 꾸준한 불교개종운동이 일어났다. 천민 출신의 여의적(女義賊) 폴란데비가 불교로 개종한 것과 암베드카 탄생 100주년을 계기로 개종운동은 상당한 성과를 거둔 것으로 평가되고 있다. 만인평등과 계급으로부터의 인간해방을 외치며 출발했던 불교가 인도에서 밀려났다가 다시 부흥하는 것은 여러 가지로 음미해 볼 점이다.

남녀와 지역, 종교와 인종에 대한 차별은 형태는 다르지만 세계 도처에서 목격되는 현상이다. 이를 극복하기 위해서는 보다 강력한 인간평등의 선언과 실천을 위한 노력이 뒤따라야 한다. 이것은 현대사회에서 불교가 짊어져야 할 세계사적인 책무이기도 하다.

훌륭한 사람의 조건

부처님이 코살라 국의 이차능가한 바라문 촌에 계실 때의 일이다. 이 마을에는 비가라사라라는 바라문이 있었는데 그는 7대 동안 남의 멸시나 비방을 받지 않은 훌륭한 가문의 후예였다. 어느 날 그는 수제자인 아마주에게 부처님이 정말로 32상을 갖춘 훌륭한 성자인지를 알아보라고 했다.

스승의 하명을 받은 아마주는 다른 제자들을 데리고 부처님을 찾아갔다. 그러나 그는 부처님이 서면 앉고, 부처님이 앉으면 눕는 등 예의를 지키지 않았다. 부처님이 그의 교만을 간파하고 이렇게 말했다.

"그대는 과거에 석가족의 노예였는데 어찌 그리 무례한가?"

"나는 훌륭한 가문의 후예입니다. 노예라니 말도 안 됩니다."

"그렇지 않다. 아마주의 조상은 아주 오랜 옛날 석가족의 노예였으나 그 딸이 귀족의 아들과 결혼해 거기서 난 아들이 너의 가문 할아버지니라."

부처님의 인연담을 듣고 종성제도 문제를 알게 된 아마주는 어떻게 해야 지혜와 인격을 갖춘 종성이 될 수 있는지를 여쭈었다.

"여래가 세상에 나타나면 그는 응공·정변지·명행족·선서·세간해·무상사·조어장부·천인사·불·세존이니라. 그를 따라 다음과 같은 청정행을 배워야 하리라.

외도는 믿음에서 우러나오는 보시(信施)를 받고도 만족할 줄 모르고 의복과 음식을 더 요구한다. 외도는 남의 신시를 받고도 온갖 방법으로 상아와 보물, 높고 큰 평상을 바란다. 외도들은 남의 신시를 받고도 도에 방해가 되는 여자, 정치, 전쟁, 돈버는 얘기를 한다. 외도들은 남의 신시를 받고도 서로 다투기만 한다. 외도들은 남의 신시를 받고도 이양을 더하기 위해 왕과 대신과 바라문과 거사 사이를 분주히 오가며 이 소식을 저리로 전하고 저 소식을 이리로 전한다. 외도들은 남의 신시를 받고도 남녀의 길흉과 관상 보는 일로 이양을 구한다.

그러나 석종사문(釋種沙門)은 그런 일을 하지 않는다. 석종사문은 다만 거룩한 계율을 지켜 감관을 제어하고 음식과 의복이 족한 줄 안다. 석종사문은 오개(五蓋)를 끊고 사념처와 사선정을 닦는다. 석종사문은 오승법(五勝法)을 닦는다. 석종사문은 지혜와 실천을 구족하는 수행을 한다. 석종사문은 명행족을 얻지 못했더라도 소박한 하단생활을 실천함으로써 명행족을 구한다."

설법을 듣는 동안 아마주는 부처님이 갖춘 32가지 거룩한 모습(32相)을 직접 보았다. 그는 스승인 비가라사라 바라문에게 돌아가 이 사실을 전했다. 그는 감동하여 부처님을 초청해 설법을 듣고 삼보에 귀의한 뒤 목숨을 마칠 때까지 우바새가 될 것을 약속했다.

장아함 13권 20경 《아마주경(阿摩晝經)》

박경리가 쓴 《토지》는 구한말에서 일제 강점기를 시대 배경으로 한 대하소설이다. 하동 평사리의 전통적 대지주 최참판댁의 마지막 당주

인 최치수와 그의 고명딸 서희를 주인공으로 내세운 이 소설은 토지의 상실과 회복, 신분제 사회의 붕괴 과정을 둘러싼 당시 사회의 전환기적 상황을 밀도 있게 그려냈다는 평가를 받고 있다.

  소설의 대강은 이렇다. 치수의 어머니 윤씨 부인이 동학 접주 김개주에게 겁탈 당해 낳은 자식 김환이 의붓형수인 별당아씨와 밤도망을 치는 사건은 장강처럼 흘러갈 소설의 초입에 물살 급한 여울목을 마련해 놓는다. 상피 붙은 남녀를 쫓는 긴박한 추격전이 벌어지는 한편에서는 치수의 고임을 받아 그의 만석지기 농토를 차지하고자 하는 하녀 귀녀의 음모, 치수가 비명횡사한 뒤 최참판댁 재산과 토지를 노리는 그의 재종형 조준구의 행보, 마을 남정네 용이와 무당 딸 월선이의 비련 등 인간사의 오욕칠정이 쉼 없이 피었다 진다. 중반 이후에는 최참판댁의 머슴 김길상은 신분을 뛰어넘어 주인아씨인 서희와 결혼을 한 뒤 독립운동에 가담하고, 최치수의 재종형으로 최참판댁의 재산을 삼킨 조준구는 몰락의 길을 걷는 장면이 전개된다.

  토지의 소유 문제를 둘러싼 이 소설에서 또 하나 주목되는 점은 인간이 만들어 놓은 신분제도의 허무맹랑함이다. 양반 출신의 김평산이 남의 집 재산을 노려 짐승만도 못한 짓을 하다가 죽는가 히면, 종놈의 신분이었던 길상은 대의를 위해 독립운동을 한다. 이는 다른 각도에서 보면 신분이 결코 사람의 인성이나 가치를 결정하는 것이 아님을 보여 주는 것이다. 물론 토지는 신분 문제가 주제인 소설은 아니다. 하지만 우리는 이 소설을 읽는 동안 인간의 신분이란 고정된 것이 아니라 그 사람이 하는 소행에 따라 바뀐다는 사실을 다시 한 번 확인하게 된다.

불교만이 위대한 종교인가

부처님이 위야국 금반 녹야림에 계실 때의 일이다. 어느 날 벌거벗고 수행하는 나형외도(裸形外道) 카사파가 부처님을 찾아와서 물었다.

"저는 이렇게 들었습니다. 부처님은 다른 종교의 수행자들을 인정하지 않고 모든 고행하는 사람들은 비방한다는 말을 들었습니다. 만약 이렇게 말한 것이 사실이라면 이는 부처님의 인격에 흠이 되는 일이 아니겠습니까?"

"내가 만약 다른 종교의 수행자들을 인정하지 않고 모든 고행하는 사람들은 비방하는 말을 했다면 그것은 옳은 말도 아니고 진리를 깨달은 사람의 말도 아니다. 그것은 도리어 나를 비방하는 말이다. 무슨 까닭인가? 나는 저들 고행하는 사람들이 목숨이 끝나 몸이 무너지면 나쁜 곳에 떨어지는 것도 알고, 또 어떤 고행하는 사람들은 목숨이 끝나 몸이 무너지면 좋은 곳에 태어나는 것도 알고 있기 때문이다. 또 어떤 사문이나 바라문의 가르침은 나의 법과 같은 것도 있지만 다른 것도 있다. 그런데 내가 어찌 모든 고행자를 인정하지 않고 비방하겠는가? 그럼에도 그런 말이 나도는 것은 내가 옳다고 말하면 그르다고 말하고, 그르다고 말하면 옳다고 말하는 사람들이 있기 때문일 것이다. 그러나 카사파여, 만약 저들 가운데 지혜 있는 사람이라면 이렇게 관찰할 것이다. 부처님의 제자와 외도의 제자가 어두운 상태에 있다면 당연히 부처님의 제자가 빨리 더러움과 어둠을 멸할 것이다."

"부처님은 때를 알고 말하는 분, 진실을 알고 말하는 분, 이치를 알고 말하는 분입니다. 그런데 고행을 하는 수행자 가운데 어떤 사람은 바라문의 이름을 얻고 어떤 사람은 사문의 이름을 얻기도 합니다. 그것은 무슨 까닭입니까?"

"옷을 벗고 고행을 하는 사람은 여러 가지 방법으로 자신을 괴롭힌다. 그러나 바른 계와 바른 소견을 구족하지 못하면 아무리 부지런히 수행해도 좋은 결과를 얻을 수 없다. 성내는 마음, 원한의 마음, 남을 해치고자 하는 마음을 버리지 못하기 때문이다. 그러나 나의 제자들은 어리석음과 무명을 멸하고 누진지(漏盡智)를 얻는다. 혼자 한적한 곳에서 정근하고 전념하여 방일하지 않기 때문이다."

"저와 같은 사람도 이 교단에 들어와 구족계를 받고 수행할 수 있는지요?"

"만약 이학외도로서 우리 교단에 들어와 수행하고자 한다면 마땅히 4개월 동안 머물면서 관찰하여 여럿의 뜻에 맞아야 한다. 그런 연후에 구족계를 받고 출가할 수 있다. 비록 이런 법이 있지만 이 또한 사람에 따라서 다르다."

이에 그는 곧 불법에 귀하여 구족계를 받고 오래지 않아 아라한이 되었다.

장아함 16권 25경 《나형범지경(裸形梵志經)》

세계에는 하나의 종교만 존재하지 않는다. 서양의 기독교, 중동의 이슬람교, 동양의 불교와 같은 세계종교를 비롯해서 유대교나 힌두교, 신도 같은 민족종교, 그리고 그 숫자를 헤아리기 어려운 민속종교 등이 존재한다. 이렇게 많은 종교들이 서로 다른 종교에 대해 어떤 입장을 가지고 있는가는 종교학적으로 매우 중요한 관심사다.

이와 관련해 지금까지 기독교는 크게 세 가지 입장을 보여 왔다. 배타주의(exclusivism)·포괄주의(inclusivism)·다원주의(pluralism)가 그것이다. 배타주의는 기독교 외에는 구원이 없다는 입장을 말한다. 과거의 가톨릭 교회나 한국의 보수적 개신교가 여기에 해당한다. 포괄주의는 제2차 바티칸공의회 이후 교회 밖에도 익명의 그리스도인이 있으며 진실하고 선하게 사는 사람은 교회의 구원을 받는다는 것이다. 이에 비해 다원주의는 모든 종교가 다 신이나 진리와 인간을 매개해 주는 매개체로 보는 입장이다. 배타주의가 교회 중심의 구원관이라고 한다면 포괄주의는 그리스도 중심의 구원관이고, 다원주의는 하나님 또는 궁극적 실재 중심의 구원관이라 할 수 있다.

불교의 입장에서 이 가운데 어떤 것이 더 합리적인 것인가는 두말할 필요도 없이 다원주의다. 불교는 결코 불교만이 구원의 종교라고 말하지 않는다. 다른 종교라도 바른 가르침을 말하고, 진리에 의해 살아 간다면 그 속에 구원이 있다고 본다. 그런 종교라면 그 이름은 불교가 아니어도 상관없다. 중요한 것은 진리를 깨닫고 그 진리대로 사느냐에 있지 형식이나 이름에 있지 않다. 이와 같은 부처님의 입장은 외도들이 불교로 개종하려고 할 때 자제를 당부하는 것에서도 짐작할 수 있다.

다른 종교에 대한 불교의 태도

부처님이 나란다 바바리나 숲에 머물 때의 일이다. 어느 날 장고행자(長苦行者) 니간타의 제자가 부처님을 찾아왔다. 부처님이 그에게 '그대의 스승은 어떤 방법으로 악업을 짓지 않도록 가르치는가'를 물었다. 그는 '몸과 입, 생각으로 잘못하면 그것을 벌 주는 것(苦行)으로써 악업을 짓지 못하도록 한다'면서 '부처님은 어떻게 가르치고 있는가'를 물었다.

"나는 몸과 입이 잘못을 하더라도 고행을 하라고 말하지 않는다. 다만 마음으로 악업을 짓지 말고 선업을 실천하라고 가르친다."

그는 부처님과의 대화를 통해 큰 깨우침을 받고 스승에게 돌아가 이 사실을 말했다. 마침 그 자리에는 니간타의 재가제자 우팔리 거사가 있었다. 우팔리는 자기가 부처님을 찾아가 대론을 해서 항복을 받아 오겠다고 했다. 니간타는 '자네가 가서 항복을 받으면 다행이겠으나 그렇지 못할까봐 걱정'이라면서 만류했다. 우팔리는 자신 있다면서 나섰지만 그 역시 부처님과의 대론에서 설복당하고 말았다.

"부처님, 저는 오늘부터 이 몸이 다하도록 삼보에 귀의하는 재가신도가 되겠나이다."

"거사여, 그러면 됐다. 그러나 잠자코 실천할 뿐 굳이 삼보에 귀의한 것을 공 포할 필요는 없다. 훌륭한 사람은 오직 선을 행하느니라."

"부처님, 참으로 거룩하십니다. 다른 사람 같으면 깃대를 들고 돌아다니며 자랑할 텐데 '잠자코 실행하고 공포하지는 말라'고 하십니다. 그러면 부처님 이시어, 저는 앞으로 장고행자 니간타들이 우리 집에 오는 것을 허락하지 않고 부처님 제자만 오도록 하겠나이다."

"거사여, 그러면 안 된다. 저 니간타들은 오랫동안 너의 존경을 받았다. 만일 저들이 오거든 옛날과 같이 존경하고 공양하라."

"부처님, 참으로 거룩하십니다. 다른 이 같으면 '마땅히 나와 내 제자에게만 보시하고 다른 이에게 보시하지 말라'고 할 터인데 부처님은 그렇지 않습니 다."

"거사여, 그렇다. 나는 '나와 내 제자에게만 보시하고 다른 이에게 보시하지 말라'고 말하지 않는다. '모든 사람들에게 보시하여 큰 기쁨을 얻으라'고 말한 다. 다만 '바르게 정진하는 사람에게 보시하면 큰복을 얻지만 그렇지 않은 사 람에게 보시하면 큰복을 얻지 못할 것'이라고만 말할 뿐이다."

중아함 32권 133경 《우바리경(優婆離經)》

지금도 그렇지만 부처님이 활동하던 시대의 인도는 종교와 사상의 백화점이라 할 정도로 많았다. 경전에 의하면 육사외도(六師外道)로 불리는 대표적 외도말고도 92종의 사견(邪見)이 있었다고 한다. 이들은 모두 자기 종교와 사상의 우월성을 강조하기 위해 다른 종교를 깎아내는 일에 몰두했다. 심한 경우는 음모와 살상도 마다하지 않았다.

종교가 겉으로는 자비와 사랑을 가르치면서 속으로는 이렇게 서로 배타적인 태도를 취하는 것은 진리에 대한 '절대적 신념' 때문이다. 모든 종교는 기본적으로 자기가 내세우는 주장을 '진리'라고 믿는 데서 출발한다. 그 진리를 위해서는 다른 모든 것을 배척해야 한다는 독단을 만들어 낸다. 일부 종교의 극단적 선교주의는 여기서 비롯된 것이다.

그러나 불교는 다른 종교에 대해 극렬한 배타적 태도를 보이지 않는다. 비합리적 주장을 하는 일부 종교에 대해 '외도' 또는 '사견'으로 부르기도 하지만, 그렇다고 불교가 아니면 안 된다는 식의 주장은 없다. 이 경전에서 보듯이 보시는 누구에게나 해야 하는 것이지 특정한 사람이나 신에게 해야 복을 받는다고 말하지 않는다. '나를 통하지 않고는 천국에 이를 수 없다'고 협박하거나 공직자의 신분에도 불구하고 '서울시를 하느님께 봉헌'하겠다는 식의 망언은 하지 않는다. 극단적 배타주의는 옳지 않다는 것이다.

물론 불교도 불교의 진리를 선포하고 전도하는 데는 다른 종교와 같이 적극적인 활동을 할 것을 강조한다. 하지만 그것은 어디까지나 진리와 상식을 기준으로 한 합리적 판단에 의해서다. 선한 일을 해서 복을 받는다면 종교에 관계없이 복을 받을 것이요, 악한 일을 해서 벌을 받는다면 누구나 받는 것이지 특정 종교를 믿는다고 용서되는 일은 없다는 것이다. 왜냐하면 진리는 누구에게나 열려 있는 것이지 특정한 사람이나 종교에 귀속된 것이 아니기 때문이다. 이런 태도야말로 불교의 위대성이자 역사적 전통이기도 하다.

여성은 열등한 존재인가

부처님이 고향인 카필라바스투 니그로다 동산에 머물고 있을 때의 일이다. 어느 날 부처님의 이모인 대애도 부인이 찾아와 물었다.

"여인도 지극한 믿음으로 출가하여 도를 닦으면 사문과(沙門果)를 얻을 수 있는지요?"

부처님은 이모의 물음이 무엇을 뜻하는 것인지 알아채고 단호하게 말했다.

"그만두십시오. 그만두십시오. 그런 생각을 하지 마십시오."

대애도 부인은 포기하지 않고 세 번을 찾아와 출가를 허락해 달라고 청했다. 그때마다 부처님은 거절했다. 부인은 맨발로 땅에 쓰러져 흙먼지를 뒤집어쓴 채 슬프게 울었다. 이를 본 아난다가 부처님에게 찾아가 물었다.

"부처님이시여, 여인은 지극한 믿음으로 출가하여 도를 닦으면 사문과를 얻을 수 없는지요?"

"아난다야, 그만두라. 만약 여인의 출가를 허락하면 불법이 오래 가지 못할 것이다. 마치 논이나 보리밭 가운데 잡풀이 생기면 반드시 그 논밭은 못쓰게 되는 것과 같으니라."

"그렇지만 대애도 부인은 부처님의 어머니가 돌아가시자 세존을 길러 주신 분입니다."

"그렇다. 그분은 어머니가 돌아가셨을 때 나를 맡아 길러 주셨다. 어찌 그 은혜를 잊을 수 있겠는가. 하지만 나도 그분을 요익케 해주었다. 나로 말미암아 삼보에 귀의케 되었고, 사성제를 믿어 의심치 않게 되었으며, 살생·도둑질·음행·거짓말·음주를 끊게 되었다. 그러나 저렇게 출가를 요청하니 허락을 하지 않을 수가 없구나."

이렇게 하여 부처님은 아난다의 거듭된 간청에 할 수 없이 여인의 출가를 허락했다. 그 대신 여인들은 여덟 가지 존사법(尊師法)을 지키도록 했다. 그것은 둑을 쌓아 물이 넘쳐 흐르지 않도록 하기 위한 것이었다. 팔존사법은 다음과 같다.

"첫째, 비구니는 마땅히 비구로부터 구족계를 받아야 한다. 둘째, 비구니는 반 달마다 비구에게 가서 설법을 들어야 한다. 셋째, 만일 머무르는 곳에 비구가 없으면 비구니는 안거를 하지 못한다. 넷째, 여름 안거를 마친 뒤에는 2부중 앞에서 보고 듣고 의심나는 것에 대해 고백하고 비판을 구해야 한다. 다섯째, 허락하지 않으면 비구니는 비구에게 경·율·논을 물을 수 없으며 반드시 허락을 받아야 물을 수 있다. 여섯째, 비구니는 비구의 허물을 말할 수 없고, 비구는 비구니의 허물을 말할 수 있다. 일곱째, 만일 비구니가 '승잔죄(僧殘罪)'를 범하면 마땅히 2부중 가운데서 15일 동안 근신해야 한다. 여덟째, 비구니는 구족계를 받은 지 100년이 되었더라도 처음 구족계를 받은 비구를 향해 지극히 마음을 낮추고 머리를 조아려 예배하고 공경하고 받들어 섬기며 합장 문안해야 한다."

중아함 28권 116경 《구담미경(瞿曇彌經)》

불교는 만민평등을 가르친 종교다. 인도의 강고한 계급제도를 비판하고, 남녀의 차별도 인정하지 않았다. 그런 불교지만 교단에 여성을 출가시키기에는 고민이 많았다. 여성이 최하단의 수행생활을 한다는 것이 말처럼 쉽지 않은 데다가 남성 중심의 교단에 여성이 입단하면 도덕적 문란이 우려됐기 때문이다. 그렇지만 여성이 남성보다 열등한 존재가 아닌 한 해탈을 위해 출가하겠다는 것을 막을 명분이 없었다. 이 경에서 부처님이 여성출가자에게 여덟 가지 특별한 조건(八尊師法 또는 八敬法)을 제시한 것은 바로 그런 고민을 반영한 것이다.

그런데 이 팔존사법 가운데 특별히 뒷날까지 문제가 된 조항이 하나 있다. '100세 비구니라도 갓 출가한 비구에게 예배해야 한다'는 대목이다. 이 조항은 관점에 따라 불교가 여성을 차별하는 것처럼 비춰질 수도 있기 때문이다. 실제로 남성 중심의 승단은 이를 너무 축자적(逐字的)으로 해석해서 여성을 비하하는 증거로 삼으려 했다. 페미니스트들은 이 점을 들어 불교의 여성관에 문제가 있다고 지적하기도 했다.

그러나 이 문제는 부처님 당시 교단 사정을 이해하지 못하는 데서 생긴 오해다. 지금도 그렇지만 출가수행자는 독신생활을 하기 때문에 남녀동거가 불가능하다. 부처님은 주로 비구들과 생활했으므로 여성출가자는 부처님을 자주 친견할 기회를 갖지 못했다. 그래서 비구니들은 비구들의 거처 가까운 곳에 처소를 정하고 수행해야 했다. 부처님은 이 여성출가자들을 위해 보름에 한 번씩 비구들로 하여금 당신을 대신해 설법을 해주도록 했다. 이때 설법을 듣는 비구니는 설법을 해주는 비구가 젊더라도 예배를 해야 한다는 것이다. 남성이라는 '성적 권위'에 복종하라는 것이 아니라 부처님 대신 설법하는 '법사의 권위'에 귀의하라는 뜻이었다. 그것은 마치 사회적 지위가 높은 사람도 늦게 출가하면 먼저 출가한 선배에게 예배해야 하는 것과 똑같은 이치였다.

　불교의 여성차별은 만유평등이라는 본래 이념에서 벗어나는 것이다. 따라서 뒷날 대승경전에 보이는 변성성불(變性成佛), 즉 여성이 남성으로 성을 바꾸어야 성불한다는 것은 사리에 맞지 않는다. 실제로 부처님 당시 출가한 여성은 남성수행자 못지 않게 높은 경지에 오른 사람이 수없이 많았다. 《장로니게경》은 여성출가자로서 아라한과에 오른 사람들의 게송 500여 수를 모아놓은 것인데 여기에는 60여 명의 비구니가 등장한다. 이는 비구니가 결코 비구에 뒤지지 않는 수행을 했으며 높은 경지에 올랐음을 보여 주는 증거다.

우주생성과 권력 형성의 과정

부처님이 사밧티 녹자모강당에 계실 때의 일이다. 그 무렵 훌륭한 사밧티의 바라문들은 부처님에게 귀의한 바실타와 바라타라는 두 바라문에 대해 비난을 하고 다녔다. 바라문은 범천의 입에서 태어난 종족인데 두 바라문이 자신의 신분을 망각하고 불자가 된 것은 잘못됐다는 것이었다. 어느 날 이 사실을 알게 된 부처님은 바실타에게 이렇게 말했다.

"바라문들은 자신들은 청정하고 희며 다른 족성은 어둡고 검다고 한다. 그들은 다른 족성을 경멸한다. 그러나 나는 미천한 족성을 경멸하지 않으며 교만한 마음을 갖지 말라고 말한다. 교만한 마음을 품는다면 끝내 참답고 바른 도를 이루지 못할 것이기 때문이다.

사성계급이란 찰제리와 바라문과 거사와 노예를 말한다. 그러나 귀족인 찰제리라 하더라도 살생·도둑질·음행 등 10악을 짓지 않는 것이 아니다. 이 점은 다른 족성이라 해도 다를 바가 없다. 반대로 사성계급 누구라도 삼보에 귀의하고 선한 공덕을 쌓으면 세간의 복전이 될 수도 있다. 이렇게 본다면 계급 차이란 있을 수 없다."

이어서 부처님은 바실타에게 왜 사성계급이 생겨나게 되었는지 그 본연(本緣)을 설명했다.

"옛날 천지의 마지막 겁(劫)이 다해 무너질 때 중생은 목숨을 마치고 다 광음천에 태어났다. 그들은 자연히 화생(化生)하였으며 기쁨으로 음식을 삼고 살았다. 그 뒤 땅은 다 물로 변하고 큰 어둠이 있었다. 이 물이 다시 변해 천지가 되었고 모든 광음천의 무리들은 복이 다해 땅에 태어났다. 그들은 땅에서 솟아나는 단샘을 먹고 살았는데 오랜 시간이 지나자 단샘은 말라 버렸다. 그 대신 지비(地肥)가 나타나 그걸 먹었다. 그러다가 지비가 다하자 이번에는 멥쌀을 먹고 살게 되었다. 그 사이에 사람들은 점점 얼굴이 추하게 변해 갔다.

멥쌀을 먹게 되면서 남녀의 음욕이 왕성해져 드디어 집을 짓고 아이를 낳기 시작했다. 그러자 사람들은 어느 때부터 멥쌀을 축적하기 시작했다. 이어서 땅을 갈라 표지를 세워 경계를 삼기 시작했으며 도둑이 생기므로 지도자가 필요하게 되었다. 이에 임금을 뽑아 다스리게 했으니 이를 왕족, 귀족이라 했다. 이때 무리 중에 '집이란 걱정거리'라고 생각해 집을 떠나 수행하는 사람이 생겼으니 이를 바라문이라 했다. 또한 세간에서 즐거이 살림을 경영해 재보를 저축하는 사람들이 있었으니 이들을 서사라 했다. 그리고 재주가 많아 물건을 만들어 내는 사람들은 수트라(노예 천민)라고 했다. 이것이 4성 계급의 본래 인연이다. 그러나 이에 더해 제5의 종성이 있으니 이는 사문이다. 이들은 앞의 4성 계급 가운데 자신들의 신분을 버리고 머리와 수염을 깎고 출가하여 수행하는 사람들이다.

바실타여, 이 모든 종성들은 종성 때문에 과보를 받는 것이 아니라 스스로 짓는 착하고 깨끗한 행위와 어둡고 악한 행위에 의해 과보를 받는 것이니라. 그런데 이들 가운데 몸소 진리를 체험해 지혜와 선법을 완성하여 윤회에서 벗어나는 종성은 아라한이 된 제5의 종성이니라."

장아함 6권 5경 《소연경(小緣經)》

이 경전은 두 개의 테마로 구성돼 있다. 하나는 인도의 고질적 병폐인 사성계급의 비합리성에 관한 것이고, 또 하나는 사성계급의 발생과 관련한 세계의 생성과 권력의 기원에 관한 것이다. 널리 알려졌듯이 부처님은 초경험적인 형이상학적인 문제에 대해서는 가급적 언급을 자제한 종교인이었다. '세계가 영원한가 영원하지 않은가'와 같은 질문을 받으면 끝없는 논쟁만 불러일으키는 희론(戱論)은 무익하다면서 대답하지 않았다.

그렇지만 부처님도 다른 자리에서는 이런 문제에 대해 가끔 당신의 견해를 피력한다. 이 경전도 그 중의 하나다. 이 경전의 문면을 통해 부처님의 생각을 분석해 보면 우주와 삼라만상은 절대자에 의해 창조된 것이 아니라 성주괴공(成住壞空)의 법칙에 의해 순환한다는 것이다. 또한 국가와 권력의 발생도 왕권신수설(王權神授說)의 입장이 아니라 사회계약설에 가깝다. 즉 왕은 하늘이 특별한 권력을 부여한 것이 아니라 사람들의 사회적 필요에 의해 선출되었다는 것이다. 이는 힌두교를 비롯한 종래의 인도종교가 계급제도를 신의 의지에 의한 결정으로 보는 것과는 많은 차이를 나타내는 것이다. 또한 우주의 생성과 발전에 관한 문제도 창조론적인 것이 아니고 진화론적인 것이다. 보다 정확하게 말하면 원환적(圓環的) 무시무종론(無始無終論)이라 할 수 있다. 이런 문제를 본격적으로 다루고 있는 《기세인본경(起世因本經)》도 이 경전의 내용과 비슷하다.

형이상학적 논쟁의 무익함

 부처님이 사밧티 기수급고독원에 계실 때의 일이다. 어느 날 말룽가풋타라는 제자가 해질녘에 찾아와 이렇게 말했다.

"세존께서는 지금까지 세상은 영원한가 영원하지 않은가, 세상은 한정됨이 있는가 없는가, 목숨과 몸은 서로 같은 것인가 다른 것인가, 부처님은 사후에도 존재하는가 하지 않는가에 대해서 말씀해 주지 않으셨습니다. 저는 어느 것이 진실이고 거짓인지 알고 싶습니다. 만약 부처님께서 저의 궁금증을 풀어 주지 않으신다면 저는 여기를 떠나겠습니다."

부처님은 대답 대신 그에게 이렇게 되물었다.

"말룽가풋타야, 어떤 사람이 독 묻은 화살을 맞았다고 하자. 가족들이 그를 구하고자 의사를 불렀는데 그 사람은 이렇게 말했다. '이 화살을 쏜 사람은 누구인가? 성씨와 이름이 무엇인가? 피부는 무슨 색이며 어디에 사는 사람인가? 나를 쏜 화살은 무엇으로 만든 것인가? 활줄은 털실로 된 것인가 동물의 심줄로 된 것인가? 이런 것을 알기 전에는 화살을 뽑으면 안 된다.' 만약 이 사람의 말대로 한다면 그는 어떻게 되겠는가?"

"그는 그런 것을 다 알기 전에 독이 온몸에 퍼져 죽고 말 것입니다."

부처님은 빙그레 웃으며 그에게 다시 말했다.

"그렇다. 그대는 세상은 영원한가 영원하지 않은가, 여래는 사후에도 존재하는가 존재하지 않는가와 같은 것을 물었다. 그러나 그런 것을 다 알기 전에 그대는 병들고 늙으며 근심과 걱정과 죽음의 고통을 받게 된다. 그러므로 나는 세상은 영원한가 영원하지 않은가, 여래는 사후에도 존재하는가 존재하지 않는가에 대해서 말하지 않는다. 나는 오직 괴로움과 괴로움의 원인과 괴로움의 소멸과 괴로움의 소멸에 이르는 길만을 말한다. 이것만이 지혜와 깨달음과 열반으로 나아가게 하는 길이기 때문이다."

중아함 60권 221경 《전유경(箭喩經)》

지구상에 수많은 종교가 존재하는 것은 우리가 경험하지 못한 초경험적 세계에 대한 의문과 밀접한 관계가 있다. 태어난 모든 존재가 죽는다는 것은 다 아는 일이지만, 죽고 난 다음에 어떻게 될지는 의문이 아닐 수 없다. 이 지구가 성주괴공의 원리에 의해 무너지면 그 다음은 어떻게 될지도 의문이다. 극락과 지옥이 정말로 있는지, 죽으면 과연 그곳에 가는지도 궁금하다. 많은 종교들은 이에 대해 나름대로 대답하면서 그러니까 자기 종교를 믿어야 한다고 말한다.

말룽가풋타라는 제자도 이런 문제가 궁금했다. 그래서 부처님에게 그것을 가르쳐 달라고 했다. 그러나 부처님의 대답은 단호하다. 그런 문제는 아무리 알려고 해도 알아지지도 않을 뿐더러, 자칫하면 쓸데없는 논쟁에 빠져 허송세월을 한다는 것이다. 무엇보다도 중요한 문제는 우리가 현실적으로 겪고 있는 고통을 해결하는 데 아무런 도움이 되지 않는다는 것이다. 그런 논의는 무익한 희론에 불과하다.

이는 불교의 관심이 어디에 있는지를 말해 준다. 부처님의 설법은 인간의 이성을 뛰어넘는 초경험적 문제에 대해 말하는 일이 없다. 불교의 궁극적 관심은 오직 어떻게 하면 현실적 고통을 줄일 것이냐 하는 것이다. 불교가 수행을 강조하는 것은 그것을 통해 고통에서 벗어난 열반, 즉 진정한 행복을 얻고자 하기 때문이다. 그래서 부처님은 '리얼리스트(realist)의 사상가'로 불리기도 한다.

그러나 인간이 '생각하는 동물'인 한 모든 형이상학적 의문을 전혀 안 할 수는 없다. 실제로 부처님이 설법한 많은 교리체계는 이에 응답하기 위한 것이다. 다만 그것이 무익한 것이 안 되도록 하려면 '무엇을 위한 의문인가'를 거듭 생각해 보는 것이 중요하다. 이것이 이 경의 결론이다.

형식적 종교의례의 무용성

부처님이 우루벨라 나이란자 강가 니그로다 나무 아래 있을 때의 일이다. 그때는 아직 도를 이룬 지 얼마 되지 않았을 무렵이었다. 어느 날 수정(水淨) 바라문이 부처님 계신 곳으로 왔다. 이를 본 부처님이 제자들에게 말했다.

"만일 21가지 더러움에 마음을 더럽힌 자가 있다면 그는 반드시 악도에 태어날 것이다. 반대로 21가지 더러움에 물들지 않았다면 그는 반드시 좋은 곳에 태어날 것이다. 어떤 것이 21가지 더러움인가? 잘못된 소견, 법답지 않은 욕심, 나쁜 탐욕, 잘못된 법을 지님, 탐하는 마음, 성내는 마음, 잠자는 마음, 들뜨는 마음, 의심하는 마음, 분노에 얽매인 마음, 가만히 품은 원한, 아끼는 마음, 질투, 속임, 아첨, 스스로에 부끄러움이 없음, 남에 대하여 부끄러움이 없음, 거만함, 크게 거만한 마음, 경멸, 방일한 마음이 그것이다. 만일 이러한 더러움이 마음의 때인 줄 알고 끊어서 사무량심(四無量心)을 성취하면 이것이 바로 마음을 목욕시키는 것이다."

그러나 바라문은 말뜻을 알아듣지 못하고 부처님에게 말했다.

"사문이여, 물이 많은 강물에 가서 목욕을 하시지요."

"강물에 들어가 목욕을 하면 무슨 이익이 있는가?"

"일체의 악이 깨끗하게 없어집니다."

"그렇다면 그대의 집 샘물에서 목욕을 하면 어떠한가?"

"그러면 깨끗하지 못합니다."

"바라문이여, 몸을 깨끗하게 하려면 깨끗한 물에 몸을 씻어야 한다. 그러나 마음을 깨끗하게 하려면 깨끗하고 바른 법으로 마음을 씻어야 한다."

바라문은 그때서야 말뜻을 알아듣고 삼보에 귀의할 것을 다짐했다.

중아함 23권 93경 《수정범지경(水淨梵志經)》

지금도 인도에서는 '성스러운 강' 갠지스에서 목욕을 하는 것이 중요한 종교행사의 하나로 여긴다. 힌두교도들은 평생 한 번은 갠지스에서 목욕하는 것을 소원으로 삼고 먼길도 마다 않고 순례에 나서곤 한다. 성스러운 강물에 들어가 목욕을 해야 죄업이 씻어진다는 것이다. 이런 믿음은 부처님 당시에도 널리 퍼져 있었다. 잡아함 44권 《손타리경》에도 이 경의 얘기처럼 부처님에게 목욕을 권하는 장면이 나온다.

이에 대한 부처님의 태도는 단호했다. '몸의 때를 씻고자 한다면 깨끗한 물에 목욕을 하면 될 것이요, 마음의 죄를 씻고자 한다면 바른 법을 따라야 한다'는 것이 부처님의 입장이다. 만약 특정한 강물에 목욕을 해야 죄가 씻어진다면 그곳에 가지 못하는 사람은 모두 죄를 씻지 못해서 불행해진다는 것인데 이는 온당한 주장이 아니라는 것이다.

그런데 요즘도 이런 말이 안 되는 주장을 하는 종교가 있다. 예를 들어 어떤 종교는 그 종교를 믿지 않으면 천국에 갈 수 없다고 말한다. 또 어떤 형식적 종교의례를 하지 않으면 구원받지 못한다는 주장도 한다. 이들의 말대로라면 다른 종교를 믿는 사람은 모두 지옥에 가야 한다. 예를 들어 특정 종교를 믿지 않은 것이 죄가 된다면 그 종교가 전래되기 이전의 조상들은 모두 지옥에 갔다는 말이 된다. 그러나 이 같은 주장은 진리가 아니다. 합리적이지 않기 때문이다.

불교는 '부처님의 말씀이므로 진리'라고 말하지 않는다. 가르침의 내용이 합리적인 것이므로 진리라고 말한다. 만약 불교를 내세우면서 합리성을 결여한다면 도리어 그것이 불교적인 태도가 아니다. 어떤 특정한 형식이 아니면 안 된다는 식의 생각이야말로 버려야 할 고집이다. 우리가 관심을 가져야 할 점은 얼마나 불교적 형식이냐가 아니라 얼마나 불교적 내용인가에 있다. 혹시 우리 주변에서 이 기준에서 벗어난 잘못된 주장을 펴는 종교는 없는지 살펴볼 일이다.

기복주의를 보는 불교의 입장

 부처님이 나란다 동산 장촌나림을 방문했을 때의 일이다. 어느 날 가미니라는 사람이 찾아와 이렇게 말했다.

"세존이시여, 하늘의 신을 섬기는 다른 종교의 사제들은 만일 중생이 목숨을 마치면 그를 천상에 태어나게 할 수 있다고 말합니다. 세존께서는 법왕이시니 부디 목숨을 마친 중생이 천상에 태어나게 하소서."

부처님은 대답 대신 가미니에게 이렇게 되물었다.

"예를 들어 마을에서 멀지 않은 곳에 깊은 연못이 있다고 하자. 어떤 사람이 크고 무거운 돌을 그 속에 던져 넣었다. 그리고 많은 사람들이 와서 합장하고 축원하기를 '돌이 떠오르게 하여 주소서' 라고 했다. 그러면 과연 그 돌이 떠오르겠는가?"

"아닙니다. 많은 사람이 축원을 했다고 돌이 떠오를 리 없습니다."

"그러면 이런 경우는 어떠 하겠느냐? 어떤 사람이 병 속에 들은 기름을 연못에 부어 넣었다. 그러자 많은 사람들이 와서 합장하고 축원하기를 '기름이 가라앉게 하여 주소서' 라고 했다. 그러면 과연 기름이 가라앉겠느냐?"

"아닙니다. 많은 사람이 축원했다고 해도 기름은 가라앉지 않습니다."

가미니의 대답을 들은 부처님은 이렇게 말했다.

"그렇다, 가미니여. 어떤 사람이 게을러서 바르고 착한 일을 하지 않고 열 가지 나쁜 업을 지었다고 하자. 그를 위해 사람들이 아무리 합장을 하고 천상에 태어나라고 축원을 했다고 해도 그는 천상에 태어날 수는 없다. 그는 연못에 빠진 무거운 돌처럼 악도에 떨어지리라. 그러나 가미니여, 어떤 사람이 부지런히 착한 일을 하고 열 가지 선한 업을 지었다고 하자. 그런데 어떤 사람들이 합장을 하고 그가 악도에 떨어지라고 저주를 했다고 해도 그는 악도에 떨어지지 않는다. 마치 기름을 물에 가라앉히고자 하나 가라앉지 않는 것처럼."

중아함 3권 17경 《가미니경(伽彌尼經)》

불교사상을 가장 소박하게 표현하면 인과응보라고 할 수 있다. 모든 존재와 사건은 우리가 지은 업(業, karma)에 의해 전개된다는 것이다. 우리 나라 속담에 '콩 심은 데 콩 나고 팥 심은 데 팥 난다'는 말은 인과응보의 가르침을 아주 잘 나타낸 말이다. 인과론의 핵심은 어떤 결과를 원한다면 반드시 그런 조건과 원인을 만들지 않으면 안 된다는 것이다. 만약 세상에서 이런 인과응보의 원리가 작동하지 않는다면 엄청난 혼란이 초래된다. 살인, 폭행, 강도와 같은 나쁜 짓을 했는데도 버젓이 잘 살고, 정직하고 성실하게 사는 사람이 바보로 취급된다면 이 세상은 정말로 살맛이 없어지고 말 것이기 때문이다.

이 문제는 사후의 세계에서도 마찬가지다. 만약 어떤 사람이 살아 생전에 나쁜 짓을 많이 했는데 다른 사람이 대신 용서를 빌었다고 그가 천상에 태어난다면 어떨까. 반대로 어떤 사람이 평생을 착하게 살았는데 누구의 저주를 받아 지옥에 떨어진다면 어떨까. 살아서도 마찬가지지만 죽어서도 그런 일은 억울하고 불공평하다고 하지 않을 수 없다.

　인과의 이치가 이러한 데도 사람들은 이를 외면하고 어떤 기적을 바란다. 예를 들어 공부는 열심히 하지 않았는데 좋은 성적을 기대한다든가 나쁜 일을 해 놓고 그것은 숨기려 하는 것이다. 그리고 그것을 초월적 능력자가 해결해 주리라는 기대를 갖는다. 신불(神佛)에게 기도만 하면 모든 것이 해결된다고 믿는 것이다. 이런 기복주의는 인과를 무시하는 발상이다. 그래서 부처님은 기복주의에 대해 분명하게 반대하는 입장을 보였다. 전능한 신이란 존재하지도 않을뿐더러 그런 신에게 기도를 한다고 행복이 불행으로 바뀌고 불행이 행복으로 바뀌는 일은 절대 없다는 것이다.

　아이러니컬한 것은 이 같은 가르침을 설파한 불교에 언제부터인가 기복주의가 들어와 자리를 잡기 시작한 것이다. 사실을 말하면 어느 순간부터 불교는 기복주의가 아니면 존립 자체가 불가능한 종교가 되고 말았다. 불교를 전문으로 공부했다는 사람들조차 '기복이 아니면 종교가 있을 필요가 없다' 느니 '복을 비는 행위가 왜 나쁘냐' 느니 하면서 기복주의를 옹호하고 나설 정도다. 그러나 이런 주장의 이면에는 인간의 이기적 욕망을 부추겨서 또 다른 이익을 챙기려는 검은 뜻이 도사리고 있다. 그것은 부처님의 가르침에 근거한 생각과는 거리가 멀다. 그런 주장을 하려면 부처님이 언제, 어느 곳에서 그런 말씀을 했는지부터 밝혀야 한다. 근거도 없이 헛소리를 지껄이면 대망어죄(大妄語罪)를 짓게 될 뿐이다.

　우리는 어떤 경우에도 부처님의 가르침과는 도리어 반대되는 불교를 하면 안 된다. 이 경전은 그것이 얼마나 어리석은 일인지를 지적해 주고 있다.

세상에서 가장 훌륭한 기도

부처님이 코살라 국 싱사파 숲에 계실 때의 일이다. 어느 날 구라단두 바라문이 부처님의 명성을 듣고 찾아와 제사지내는 법에 대해 물었다.

"저는 부처님이 3종류의 제사와 16가지에 이르는 제사 기구에 대해 밝은 식견을 가지고 있다고 들었습니다. 우리들은 큰제사를 지내기 위해 500마리의 수소와 500마리의 암소, 500마리의 수송아지와 500마리의 암송아지, 500마리의 숫염소와 500마리의 암염소를 희생하여 제사를 지내고자 합니다."

부처님은 직답을 대신해 옛날 어떤 왕의 고사를 들려 주었다.

"옛날 어떤 왕이 동물을 희생해 제사를 지내려 하면서 대신들에게 제사법을 물었다. 그때 대신들이 이렇게 아뢰었다.

'제사를 지내기 전에 먼저 집안과 백성을 편안하게 해야 합니다. 왕으로서 백성을 마음대로 때리거나 죽일 수 있다는 생각을 하지 말고, 신하에게는 필요한 물건을 주고, 사업을 하는 사람에게는 재물을 주고, 농사를 짓는 사람에게는 소와 종자를 주어 각각 그들로 하여금 스스로 경영하게 하십시오. 백성을 핍박

하지 않으면 인민은 안온하여 그 자손을 기르면서 서로 즐겁게 지낼 수 있습니다. 이렇게 한 다음에 제사를 지낼 때는 모든 사람들에게 보시하면서 10선행을 가르치십시오. 이것이 가장 훌륭한 제사입니다.'

왕은 대신들의 말을 듣고 그대로 했다. 즉 소나 염소, 모든 중생을 죽이지 않고, 우유·깨기름·꿀·흑밀·석밀을 써서 제사를 지냈다. 왕은 제사를 지낼 때 처음도 기쁘고 중간도 기쁘고 나중도 기쁘게 했다. 그랬더니 나라는 안온하고 백성들은 즐겁게 살게 되었다."

부처님의 비유설법에 깨우침을 받은 바라문은 다시 물었다.

"16가지 제구를 써서 3종류의 제사를 지내는 것보다 더 큰 과보를 얻는 방법에는 어떤 것이 있습니까?"

"항상 여러 수행자를 공양하는 것이 제사를 지내는 것보다 더 큰 공덕이다. 이것보다 더 큰 공덕을 쌓는 것은 각지에서 온 초제승(招提僧)을 위하여 승방이나 강당을 짓는 것이다. 이것보다 더 큰 공덕은 환희심으로 삼보에 귀의하고 이것을 입으로 외우는 것이다. 이것보다 더 큰 공덕은 환희심으로 5계를 받들어 평생을 지키는 것이다. 이것보다 더 큰 공덕은 잠깐이나마 자비심으로 일체중생을 불쌍히 여기는 것이다. 이것보다 더 큰 공덕은 여래가 세상에 출현하였을 때 출가하여 도를 닦아 모든 어리석음과 무명을 없애고 밝은 지혜를 구족하는 것이다."

부처님의 가르침을 받은 구라단두 바라문은 이렇게 다짐했다.

"저는 이제 제사를 위해 준비한 모든 소와 염소를 놓아 주어서 그들이 물이나 풀을 마음대로 먹도록 하겠습니다. 그리고 오늘부터 저는 삼보에 귀의하여 우바새가 되겠습니다."

장아함 15권 23경 《구라단두경(究羅檀頭經)》

여기서 말하는 제사란 죽은 사람을 위해 올리는 추선의식(追善儀式)이 아니라 신에게 올리는 기도를 의미하는 것으로 이해된다. 과거 원시사회에서는 신에게 은총과 가피를 빌기 위해 동물희생제를 지내는 것이 일반적이었던 것 같다. 잡아함《장신경》《우파가경》과 같은 경전에도 동물희생제에 관한 얘기가 나오고 있다. 이들은 이 같은 희생제가 선업을 쌓아 뒷날 복을 받게 된다고 믿었던 것 같다.

이에 대해 부처님의 일관된 입장은 남의 생명을 희생하며 지내는 제사나 기도는 아무 공덕이 없다는 것이다. 정말로 좋은 선업을 지어 복을 받고 싶다면 남에게 이익이 되는 일을 하라는 것이다. 우선 남의 생명이나 권리를 희생시키는 일을 하지 말 것, 어려운 이웃이 있으면 도와줄 것, 삼보에 귀의하고 오계를 받아 실천할 것, 자비심으로 일체중생에게 이익이 되는 일을 할 것 등이다. 이렇게 하면 복을 받기 싫어도 복을 받게 된다는 것이다.

이렇게 보면 불교에서 복을 받는 일이란 아주 쉬운 일이면서 동시에 아주 어려운 일이 아닌가 생각된다. 매일같이 작은 일이라도 선업을 짓는 사람은 반드시 복을 받게 돼 있으니 쉽다면 아주 쉬운 일이다. 반대로 매일 같이 악업을 짓는 사람은 어떤 제사나 기도를 해도 복 받을 길이 없으니 어렵다면 이처럼 어려운 일이 없으니 말이다.

운명에 대한 세 가지 오해

 부처님이 사밧티 기수급고독원에 계실 때의 일이다. 어느 날 부처님은 비구들에게 이렇게 말씀했다.

"세상에는 지혜가 있다고 자처하는 세 가지 부류의 사람들이 있다. 일체가 숙명으로 이루어졌다고 하는 주장과 일체가 존우(尊祐)의 뜻에 의한 것이라는 주장과 일체가 인(因)도 없고 연(緣)도 없이 이루어졌다는 주장이 그것이다. 그러나 이는 진리가 아니며 옳지 않다. 어째서 그런가?

만약 사람이 행하는 모든 행위가 숙명으로 이루어졌다든가, 존우의 뜻에 의한 것이라든가, 인도 없고 연도 없이 이루어지는 것이라면 사람들은 살생과 도둑질과 사음과 같은 10가지 악행에서 벗어날 수 없다. 왜냐하면 그것은 숙명적인 것이거나, 존우의 뜻에 의한 것이거나, 인도 없고 연도 없는 것이기 때문이다. 그러므로 이 세 가지 주장은 진리가 아니며 옳지 않다. 만약 그런 주장들이 진리라면 사람들은 해야 할 일과 하지 않아야 할 일을 모를 것이며 거기서 벗어나는 방법도 모를 것이다."

이어서 부처님은 이렇게 말했다.

"내가 스스로 알고 스스로 깨달은 바에 의하면 모든 것은 인과 연이 합하여 일어난다. 육계(六界: 地·水·火·風·空·識)가 합함으로 인하여 어머니의 태에 태어나고, 그로 인하여 육처(六處: 眼·耳·鼻·舌·身·意)가 생기고 육처로 인하여 감각이 생기고, 감각으로 인하여 집착이 생기며, 집착으로 인하여 괴로움이 일어난다. 괴로움을 멸하고 참다운 행복을 성취하기 위해서는 팔정도를 닦아야 한다. 그러므로 수행자는 괴로움의 현실을 알아야 하고, 괴로움의 원인을 끊어야 하며, 괴로움이 멸한 상태를 증득해야 하며, 괴로움을 멸하는 도를 닦아야 한다."

중아함 3권 13경 《도경(度經)》

세상에는 참으로 많은 종교가 있다. 기독교, 이슬람교, 힌두교, 도교, 태양교, 심지어는 돈교와 섹스교까지 있다. 이들 종교가 인간의 운명 문제에 대해 취하는 태도는 대체로 세 가지다.

첫째는 숙작인과론(宿作因果論)이다. 이는 일종의 숙명론(宿命論)을 말한다. 인간의 운명은 과거부터 미리 결정돼 있다는 것이다. 별자리로 점을 보거나 사주팔자를 들먹이는 것이 여기에 해당된다. 둘째는 존우화작론(尊祐化作論)이다. 이는 일종의 신의론(神意論)이다. 이 세상은, 즉 신의 뜻에 의해 이루어졌다는 것이다. 그러므로 절대적 권능을 가진 신에게 빌고 제사를 지내야 한다고 말한다. 셋째는 무인무연론(無因無緣論)이다. 이는 일종의 우연론(偶然論)이다. 모든 것은 우연이 그렇게 될 뿐 필연적인 것은 없다는 것이다. 아무도 운명을 지배하는 것은 없으므로 그냥 잘먹고 놀면 된다는 것이다. 일종의 쾌락주의다.

그러나 이러한 주장에는 결정적인 모순이 있다. 인간의 행위에 대해 책임질 주체가 없다는 사실이다. 살인을 하거나 거짓말을 해도, 그것은 다 숙명이거나 신의 뜻이거나 우연이라 한다면 그것을 책임질 사람이 없다. 예를 들어 학생이 공부를 하거나 사업가가 사업을 하거나 스포츠 선수가 운동을 할 때 미리부터 1, 2, 3등이 운명적으로 정해져 있다거나 신의 뜻에 의해 결정되거나, 노력과는 관계없이 우연하게 결정된다면 우리는 더 이상 노력해야 할 이유가 없어진다. 노력을 해봤자 운명이나 신의 뜻에 의해서 결과가 나타날 것이기 때문이다. 그러나 이것은 황당한 주장이다. 세 가지 모두 진리가 아니며 옳지 않다. 그래서 부처님은 이런 견해를 삼종외도(三種外道)라고 했다.

그러면 무엇이 진리인가? 불교는 어떤 존재나 사건이란 모두 어떤 원인(因)과 조건(緣)이 합쳐져서 일어난다고 말한다. 좋은 씨앗을 좋은 땅에 심거나, 좋은 씨앗을 나쁜 땅에 심거나, 나쁜 씨앗을 좋은 땅에 심거나, 나쁜 씨앗을 나쁜 땅에 심으면 그 결과는 상이하게 나타날 것은 자명하다 이를 인연생기론(因緣生起論), 즉 연기론(緣起論)이라고 한다.

연기론이 진리인 것은 그래야 행위의 책임 주체가 있게 되고 이에 따른 의지적 전환이 가능하기 때문이다. 악한 사람이 반성하고 착한 사람이 되거나, 반대로 착한 사람이 나쁜 구렁텅이에 빠지는 것도 모두 자기 책임 아래 이루어지는 것이므로 반성도 하고 노력도 해야 할 이유가 생기는 것이다. 이것이 불교가 일반종교와 다른 특징 중의 특징이다. 그런데 언제부터인가 불교 안에 도리어 부처님이 비판한 삼종외도적 생각이 난립하고 있다. 무엇이 정법인지, 어떤 것이 외도적 생각인지 한 번 살펴볼 일이다.

동기론이 맞나 결과론이 맞나

 부처님이 사밧티 기수급고독원에 계실 때의 일이다. 어느 날 부처님은 비구들에게 인과응보에 대해 다음과 같이 말씀하셨다.

"만일 어떤 사람이 고의로 업을 지으면 현세나 후세에 반드시 과보를 받을 것이다. 그러나 만일 고의로 지은 업이 아니라면 반드시 과보를 받는다고 나는 말하지 않는다. 고의로 짓는 업에는 세 가지가 있다. 신(身)·구(口)·의(意) 삼업이 그것이다.

고의를 가지고 몸으로 짓는 업에는 세 가지가 있다. 첫째는 산목숨을 죽이는 것이니 중생에서 곤충까지 사랑하는 마음이 없어서 목숨을 해치고 피를 마시는 것이다. 둘째는 훔치는 것이니 남의 재물에 탐착하여 주지 않는 물건을 갖는 것이다. 셋째는 사음이니 부모, 형제 자매의 보호를 받고 있는 여자나 남의 아내를 범하는 것이다.

고의를 가지고 말로써 짓는 업에는 네 가지가 있다. 첫째는 거짓말하는 것이니 자기의 이익을 위해 모르면서도 안다고 하고, 못 보았으면서도 보았다고 하는 것이다. 둘째는 이간질하는 말이니 이 사람에게 이 말 하고 저 사람에게 저

말 하여 합친 것을 갈라서게 하고 파탄나게 하는 것이다. 셋째는 욕설이니 귀에 거슬려 듣기 거북하고 남을 괴롭히는 말을 하는 것이다. 넷째는 꾸미는 말이니 비위를 맞추기 위해 꾸짖거나 가르치지 않고 진실하지 않고 이치에 닿지 않는 말을 하는 것이다.

고의를 가지고 생각으로 짓는 업에는 세 가지가 있다. 첫째는 탐욕이니 남의 재물과 생활도구를 늘 엿보고 자기 것으로 만들고자 하는 것이다. 둘째는 노여워하는 것이니 마음속으로 누구를 미워하여 죽이고 속박하고 체포하고 고통을 주겠다는 생각을 품는 것이다. 셋째는 바르지 않은 견해를 갖는 것이니 선악도 없고 인과도 없으며 보시나 재(齋)의 공덕도 없으며 깨달음도 없다고 생각하는 것이다."

부처님은 계속해서 이렇게 말씀했다.

"만일 어떤 사람이 남을 사랑하는 마음(慈), 함께 슬퍼하는 마음(悲), 기쁨을 함께 하는 마음(喜), 편견 없이 공평한 마음(捨)으로 행동한다면 그는 몸과 말과 생각으로 나쁜 업을 짓지 않을 것이다. 그대들이 알아야 할 것은 업이란 이 몸을 따라 저 세상에 가는 것이 아니라 그 마음을 따라 저 세상에 간다는 것이다. 따라서 비구는 '나는 과거에 악업을 지었으니 그 과보를 후세가 아닌 현세에서 받는 것이 옳다'고 생각해야 한다. 이렇게 닦으면 그는 반드시 아나함과(阿那含果)나 그보다 나은 과보를 얻을 것이다."

중아함 3권 15경 《사경(思經)》

윤리학의 오래된 주제 가운데 하나는 동기론과 결과론이다. 어떤 행위의 선악을 판단하는 데 동기를 더 중시할 것이냐 결과를 더 중시할

것이냐 하는 것은 오래 전부터 중요한 토론의 주제가 되어 왔다. 이 문제는 사람에게 형벌을 가하는 형법에서도 중요한 논쟁점이 되고 있다. 동기를 중시한다면 어떤 결과가 없어도 처벌의 대상이 되어야 한다. 반대로 결과를 중시한다면 고의가 있더라도 결과가 없으면 처벌의 대상이 되지 않는다.

이 경은 이 문제에 대한 불교의 입장은 어떤 것인지를 주제로 다루고 있어서 주목된다. 한마디로 불교의 인과응보 원리는 결과론에 의하기보다는 동기론에 의해 작동된다고 할 수 있다. 즉 '행위의 고의성' 여부가 인과응보로 나타난다는 것이다.

인간의 모든 행위는 몸과 말과 생각으로 이루어진다. 이때 고의를 가지고 선악을 행하면 반드시 과보를 초래한다는 것이다. 그러나 고의성이 없는 행위는 반드시 과보가 따른다고 보기 어렵다. 모든 행위가 결과에 의해서만 인과를 결정한다면 인과론은 하나의 결정론이 된다. 결정론이란 과거의 어떤 행위가 미래의 어떤 행위를 하도록 결과되어 있다는 것이다. 이렇게 기계적으로 반복되는 인과론에는 인간의 의지가 개입할 여지가 없다. 그것은 일종의 숙명론이기도 하다. 인간의 의지가 개입되지 않는 행위는 인간에게 책임을 물을 수 없다.

불교에서 인과응보는 어디까지나 의지적 행위가 있어야 성립된다. 고의성이 없는 행위까지 인과로 이어지는 것은 아니다. '업은 몸이 아니라 마음을 따라간다'는 언급은 이를 뒷받침하는 말씀이다. 왜 '착한 마음'으로 자비희사를 행하여야 하는가, 업보는 마음을 따라가는 까닭이다. 왜 악한 마음으로 나쁜 짓을 하면 안 되는가, 업보는 마음을 따라가는 까닭이다.

인과응보의 굴레

부처님이 사밧티 기수급고독원에 계실 때의 일이다. 어느 날 도제(都提)의 아들 앵무마납(鸚鵡摩納)이 찾아와 이렇게 물었다.

"부처님, 어떤 인연으로 중생들은 다같이 사람의 몸을 받았으면서도 지위가 높고 낮으며, 얼굴이 잘생기고 못생겼으며, 목숨이 길고 짧으며, 병이 있고 없으며, 위덕이 있고 없으며, 비천한 집과 존귀한 집에서 태어나며, 재물이 많고 적으며, 총명하고 어리석게 되나이까?"

"그것은 중생들이 자기가 행한 업 때문이니라. 지은 업에 따라 갚음을 받으며 업을 인연하여 높고 낮음이 생기는 것이니라. 예를 들어 어떤 사람의 수명이 짧은 것은 다른 생명에게 모질게 굴거나 짐승을 죽여서 그 피를 마셨기 때문이니라. 어떤 사람이 병이 많은 것은 주먹이나 막대기로 다른 생명을 못살게 굴었기 때문이니라. 얼굴이 못생긴 것은 성질이 급하고, 번민이 많아 화를 잘 내고 걱정과 질투가 많아 다른 사람과 자주 다퉜기 때문이니라. 위덕이 없는 것은 남이 존경을 받으면 질투하며, 남이 좋은 물건을 가진 것을 보면 내 것으로 만들고자 욕심을 부렸기 때문이니라.

어떤 사람이 비천한 집에 태어나는 것은 공경할 사람을 공경하지 않고 소중히 여겨야 할 것을 소중히 여기지 않으며, 오만하고 방자하게 굴었기 때문이니라. 가난하고 재물이 적은 것은 빈궁하고 고독한 사람, 수행자나 거지에게 음식이나 옷, 그리고 그들이 필요로 하는 생필품을 보시하지 않았기 때문이니라. 어떤 사람이 어리석은 것은 자주 지혜로운 이를 찾아가 참다운 진리를 배우지 않고, 죄가 되는 것과 안 되는 것을 묻지 않으며, 검고 흰 것을 깨우치지 않았기 때문이니라."

중아함 44권 170경 《앵무경(鸚鵡經)》

인과응보에 의한 윤회의 반복은 불교의 중요한 교리 가운데 하나다. 만약 우리의 삶에 인과응보가 없다면 이 세상은 엄청난 혼란에 빠질지도 모른다. 나쁜 짓을 한 사람이 떵떵거리며 잘 살고, 착한 일을 한 사람이 어렵게 살아야 한다면 얼마나 억울하겠는가. 그러나 세상에는 절대 그런 일이 없다. 한때 잘나가던 사람이 초췌한 얼굴로 영락하고, 지지리도 어렵게 지내던 사람이 어느 날 벌떡 일어서는 모습은 인과가 역연(亦然)하다는 것을 보여 준다. '세상에는 아직 정의가 살아 있다'는 말은 누구도 인과의 법칙을 피해갈 수 없다는 뜻이기도 하다. 이 경전은 그런 사실을 일깨워 준다.

그런데 가끔은 인과응보가 현실에서 잘 나타나지 않을 때가 있다. 착한 일을 했는데 나쁜 결과가 오는 선인악과(善因惡果), 나쁜 일을 했는데 좋은 결과가 오는 악인선과(惡因善果)도 없지 않다. 이럴 때면 우리는 혹 인과응보가 거짓 진리는 아닌가 의심하게 된다. 그러나 인과응보란 반드시 코앞에서만 나타나는 것은 아니다. 시간을 두고 나타나는 경우도 있고 바로 나타나는 경우도 있다. 또 조건에 따라 다르게 나타나기도 한다.

모든 행위의 결과가 다 그렇다. 어떤 것은 바로 나타나기도 하고 어떤 것은 시간을 두고 나타나기도 한다. 이렇게 시간을 두고 나타나는 것을 삼시업(三時業)이라고 한다. 행위의 결과가 바로 나타나는 것을 순현업(順現業), 다음 생에 나타나는 것을 순생업(順生業), 그 다음 생에 나타나는 것을 순차업(順次業)이라고 한다.

설사 백천 겁을 지나갈지라도	假使百千劫
지은 업은 없어지지 아니하네.	所作業不亡
인연이 모여 다시 만나게 되면	因緣會遇時
그 과보를 돌려 받게 되느니라.	果報還自受

이 게송은 《법구경》에 나오는 것이다. 우리가 지은 업보는 선한 것이든 악한 것이든 백천 겁을 지나도 반드시 그 결과가 되어 있다는 것이다. 인과응보의 진리를 참으로 잘 나타낸 명구라 생각한다.

업이란 내가 마음먹고 행동한 결과다. 그렇다면 지금 내가 어떻게 마음먹고 행동하느냐에 의해 미래의 결과는 달라질 수 있다. 따라서 인과응보는 기계적 결정론이 아니라 의지적 행위론으로 이해해야 한다. 개과천선만 하면 전혀 다른 과보를 받게 된다는 뜻이다. 중생들은 하루에도 수십 번씩 나쁜 마음으로 나쁜 짓을 하며 산다. 그런 악업을 짓는 사람들은 지금부터 마음을 바꿔 선업을 짓는 데 힘써야 한다. 안 그러면 정말 큰일 난다고 부처님은 이 경에서 경고하고 있다.

인과응보의 네 가지 법칙

부처님이 사밧티 기수급고독원에 계실 때의 일이다. 어느 날 부처님은 비구들에게 네 가지 과보에 대해 말씀하셨다.

"세상에는 네 가지 형태로 과보를 받는 법이 있다. 현재는 즐겁지만 미래는 괴로운 법, 현재는 괴롭지만 미래는 즐거운 법, 현재도 괴롭고 미래도 괴로운 법, 현재도 즐겁고 미래도 즐거운 법이 그것이다.

어떤 사람이 현재는 즐겁지만 미래에 괴로운 과보를 받는가? 아름답게 꾸민 여자의 몸에서 즐거운 촉감을 느끼며 애욕에 빠져서 욕락을 즐기는 사람이 있다. 그러나 지나친 애욕은 재환(災患)을 부르나니 반드시 미래에 심한 괴로움을 받게 될 것이다.

어떤 사람이 현재는 괴롭지만 미래에 즐거운 과보를 받는가? 탐욕과 분노와 어리석음이 미래에 괴로움을 가져올 것을 알고 괴로워하는 사람이 있다. 그래서 스스로 자제하고 청정한 범행을 닦는다. 이런 사람은 현재에는 괴로우나 미래에는 반드시 즐거움의 과보를 받게 될 것이다.

어떤 사람이 현재도 괴롭고 미래도 괴로운 과보를 받는가? 올바른 선정을 닦지 않고 맨몸으로 지내거나 칼이나 막대기로 자신을 괴롭히는 수행자가 있다. 그러나 잘못된 수행은 몸만 괴롭힐 뿐 아무런 공덕도 없다. 이런 사람은 현재도 괴롭고 미래도 괴로운 과보를 받게 될 것이다.

어떤 사람이 현재도 즐겁고 미래도 즐거운 과보를 받는가? 올바른 수행을 통해 탐욕과 분노와 어리석음을 소멸시키고 괴로움과 걱정과 슬픔이 없어져 마음이 편안한 사람이 있다. 그는 악업을 짓지 않으므로 미래도 즐겁다. 이런 사람은 현재도 즐겁고 미래도 즐겁다."

중아함 45권 174경 《수법경(受法經)》

어리석음이 깊어 자기 자신의 힘을 헤아리지 못하고	癡心自己不量力
남의 피를 실컷 빨아서 무거워지니 날지 못하는구나.	他血飮多不自飛
남에게 빌린 물건은 본디 갚지 않을 수 없는 것이니,	他物從來難不報
반드시 본래의 주인에게 갚아야 할 날이 있으리라.	必當本主報還時

읽어 볼수록 비유가 절묘한 이 게송은 고려 때의 고승 나옹 스님이 쓴 〈모기(蚊)〉라는 시다.

세상에는 남을 괴롭히거나 남의 피를 빨아먹으며 사는 것을 업으로 삼는 사람이 있다. 이익을 거간하는 간상배, 남을 괴롭히는 것을 업으로 삼는 폭력배, 재산을 가로채는 사기꾼이 그런 부류의 인간이다. 그러나 나쁜 짓을 너무 많이 하면 금방 과보를 받게 된다. 마치 모기가 남의 피를 빨다가 그것이 죄가 되어 목숨을 잃는 것처럼……

인과응보의 원리는 네 가지 법칙에 의해 작동된다. 첫째는 현재의 즐거움을 위해 남을 괴롭히거나 피를 빨면 미래의 불행을 만드는 것이다. 둘째는 현재는 괴롭더라도 그것을 참고 견디면 미래가 편안해지는 것이다. 셋째는 선한 일을 한 결과로 미래에 더 좋은 과보를 받는 것이다. 넷째는 나쁜 짓을 한 결과로 나중에 고약한 과보를 받는 것이다.

  이 네 가지 길에서 우리가 어떤 길을 가야 할지는 뻔하다. 결코 남의 피를 빨아먹는 일을 해서는 안 된다. 또 정의나 의리를 내세우면서 남을 괴롭히는 일을 해서도 안 된다. 선한 일을 하고 성실하게 산 사람이 선한 과보를 받도록 해야 한다. 그것이 선한 사회를 만드는 길이다.

  문제는 이치가 이렇게 분명한데도 왜 세상이 이치대로 되지 않는가 하는 것이다. 그것은 사람들이 아집과 이기심에 사로잡혀 짐짓 이 이치를 외면하기 때문이다. 우리는 너나 할 것 없이 서로가 서로에게 모기가 되어 살아간다. 돌아올 과보를 뻔히 알면서도 탐·진·치 삼독 때문에 그 짓을 멈추지 않는다. 자신에게는 관대하고 남에게 엄격한 것도 따지고 보면 이기심의 발로다. 인간의 불행은 여기서 비롯된다.

  이 경을 거울삼아 우리는 지금 어떤 짓을 하고 있는지 돌아본다면 모기처럼 남의 피를 빨다가 죽는 일은 없을 것이다.

윤회전생과 인과응보

부처님이 멸도하신 지 얼마 안 되어 마하카사파는 500비구와 함께 코살라 국 사파헤촌 북쪽 싱사파 숲에 머물고 있었다. 그 무렵 인근에는 폐숙(弊宿)이라는 바라문이 있었는데, 그는 '저 세상이란 없으며 윤회전생도 인과응보도 없다'고 주장하며 부처님의 가르침을 인정하지 않는 사람이었다. 어느 날 폐숙 바라문이 싱사파 숲에 있는 카사파를 찾아왔다. 사람들이 카사파를 찾아간다는 말을 듣고 함께 온 것이었다. 그는 인사가 끝나자 단도직입으로 말했다.

"나는 저 세상이란 없으며 윤회전생과 인과응보도 없다고 생각한다. 존자의 생각은 어떠한지 말해 줄 수 있겠는가?"

"무슨 근거로 그런 말을 하는가?"

"내 친척 가운데 병들어 죽는 사람이 있었다. 그에게 나는 저 세상이 있거든 구경하고 돌아와 나에게 말해 달라고 했다. 그러나 그는 아직 돌아오지 않았다."

"내가 비유로 말하겠다. 어떤 사형수가 사형집행장에 이르러 급한 볼일이 있다고 집에 잠깐 다녀오겠다고 하면 그 소원을 들어 주겠는가?"

"그것을 인정한다 해도 저 세상이 있다는 것을 어떻게 알 수 있는가?"

"다시 비유로 말하겠다. 태어나면서부터 눈먼 사람이 있었다. 그에게 청·황·적·백·흑 오색을 설명하자 그는 그런 색깔은 없다고 했다. 그가 없다고 해서 오색이 정말로 없는 것인가?"

"저 세상이 있다고 치자. 그러나 저 세상으로 가는 사람을 아무도 본 사람이 없다. 예를 들어 흉악한 도적은 가마솥에 놓고 쪄서 죽이는 궁형에 처하는데 그때 그의 혼령이 어디로 가는지 본 사람이 아무도 없다."

"비유를 들겠다. 그대도 잠잘 때 꿈을 꿀 것이다. 그대가 꿈꾸는 것을 그대의 가족들이 볼 수 없다고 그대에게 식신(識神)이 없다고 할 수 있는가?"

"흉악한 범죄자는 살을 저미는 형을 받는다. 그러나 뼈나 살에서 식신을 찾을 수 없다. 그런데도 식신이 있다고 하겠는가?"

"비유로 말하겠다. 어떤 사람이 길을 떠나면서 아이들에게 불씨를 잘 살피라고 했으나 아이가 그만 불을 꺼뜨리고 말았다. 아이는 걱정이 돼서 불씨를 찾으려고 나무를 절구에 넣고 빻았으나 불씨는 살아나지 않았다. 그렇다고 불이 없다고 할 수 있는가? 어떤 사람이 고동소리로 웅장한 소리를 냈다. 이를 본 사람이 웅장한 소리를 듣고자 고동에게 소리를 내보라고 했으나 그 속에 고동소리는 없었다. 그 고동소리가 어디로 갔다고 해야 하는가?"

폐숙은 여기쯤에서 자기의 견해가 잘못된 것임을 알게 되었다. 그러나 그는 자신의 명예와 지식 때문에 지금까지의 사견(邪見)을 버리지 못했다. 이에 존자는 다시 비유로 말했다.

"어떤 사람이 삼을 한 짐 지고 백 리를 가다가 황금을 만났다. 그때 백 리나 지고 온 삼을 버리지 못하겠다면서 금을 취하지 않는다면 과연 그를 어리석다고 하겠는가, 현명하다고 하겠는가?"

폐숙은 더 이상 할 말이 없었다. 그 자리에서 삼보에 귀의하고 재가신자가 되었다.

장아함 7권 7경 《폐숙경(弊宿經)》

윤회전생과 인과응보에 대한 폐숙 바라문의 견해는 이 문제에 대해 부정적인 생각을 가지고 있는 사람의 입장을 대신하는 것이라 할 수 있다. 저 세상이 있다거나, 인과응보로 윤회한다는 것은 어디까지나 초경험적인 것이다. 그럼에도 이것을 무조건 경험적 사실로 인정하라고 한다면 이는 지성의 희생을 감수하지 않고는 불가능한 일이다.

그러나 초경험적 사실을 경험적 사실로 믿어야 할 경우가 전혀 없는 것은 아니다. 논리적인 유추와 접근이다. 우리는 아무도 내일을 살아본 사람이 없다. 그렇지만 내일이 오지 않을 것으로 생각하는 사람은 아무도 없다. 경험적 사실이 초경험적 사실을 유추해 낼 수 있는 까닭이다. 전생이나 내생도 마찬가지다. 내일이 오듯이 내생은 아직 살아 보지 않았어도 반드시 온다. 문제는 내생에도 '나'라는 존재가 존재할 것인가 하는 것인데 '업보적 존재'로서의 '나'는 내생에도 분명히 존재한다. 비유하면 이 나무에서 저 나무로 업보의 불길이 옮겨 가듯이 업보라는 연료가 남아 있는 한 꺼지지 않는다. 윤회전생과 인과응보는 이런 논리적 바탕 위에서 성립한 것이다.

이것이 불교가 말하는 인생의 엄숙한 현실이다. 이것을 인식했다면 어떻게 살아야 할지는 우리 자신이 선택할 일이다. 선하게 살든지 악하게 살든지, 남을 속이든지 진실하게 살든지 알아서 할 일이다.

무엇이 윤회하는가

부처님이 사밧티 기수급고독원에 계실 때의 일이다. 그 무렵 출가하기 전에 어부의 아들이었던 사티 비구는 이런 말을 하고 다녔다.

"부처님은 '사람이 죽어 저 세상에 가는 것은 현재의 식(識)이 그대로 가는 것'이라고 가르친다."

다른 비구들이 그의 잘못된 소견을 고쳐 주려고 했으나 사티는 말을 듣지 않았다. 비구들은 이 사실을 부처님께 아뢰었다. 부처님은 사티를 불러 '너는 어떤 것이 식이라고 생각하는가'를 물었다. 사티 비구는 '식이란 말하고 깨달으며, 스스로 업을 짓게 하며, 나중에 그 과보를 받는 주체를 말하는 것'이라고 대답했다. 그러자 부처님은 사티에게 '그대는 잘못 알고 있다'고 지적했다. 이어 부처님은 옆에 있던 다른 비구들에게 '그대들은 내가 어떻게 설법한다고 알고 있는가?'를 물었다. 비구들은 이렇게 대답했다.

"부처님께서는 '식은 무엇에 의지해서 생긴다'고 말씀하셨습니다. 또 '식은 인연이 있으면 생기고 인연이 없으면 멸한다'고 말씀하셨나이다."

"그렇다. 그대들은 나의 설법을 잘 이해하고 있다. 그러나 저 어리석은 비구는 내 설법을 잘못 알고 있다. 나는 항상 식은 무엇에 인연에 의해 생긴다. 식은 인연이 없으면 멸한다고 말한다. 그러면 식은 무엇에 인연해 일어나는 것인가. 눈에 색깔이 보이면 이를 인연해 식이 생기고, 귀에 소리가 들리면 이를 인연해 식이 생기며, 코가 냄새를 맡으면 이를 인연해 식이 생기며, 혀가 맛을 보면 이를 인연해 식이 생기며, 몸이 무엇과 접촉하면 이를 인연해 식이 생기며, 의식이 무엇을 생각하면 이를 인연해 식이 생기는 것이다. 그것은 마치 불이 나무를 인연해 생기는 것과 같나니, 불이 생긴 뒤에는 이를 '나무불'이라고 하고, 풀에 의지해 생기면 '풀불'이라고 한다. 이와 같이 식이란 인연에 따라 생기고 인연에 따라 멸하는 것이다."

부처님은 다시 비구들에게 이렇게 말했다.

"나의 제자들은 마땅히 이렇게 알고 이렇게 말해야 한다. 저 비구처럼 잘못 알고 잘못 말하면 이는 나를 비방하는 것이며, 모함하는 것이며, 계를 범하는 것이며, 죄를 짓는 것이며, 꾸지람을 받아야 하는 행위다."

중아함 54권 201경 《다제경(嗏帝經)》

불교교리의 핵심적 기둥은 두 가지다. 하나는 윤회(輪廻)이고 또 하나는 무아(無我)다. 윤회란 우리 인생이 이 세상에서 단 한 번으로 끝나는 것이 아니라 다음 생으로 계속된다는 생각이다. 이러한 생각의 근저에는 인간이란 이 세상에 태어나기 전 과거에도 존재했으며 미래에도 존재할 것이라는 일종의 영생불멸에 대한 희원이 도사리고 있다. 이에 비해 무아란 모든 존재는 고정불변하는 독립적 실체로서의 자아가 존재하지 않는다는 것이다. 인간은 오온(五蘊)이라는 정신과 육체가 인연에 의해 결합돼 있다가 인연이 다하면 흩어지고 말 뿐이므로 영속하는 자아는 인정되지 않는다.

그런데 이 두 가지 생각은 논리적으로 따져 보면 마치 창과 방패처럼 모순된다. 즉 윤회를 인정한다면 실체적 자아를 인정해야 하고, 무아를 인정한다면 윤회를 인정할 수 없다. 자아가 없으면 윤회할 존재도 없을 것이고, 윤회를 한다면 무아란 인정할 수 없기 때문이다. 그렇다고 어느 한 가지만 인정할 수도 없다. 윤회를 부정하고 무아만을 인정한다면 인간 행위에 대한 도덕적 책임을 물을 수 없다. 본래 실체적 자아가 없다면 사람을 죽이거나 물건을 훔쳐도 죄가 되지 않는다. 반대로 윤회를 인정한다면 실체적 자아를 인정해야 하는데 그렇게 되면 모든 것이 인연가합(因緣假合)이란 이론이 성립하지 않는다.

윤회와 무아는 이처럼 미묘한 문제이기 때문에 예로부터 논쟁도 많았다. 불교가 어느 종교보다 철학적으로 발전한 것에는 두 생각의 논리적 모순을 설명하기 위한 교리적 노력과 고민 때문이다. 그 결과가 대승불교의 중관(中觀)과 유식(唯識)이다. 중관사상은 무아의 입장을 천명하는 이론이고 유식사상은 윤회의 입장을 천명하는 철학이다. 이 문제는 지금도 불교학의 가장 핵심적인 주제다. 이는 아직도 이 문제가 시원한 해결을 보지 못했다는 것을 의미한다.

이 경전은 바로 이런 문제의 원형을 보여 주는 것이어서 매우 주목된다. 여기서 부처님의 설명을 들어 보면 모든 존재는 본성이 없는 것이지만 업(業)의 윤회는 계속된다는 것이다. 비유해서 말하면 인간의 행위가 남긴 업력은 마치 불길과 같은 것인데, 이 불길은 연료(육체적 자아)가 다 타더라도 다른 데로 옮겨 붙는다. 마찬가지로 불변의 자아가 없어도 불길은 옮겨 붙는 것이므로 윤회가 계속되는 것으로 보아야 한다는 것이다. 그러나 이렇게 말해도 생명이란 무엇인가, 해탈은 누가 하는 것인가 하는 등등의 문제는 여전히 남는다. 여기에 대해서는 공부를 더한 다음에 토론을 해야 할 것 같다.

신기한 것은 무익한 것이다

부처님이 명녕국 아누이토에 계실 때의 일이다. 어느 날 부처님은 아침 걸식을 나섰다가 시간이 이른 것을 알고 잠시 방가바 바라문 집에 들리셨다. 오랜만에 부처님을 뵌 방가바는 인사를 하고 선숙이라는 비구의 처신에 대해 말했다.

"어제 선숙 비구가 왔었는데 그는 앞으로 부처님을 따라 범행을 닦지 않겠다고 했습니다. 그 이유를 물었더니 부처님이 자기를 멀리하기 때문이라는 것이었습니다."

부처님은 방가바의 말을 듣고 옛날에 선숙 비구와 있었던 일을 말해 주었다.

"내가 베살리에 있을 때 일이다. 어느 날 선숙 비구는 범행을 닦지 않겠다고 했다. 그 이유를 물었더니 여래가 신통을 보여 주지 않기 때문이라는 것이다. 그래서 내가 그에게 '그대는 내가 신통을 보여 줄 테니 범행을 닦으라고 해서 출가했는가? 또는 네가 범행을 닦으면 비밀한 재주를 가르쳐 준다고 말한 적이 있는가?'를 물었다. 그는 '그렇지 않다'고 말했다. 그래서 그에게 어리석다고 꾸짖은 일이 있다.

또 이런 일도 있었다. 선숙 비구는 가라루라는 니건자 외도를 아라한이라고 믿었다. 이는 가라루가 한평생 옷을 입지 않고, 술이나 고기나 밥이나 국수를 먹지 않으며, 음행하지 않고, 베살리에 있는 4개의 탑을 떠나지 않는 고행을 하겠다고 맹세한 진실한 수행자라고 믿었기 때문이다. 그때 나는 선숙에게 '너는 어리석다. 그 외도는 스스로 한 맹세를 지키지 못할 뿐더러, 누가 그것을 지적하면 화를 낸다. 그런 사람을 아라한이라고 믿는 것은 어리석다'고 말해 주었다.

또 이런 일도 있었다. 구라제라는 고행자는 항상 걸식을 하지 않고 똥무더기 위에 엎드려 그것을 핥았다. 또 파리자라는 바라문은 항상 신족을 나타낼 수 있다고 자랑하며 자기가 항상 사문 고타마보다 훌륭하다고 자랑했다. 선숙 비구는 이들의 말을 믿고 그들을 존경했다. 나는 그에게 똥무더기에 엎드리거나 신족을 나타내는 것을 자랑하는 것은 어리석다고 일러주었다."

부처님은 다시 방가바에게 말했다.

"어떤 사람은 이 세상은 대범천왕이 창조했다고 말하고, 또 아무 원인 없이 만들어졌다고 말하기도 한다. 그러나 이런 모든 것은 어리석은 생각일 뿐이다. 많은 사람이 해탈의 길에 들고자 하지만 그것은 매우 어려운 일이다. 소견이 다르고 수행 방법이 다르기 때문이다. 틀린 소견으로 해탈에 이르기는 어려운 일이다. 그러므로 그대는 나의 가르침을 좋아하며 바르게 믿고 바르게 실천하라. 그렇게 하면 영원한 안락을 얻으리라."

장아함 11권 15경 《아누이경(阿㝹夷經)》

 좀 이상하게 들릴지 모르겠지만 부처님의 제자 가운데는 스승에 대해 불만을 품었던 사람이나 비판적 언동을 했던 사람들이 더러 있었다.

경전편찬자는 이들이 왜 부처님에게 불만을 가졌는지를 기록하고 있는데 이 경전도 그 중의 하나다.

부처님에게 불만을 품었던 제자들과의 대화를 읽다 보면 묘한 재미와 함께 한 가지 중요한 사실을 발견할 수 있다. 부처님이 어떤 문제에 관심을 가졌으며, 그 가르침은 무엇을 지향하고 있는가에 대한 대답이 여기에서 찾아지는 것이다. 아울러 부처님 시대의 사상가나 종교가들이 어떤 수행을 하고 있었으며 부처님의 가르침은 이들과 어떤 차별성이 있는지가 유감없이 표출되고 있어서 주목된다.

이 경전을 보면 선숙 비구는 옛날식 종교 개념에 사로잡혀 있었던 인물이었던 것 같다. 그는 종교적 성자라면 신통이나 기적을 보여야 한다고 생각하고 있었는데 부처님이 그런 것을 보여 주지 않자 불만을 가졌다. 그가 생각하기에 진리란 무엇인가 이상하고 신통한 것이어야 하는데 부처님의 가르침은 그런 면에서 밋밋하기 짝이 없는 것이었다. 그러나 진리란 결코 신기한 어떤 것이 아니다. 그런 것일수록 진리의 삶과는 거리가 멀다. 참다운 진리는 오히려 일상적인 것에 들어 있다. 그래서 중국의 선승들이 '평상의 마음이 곧 도(平常心是道)'라고 했다. 여기서 말하는 평상심이란 일상의 마음이긴 하되 본래 청정한 마음을 가리킨다.

중국의 유명한 선승인 대주혜해(大珠慧海) 선사에게 누가 찾아와서 어떤 것이 참다운 수행인지를 물었다. 선사는 '배고프면 밥 먹고, 졸리면 잠자는 것'이라고 대답했다. 질문자가 다시 '그거야 다른 사람도 다 그렇게 하지 않습니까?'라고 의문을 표시했다. 그러자 선사는 이렇게 그 차이를 설명했다.

"나는 다만 밥 먹을 때 밥만 먹고 잠잘 때 잠만 잔다네. 그러나 다른 사람은 밥 먹을 때 욕심을 먹고, 잠잘 때 꿈속에서까지 온갖 생각을 일으킨다네."

함부로 신통을 보이지 말라

 부처님이 나란다의 파바리엄차 숲에 계실 때의 일이다. 어느 날 견고(堅固)라는 장자의 아들이 부처님을 찾아와 이런 청을 했다.

"원하옵건대 부처님의 제자들이 바라문이나 장자나 거사를 보거든 신통을 나타내어 불법이 얼마나 훌륭한지를 알리게 하소서."

그러나 부처님은 견고의 청을 거절했다.

"나는 비구들에게 그렇게 하라고 하지 않을 것이다. 나는 다만 제자들이 한적한 곳에 있으면서 고요하게 도를 생각하도록 할 것이며, 만일 공덕이 있으면 마땅히 그것을 숨기고 드러내지 말라고 할 것이다."

"저는 부처님의 법을 믿어 의심하는 일이 없습니다. 그러나 이 나란다 사람들은 아직 믿지 않는 사람이 많습니다. 저들은 매우 풍족하게 사는 사람들이므로 신통을 나타낸다면 교단이 더욱 발전할 수 있을 것입니다."

그러나 부처님은 끝내 견고의 청을 거절했다.

"신통에는 3가지가 있다. 신족(神足)과 타심(他心)과 교계(教誡)가 그것이다. 신통은 한적한 곳에서 홀로 정근하여 무명을 멸하고 큰 지혜를 얻은 것을 말미암아 생기는 것이다. 그러나 나는 비구들에게 그것을 나타내라고 하지 않는다. 무슨 까닭인가? 그런 신통을 보이면 사람들은 신통에 대해서만 이러쿵저러쿵 하면서 바른 수행은 외면하기 때문이다."

"부처님의 제자 가운데 3가지 신통을 성취한 비구가 많이 있는지요?"

"나는 많다고는 말하지 않는다. 내 제자 가운데 아실기라는 비구가 있는데 그는 어느 날 '이 사대(地·水·火·風)가 무엇으로 말미암아 없어질 것인가?' 하고 생각하다가 신통으로 사천왕과 도리천과 염마천에게 차례로 물었다. 그러나 그 비구는 원하는 대답을 얻지 못했다. 도리어 범왕들은 '그대는 어리석다. 부처님을 두고 이 하늘에 와서 왜 그것을 묻는가?' 하고 힐책했다. 그는 결국 나에게로 왔다. 그때 나는 그에게 이렇게 말해 주었다.

'무엇으로 말미암아 지·수·화·풍 사대가 없어지는 것인가? 무엇으로 말미암아 굵고 가늘고 장단과 호추가 없어지는가? 무엇으로 말미암아 명색이 없어져 아주 남음이 없어지는가? 식은 형상이 없고 한량없되 스스로 광명이 있도다. 이것이 멸하면 4대가 멸하며 또한 모든 것이 멸하나니 이에 명색도 또한 멸하고 식이 멸해 남음이 없어진다.'"

장아함 16권 24경 《견고경(堅固經)》

세상에는 과학이나 논리로는 설명되지 않는 신비한 부분이 있다. 3살짜리 어린이가 3개 국어를 한다든가, 어려서부터 초능력을 행사한다든가 하는 일은 상식으로는 납득이 안 가는 일이다. 종교의 세계는 특별히 더하다. 종교는 눈에 보이지 않는 정신적 문제를 비롯해, 수행을 통한 자기수련 등을 실천하기 때문에 더욱 신비한 구석이 많다. 부처님의 경우도 전도 활동 초기에 배화교도인 가섭 3형제를 교화하기 위해 독룡이 사는 동굴 속에서 하룻밤을 잤다는 얘기가 있다. 그런가 하면 10대 제자 가운데 목갈라나는 신통제일로 불리운다.

신통에는 여섯 가지가 있다. 앉아서도 먼 데 일을 볼 수 있는 천안통(天眼通), 먼 데 소리를 들을 수 있는 천이통(天耳通), 먼 곳을 금방 갈 수 있는 신족통(神足通), 다른 사람이 무슨 생각을 하는지 아는 타심통(他心通), 전생의 일을 아는 숙명통(宿命通), 그리고 모든 번뇌가 다 사라진 누진통(漏盡通) 등이 그것이다.

이런 것들은 얼핏 보면 신기한 것 같지만 이제는 별로 신통할 것도 없다. 텔레비전이나 카메라는 지구 반대편의 소식을 안방에서 보고 듣게 만들었다. 휴대전화는 원격통화를 가능하게 하고, 비행기는 지구촌을 건너 마을로 만들어 놓았다. 심리학은 사람의 마음을 알아내고, 최면술사는 전생의 일을 기억시킨다. 그리고 수행자는 번뇌를 끊고 누진통을 얻는다. 물론 과학이나 기계의 힘으로 이루어진 것을 '신통'이라 할 수는 없지만 어쨌든 가능하다는 면에서 신통한 것은 사실이다.

그런데 부처님은 이런 신통에 대해 엄격한 자제를 명하고 있다. 그런 신비주의에 빠지게 되면 수행의 목적이 왜곡될 우려가 있고, 또 설령 신통을 얻었다 하더라도 생로병사에서 완전히 자유로울 수는 없기 때문이다. 수행이란 신통을 얻으려는 것이 아니라 번뇌를 끊고 해탈을 얻으려고 하는 것이다. 신통을 자유롭게 구사한다고 종교적 인격이 완성된 것은 아니다. 신비주의가 종교의 본령이라고 여기는 사람은 이 경전에서 부처님이 하는 지적을 귀담아들어야 할 것이다.

점이나 주술을 행하지 말라

부처님이 라자가하 죽림정사에 계실 때의 일이다. 어느 날 비구들은 한 자리에 모여 어떤 바라문이 삼보를 헐뜯거나 찬양한다면 그것을 어떻게 볼 것인가에 대해 토론을 벌였다. 마침 명상에서 일어나 산보를 하다가 이를 본 부처님은 제자들에게 이렇게 말했다.

"그대들은 누가 삼보를 비방한다고 해서 분결심(忿結心)을 내거나, 칭찬한다고 해서 환희심(歡喜心)을 내지 말라. 저들이 삼보를 비방하는 것은 소소한 인연과 계행과 위의 때문이요, 칭찬하는 것도 마찬가지 이유 때문이다. 이것은 진정으로 찬탄하는 것도 비방하는 것도 아니다. 그들은 심심미묘한 법과 그것을 깨달은 부처님과 그 법을 얻으려는 수행자의 지혜를 모르는 까닭에 진정으로 찬탄해야 할 것을 찬탄하지 못하고 비방할 것을 비방하지 못하는 것이다. 그러므로 저들이 분결심을 내거나 환희심을 내는 것은 모두 잘못된 것이다.

비구들이여, 어떤 수행자는 신들에게 복을 내려 달라고 공양물을 올리고 기도하면 제사지낸다. 어떤 수행자는 손을 합장하여 일월성신에게 기도하고 예배한다. 귀신을 부르거나 쫓으며 행하는 갖가지 기도와 방법으로 사람들을 두

럽게 한다. 정력이 강해지거나 약해지기를 비는 주술을 쓴다. 자손의 번창을 빌어 준다. 병이 들거나 낫도록 주문을 외운다. 점을 본다. 해몽을 하거나 별점을 치거나 신체의 일부를 보고(面相, 手相, 身相, 頭相, 足相 등) 수명과 재화를 점친다. 천시를 보고 비가 많고 적을 것을 예견한다. 풍년이나 흉년을 점친다. 태평이나 환난을 예언한다. 길일을 예언한다. 혼사일을 잡아 준다. 수명을 점친다. 집을 짓고 정원을 만드는 데 풍수지리를 보아 준다. 길흉화복을 점친다. 벙어리나 귀머거리가 되도록 주문을 외우고 손발이 잘리고 유산을 하도록 주술을 행한다.

거울이나 동녀 또는 신에게 길흉의 때를 묻는다. 사람들에게 행·불행을 주려고 주문을 외운다. 물이나 기타 다른 방법으로 죄를 면하게 하는 정화의례를 행한다. 물과 불로 주문을 건다. 귀신을 부리는 주문을 외운다. 독사를 호리는 기술과 위험으로부터 보호받는 주술을 행한다. 화살로부터 해를 입지 않는 주문을 외운다. 관직에 있는 사람의 직위를 예견해 준다. 동물의 말을 알아들을 수 있는 주술을 행한다. 입에서 불을 내는 이변을 보인다. 안약이나 연고를 사용하여 환상으로 사람을 즐겁게 해 준다. 고행으로 남의 존경심을 사서 이양을 구한다. 국운을 점치거나 예언을 한다.

그러나 석종사문은 그런 짓을 하지 않는다. 나는 오직 참다운 진리를 깨달아 열반에 이르는 길을 걸어 가라고 가르친다."

장아함 14권 21경 《범동경(梵動經)》

불교처럼 일반인들에게 오해되는 종교도 없다. 사람들이 하는 가장 큰 오해는 불교는 길흉화복을 예언하고 점술을 행하는 종교라는 것이

다. 이런 인식은 특히 다른 종교를 믿는 사람일수록 더 심하다. 그들은 '불교' 하면 아예 무속신앙이나 점쟁이를 연상한다.

하긴 이런 오해가 전혀 터무니없는 것도 아니다. 시내 곳곳에 있는 점집은 불교를 상징하는 만(卍)자 표지를 내걸고 이름도 'ㅇㅇ암'이라고 절 이름을 표방한다. 문을 열고 들어가면 계룡산에서 10년 수도를 했다는 '보살'이 불상과 탱화를 모시고 있다.

이런 형편은 진짜 절이라고 해서 크게 나을 것이 없다. 신자들은 택일과 관상, 사주와 기도를 위해 절을 찾는다. 이 경우 부처님은 전능하고 초월적인 능력을 행사하는 신과 같은 존재로 바뀌고 스님들은 부처님과 중생을 이어 주는 사제(司祭)와 같은 역할을 한다. '사제'란 말이 근사해서 그렇지 사실은 신과 인간을 소통시켜 주는 무당을 말한다.

그러나 결론적으로 말하면 이는 불교 본래의 모습이 아니다. 무엇보다 부처님이 그런 일을 하면 안 된다고 했다. 혹자는 '포교의 방편'으로 허용해야 한다고 주장하기도 하고, 또 어떤 사람은 사주나 관상은 '통계철학'이라는 말로 그 정당성을 주장하기도 한다. '행복을 빌어 주는 기도가 없으면 불교는 존립 기반이 무너진다'는 말도 한다.

무엇보다 부처님이 그것을 부정했다. 신통을 부려서도 안 되고 점을 쳐서도 안 되고 주술을 행해서도 안 된다고 했다. 그런 것은 다 삿된 일이고 참다운 진리가 아니라는 것이다. 그런데 지금 우리는 불교라는 깃발을 내걸고 그 밑에서 어떤 일을 하고 있는가. 돌아보면 정말 부처님 뵙기가 낯뜨거운 것이 우리의 현실이다. 더욱 안타까운 것은 이 현실을 획기적으로 전환할 대책이 없다는 것이다. 오! 부처님, 이때는 어찌하면 좋을는지요.

제3부
수행자를 위한 훈계

밥보다는 법을 구하라

부처님이 코살라 국 오사라 촌에 계실 때의 일이다. 그곳에는 사리풋타, 목갈라나, 마하카사파, 카트야나, 아니룻다, 아난다 등 이름과 덕망이 높은 장로 제자들이 함께 있었다. 어느 날 부처님은 제자들에게 이렇게 말했다.

"그대들은 마땅히 법을 구하기에 힘쓰고, 음식 구하기를 힘쓰지 말라. 나는 그대들을 진실로 사랑하기 때문에 법을 구하기에 힘쓰고, 음식 구하기에는 힘쓰지 않기를 당부한다. 만일 그대들이 음식 구하기에 힘쓰고 법을 구하기에 힘쓰지 않으면, 이것은 나의 가르침을 제대로 따르는 것이 아니다. 그렇게 하면 수행자로서의 깨끗한 명예도 잃게 된다.

법이 아니라 음식을 구하기 위해서 나를 의지해 수행하는 제자는, 굶주리고 목마를 때 음식이 생기면 그것을 가져다 먹는다. 그래서 하루 동안은 즐겁고 안온하지만 욕심이 생겨 쉽게 자족하지 못하고, 때와 한정을 알지 못하게 되며, 정진과 연좌를 하지 못하게 되어 열반을 얻지 못한다.

음식이 아니라 법을 구하기 위해 나를 의지해 수행하는 제자는, 굶주리고 목이 마를 때 음식이 생기면 그것을 가져다 먹지 않는다. 그래서 비록 하루 동안은 괴롭고 안온하지 않지만 욕심이 적어지고 자족할 줄 알게 되며, 때와 한정을 알게 되며, 정진과 연좌를 하게 되어 열반을 얻는다."

여기까지 말씀한 부처님은 그만 물러나 누우셨다. 나이가 든 데다가 등병이 심한 탓이었다. 그 대신 사리풋타로 하여금 설법하도록 하명했다. 사리풋타는 부처님 대신 수행자들이 번거로움을 떠나 한적한 곳에서 사는 세 가지 이익에 대해 설법하여 많은 수행자들을 이롭게 했다.

중아함 22권 88경 《구법경(求法經)》

 이 경은 부처님이 등병의 고통에도 불구하고 설법한 내용을 기록한 것이다. 분위기로 보아 만년의 어느 날 제자들을 나무라는 장면으로 추측된다.

여기서 부처님이 제자들을 꾸짖는 이유는 어떻게 보면 어처구니없는 것이었다. 진리를 구하기 위해 출가한 수행자라면 작은 이익을 위해 행동하는 것을 경계하는 것이 당연하다. 그런데 일부 제자들은 이런 본분을 망각하고 있었던 것 같다. 그들은 진리보다는 이익을 위해 행동했다. 속말로 '염불보다는 잿밥'에 마음이 팔려 있었던 것이다. 그것은 출가정신을 훼손하는 것이었다. 이를 본 부처님은 안타까운 마음으로 '밥을 구하는 수행자가 되지 말고 법을 구하는 수행자가 되라'고 타이르고 있는 것이다.

부처님이 수행자들에게 밥을 구하지 말고 법을 구하라고 가르친 말씀을 세속적 삶에도 적용된다. 밥이 아니라 법을 구하라는 것은 원칙과 정의에 충실하라는 것이다. 세상을 살다 보면 눈앞의 이익 때문에 원칙이나 정의를 저버리고 싶을 때가 한두 번이 아니다. 솔직하게 말한다면 만약 누가 보지 않거나 보더라도 모른 척만 해준다면 속이고 싶은 일도 많고 훔치고 싶은 것도 많다. 그렇지만 만약 그렇게 욕심대로 행동했다가는 패가망신하기가 불을 보듯 뻔하다. 특히 사회가 점점 더 맑아지고 민주화되면서 이제는 눈 가리고 아웅하며 부정을 저지르거나 불의한 일을 할 수 없다. 그런 일을 하다가는 곧 들통이 나고 망신을 한다.

우리 주변에는 자기 앞의 한치도 보지 못하고 살다가 뒷날 땅을 치는 사람이 수없이 많다. 부정한 방법으로 축재를 하다가 뒷날 높은 공직에 오를 때 그것에 발목잡히는 경우, 권력을 가졌다고 함부로 남을 괴롭히다가 나중에 온갖 비난과 불명예를 뒤집어쓰는 경우가 다 여기에 해당된다. 정의(법)를 추구하지 않고, 이익(밥)을 구하기 위해 살아온 결과다. 그러므로 누구든지 미래의 더 큰 이익을 바란다면 눈앞의 작은 이익에 연연하지 말아야 한다. 소탐(小貪)은 반드시 대실(大失)을 불러오기 때문이다.

소탐대실의 어리석은 길을 가는 사람들에게 어떤 것이 바르게 사는 것인지 모범을 보여 주어야 할 사람은 부처님 제자들이다. 그런데 가끔은 부처님 제자들이 도리어 부끄러운 모습을 보여 주는 일이 없지 않다. 이 경은 그런 우리들에게 부처님이 울려 주는 조용한 목탁소리다.

누구를 위해 수행하는가

부처님이 사케다 마을 푸른 숲에 머물고 계실 때의 일이다. 그 무렵 이 마을의 훌륭한 가문의 세 젊은이가 출가하여 수행하고 있었다. 아니룻다와 난디야와 킴빌라가 그들이었다. 그러나 이들은 젊고 집을 떠난 지가 얼마 되지 않아 아직 청정한 범행을 닦는 데 익숙하지 않고 게을렀다. 어느 날 부처님은 이들을 불러 물었다.

"그대들은 출가한 지 얼마 되지 않았다. 그렇다면 더 열심히 청정범행을 닦고 게으르지 말아야 하는데 그렇지 않다. 이유가 무엇인가?"

부처님은 세 번이나 같은 질문을 했으나 이들은 세 번 모두 대답하지 않았다. 그러자 부처님은 아니룻다를 지목해 물었다.

"아니룻다여, 그대는 젊고 건강하다. 출가하기 전 집에 있을 때는 자주 목욕도 하고 유희를 즐겼으며, 검은 머리결과 그 몸을 아끼고 단장하기를 좋아했다. 부모님은 그대를 몹시도 사랑하여 집을 떠나 도를 닦고자 할 때 슬퍼하며 눈물을 흘렸다. 그럼에도 그대들은 스스로 수염과 머리를 깎고 해진 천으로 만들어진 가사를 입고 집을 떠나 도를 배우고 있다. 아니룻다여, 그대가 출가하여 도를 배우는 것은 왕을 두려워해서도 아니요, 도적을 두려워해서도 아니요, 빚을 지고 피해 도망친 것도 아니다. 어떤 무서운 일을 피하기 위해서도 아니며 먹고 사는 생활을 영위하기 위해서는 더더욱 아니다. 그대가 출가하여 도를 배우는 것은 오직 생로병사와 걱정과 슬픔과 괴로움을 싫어하고, 그로 인해 생기는 더 큰 괴로움에서 벗어나기 위해서다. 그대는 이러한 마음을 가졌기 때문에 도를 닦는 것이 아닌가?"

아니룻다가 작은 목소리로 '그렇다'고 대답하자 부처님이 말씀했다.

"그러나 아니룻다여, 그대는 탐욕과 분노와 어리석음에서 벗어나지 못하여 마음은 즐겁지 않고 몸은 피곤하여 많이 먹는다. 그렇게 되면 굶주림과 목마름과 욕심과 매질을 참지 못하고 온갖 병에 걸려 참지 못하게 된다. 그러나 욕심에서 벗어나고 나쁜 법에 묶이지 않으면 반드시 버림의 즐거움과 위없는 편안함을 얻을 것이다. 아니룻다여, 여래가 왜 그대들에게 일없이 조용한 곳이나 산림 또는 나무 밑이나 바위굴에 머물며 사람들과 멀리하며 악이 없는 곳에서 수행하라고 이르는지 아는가? 두 가지 이유 때문이다. 하나는 수행자가 현재 즐겁게 살도록 하기 위해서요, 또 하나는 후세 사람들을 사랑하고 가엾게 여겨 그들이 본받도록 하기 위해서다."

중아함 18권 77경 《사계제삼족성자경(娑鷄帝三族姓子經)》

 부처님이 젊은 수행자들을 대상으로 훈계하는 모습이 생생하다. 이 경전을 읽다 보면 바로 우리를 두고 질책하는 것 같아 등허리에 식은 땀이 흐른다.

우리가 불교를 믿는 것은 무엇 때문인가? 누가 불교를 믿지 않으면 안 된다고

협박을 했기 때문이 아니다. 내가 잘났다는 것을 자랑하기 위해서도 아니다. 이권을 챙겨 검은 배를 부르게 하기 위해서는 더더욱 아니다. 우리가 불교를 믿는 이유는 오직 한 가지다. 출가자는 부처님의 참된 가르침을 따라 수행함으로써 생사윤회에서 해탈하는 것이 목표다. 재가자로서는 수행에 전념할 수 없다면 보시와 지계공덕을 쌓아 좋은 과보를 얻기 위해 불교를 믿는다. 한마디로 자기 좋으라고 불교를 믿는 것이다. 결코 남에게 좋은 일 하겠다고 불교를 믿는 것이 아니다.

그런데 우리는 이런 목적보다는 엉뚱한 일에 매달려 본말이 전도된 행동을 하는 경우가 많다. 대의는 살피지 않고 작은 말 한마디 때문에 엉뚱한 시비를 한다. 밥 짓는 사람의 노력은 잊은 채 뉘 한 개 들었다고 정성을 탓하는 일이 부지기수다. 지말에 매달려 본질을 잊거나 외면한다. 이래서는 안 된다. 불교를 믿는다면서 부처님 말씀에 어긋나는 부끄러운 짓을 한 적은 없는지 때때로 돌아볼 일이다.

출가와 가출이 다른 점

부처님이 나란다 국 파바리캄바 숲에 계실 때의 일이다. 그 무렵 포탈리야 거사는 희고 깨끗한 옷을 입고, 머리는 흰 수건으로 싸매고, 지팡이를 짚고, 일산을 들고, 이 집에서 저 집으로, 이 숲에서 저 숲으로 다니면서 부처님 제자나 바라문을 만나면 이렇게 말했다.

"나는 세속을 떠났고 세속의 모든 일을 버렸다."

그가 어느 날 부처님 계신 처소로 왔다. 부처님은 그를 보고 이렇게 말했다.

"거사여, 거기 자리가 있으니 앉고 싶으면 앉으라."

"나를 거사라고 부르는 것은 적절하지 않습니다. 나는 세속을 떠나 세속의 모든 일을 버린 사람입니다."

"그대는 거사의 형상을 하고 있는데 세속을 떠났다고 말하고 있다. 그렇다면 어떻게 세속을 떠났는지 말해 보라."

"나는 우리 집 재산을 전부 아들에게 나누어 주고 아무 것도 구하는 바가 없이 놀며 오직 집에 가서 밥을 먹으며 목숨을 보존하고 있습니다. 나는 이렇게 세속의 일을 하지 않고 있으니 세속을 버린 것이 아니고 무엇이겠습니까?"

부처님은 포탈리야의 말을 듣고 빙그레 웃으면서 이렇게 말했다.

"우리 교단으로 출가하는 사람은 그렇지 않다. 우리 교단으로 출가하는 사람은 여덟 가지의 세속 일을 끊어야 세속을 떠나고 세속의 모든 일을 버렸다고 말한다. 그 여덟 가지란 살생을 떠나고, 도둑질을 떠나며, 사음을 떠나고, 거짓말을 떠나며, 탐착을 떠나고, 성냄과 해침을 떠나며, 미움과 질투를 떠나고, 거만을 떠나는 것을 말한다.

왜 이렇게 여덟 가지를 떠나야 하는가? 비유하면 마을에서 멀지 않은 곳에 큰 독사가 있다고 치자. 그 독사는 시커멓고 독이 많아서 한 번 물리면 목숨을 잃게 된다. 어리석지도 미련하지도 않고, 정신이 나가 미치지도 않았으며, 살기를 좋아하고 죽기를 싫어하는 사람이라면 당연히 독사에게 손을 내밀지 않을 것이다. 독사에게 물리면 죽을 것을 알기 때문이다. 그는 가급적 독사가 있는 곳으로부터 멀리 떠나려고 할 것이다. 출가사문은 이러한 이치를 알기 때문에 집을 떠나 거룩한 법을 닦는다. 그리하여 무명과 번뇌에서 해탈하고 목숨을 마친 뒤에는 윤회의 길에서 벗어나는 것이다."

포탈리야는 부처님의 말씀을 듣고 기뻐하며 삼보에 귀의하고 우바새가 되었다.

중아함 55권 203경 《포리다경(晡利多經)》

출가에는 세 가지 단계가 있다고 한다. 첫째는 육친출가(六親出家), 둘째는 오온출가(五蘊出家), 셋째는 법계출가(法界出家)가 그것이다.

육친출가란 부모, 형제, 처자로부터 떠나는 출가를 말한다. 육친을 떠난다는 것은 곧 집을 떠난다는 것을 의미한다. 애욕에 사로잡힌 보통 사람으로서는 육친과 집을 떠난다는 것이 결코 쉬운 일이 아니다. 더욱이 출가가 온갖 세속적 욕망의 삶을 포기하는 것이라 할 때 떠난다는 그 자체만으로도 출가는 의미가 있다. 그래서 서양의 한 불교학자는 부처님의 출가를 '위대한 포기'라고 했는데 참 적절한 표현이 아닌가 싶다.

오온출가란 육체적 집착에서 떠난다는 뜻이다. 오온이란 색(色)·수(受)·상(想)·행(行)·식(識)을 뜻하는 불교용어로 인간의 정신과 육체를 포괄하는 말이다. 인간은 누구나 '자아', 즉 자신에 대한 집착을 버리지 못한다. 내 것, 내 집, 내 아내, 내 아들……, 이 세상의 모든 문제는 실로 이 자기에 대한 집착에서 비롯된다. 그리고 이 나에 대한 집착이 강하면 강할수록 이기주의는 강고해진다. 아무리 육친출가를 했다고 하더라도 자기에 대한 집착에서 벗어나지 못하면 출가는 형식에서 끝나게 된다.

법계출가란 진리의 세계에서도 떠나는 것을 말한다. 실로 세상에는 참으로 많은 진리가 있다. 모든 진리는 그 나름의 논리와 정당성을 가지고 있기 때문에 반대의 진리를 용납하지 않는다. 이 독단과 편견은 자칫하면 자신과 이웃을 오류와 파멸의 구렁텅이로 몰아넣을 수도 있다. 그러므로 진정한 출가자는 이 독단으로부터 벗어나야 한다. 법계출가라는 말은 요즘 말로 바꾸면 이데올로기에서 자유로워져야 한다는 뜻으로 해석할 수 있다.

불교의 이러한 출가정신은 수행자에게만 적용되는 것이 아니다. 보다 높은 정신적 가치를 추구하는 사람들이 항상 염두에 두어야 할 가치다.

부끄러움은 수행의 첫걸음

 부처님이 사밧티 기수급고독원에 머물 때의 일이다. 어느 날 존자 사리풋타가 비구들에게 이렇게 말했다.

"비구들이여, 만약 수행자가 부끄러움이 없으면 사랑과 공경을 해치게 된다. 사랑과 공경이 없으면 바른 믿음을 해치게 된다. 바른 믿음이 없으면 바른 사색을 해치게 된다. 바른 사색이 없으면 바른 생각을 해치게 된다. 바른 생각이 없으면 바른 지혜를 해치게 된다. 바른 생각과 바른 지혜가 바른 몸가짐을 해치게 된다. 바른 몸가짐이 없으면 바른 계율을 해치게 된다. 바른 계율이 없으면 참다운 즐거움을 해치게 된다. 참다운 즐거움이 없으면 참다운 편안함을 해치게 된다. 참다운 편안함이 없으면 바른 명상을 해치게 된다. 바른 명상이 없으면 바른 견해를 잃게 된다. 바른 견해를 잃게 되면 무욕을 해치게 된다. 무욕을 잃게 되면 해탈을 해치게 된다. 해탈이 없으면 열반을 해치게 된다.

이를 비유하면 마치 나무와 같다. 만약 나무의 겉껍질이 벗겨지면 속살이 상처를 입게 되고, 속살이 상처를 입으면 줄기가 상처를 입게 되고, 줄기가 상처를 입으면 가지가 상처를 입게 되고, 가지가 상처를 입으면 나뭇잎이 상처를 입게 되고. 나뭇잎이 상처를 입으면 꽃이 상처를 입게 되고, 꽃이 상처를 입으면 열매가 상처를 입는 것과 같다. 수행자가 부끄러움을 잃는 것은 이와 같이 모든 것을 잃고 상처를 입게 된다.

그러나 수행자에게 부끄러움이 있으면 사랑과 공경을 익히게 되고 사랑과 공경을 익히면 바른 믿음, 바른 사색, 바른 생각, 바른 지혜, 바른 몸가짐, 바른 계율, 참다운 즐거움, 참다운 편안함, 바른 명상, 바른 견해, 무욕을 익히게 된다. 무욕을 익히면 바른 해탈과 열반을 익히게 된다. 마치 줄기가 건강한 나무가 꽃을 피우고 좋은 열매를 맺는 것과 같다.

그러므로 수행자들은 먼저 부끄러워할 줄 아는 마음을 가져야 한다. 그것이 해탈과 열반의 첫걸음이니라."

중아함 10권 46경 《참괴경(慚愧經)》

불교를 공부하는 사람이 지녀야 할 가장 소중한 덕목은 무엇일까? 얼핏 겸손과 공경, 진실과 근면, 자비와 무욕 같은 단어들이 떠오른다. 그러나 이런 모든 덕목에 앞서 불교인이 가져야 할 마음자세는 부끄러움이다. 왜냐하면 부끄럽다는 생각을 해야 겸손해지고 공경심이 생기고 진실해지고 자비심이 생기기 때문이다.

부끄러움이란 무엇인가? 아직 부족한 것이 많고, 그래서 자랑할 것이 없다는 마음이다. 그 동안 잘했다고 자랑하던 것도 돌아보니 잘못한 것이 너무 많아 고개를 들 수 없다는 마음이 부끄러움이다. 남들은 겸손한 사람이라고 하지만 사실은 존경을 받기 위해 적당히 위장했던 사실을 인정하고 얼굴이 붉어지는 것이 부끄러움이다.

부끄러움은 모든 감정의 바닥이다. 우리의 의식은 이 바닥까지 떨어져야 다시 상승이 가능해진다. 남을 공경하는 것도 스스로 부족하고 부끄러운 줄 알아야 가능하다. 겸손해지는 것도 자기의 부족함을 깨닫는 데서 비롯된다. 중생이 부처가 되고자 하는 마음도 중생으로서 부끄러운 짓을 하고 산다고 인식해야 생긴다. 중생이 인격적으로 상승하지 못하는 것은 부끄러운 줄 모르고 늘 자기가 잘났다는 환상에 빠져 있기 때문이다.

남의 발을 밟아 놓고도 미안하다고 말할 줄 모르는 사람, 부주의한 말 한마디 때문에 남이 힘들어 하는 데도 모른 척하는 사람이 부끄러움을 모르는 사람이다. 부정한 방법으로 출세를 하고, 남의 희생 위에서 돈을 벌었으면서도 혼자 잘나서 그렇게 된 줄 아는 사람이 부끄러움을 모르는 사람이다. 자기는 뒷구멍에서 온갖 더러운 짓을 다하면서 남이 조금만 잘못하면 마치 대역죄라도 지은 듯이 떠들어대며 잘난 척하는 사람이 부끄러움을 모르는 사람이다. 이 세상의 모든 악덕은 바로 이런 후안무치(厚顔無恥)에서 생긴다.

부처님 제자가 되려면 다른 것은 그만두고 우선 부끄러움부터 깨달아야 한다. 나는 무엇인가 아직 부족함이 많은 사람이다, 남 앞에 나서기에는 부족하다고 반성할 때 완전무결은 아니지만 조금이라도 덜 부끄러운 사람이 될 수 있다. 이 경은 우리에게 이것을 깨우쳐 주려는 가르침이다.

처음 마음을 잃지 말라

 부처님이 사밧티 기수급고독원에 계실 때의 일이다. 어느 날 여러 비구들을 모아 놓고 이렇게 말했다.

"그대들은 어떻게 생각하는가? 세상에서 가장 하천하고 힘든 생활이 걸식하는 것이다. 수행자란 머리를 깎고 발우를 들고 가장 하천한 생활을 하는 사람이다. 그래서 세상 사람들은 힘든 생활을 좋아하지 않는다. 그러나 훌륭한 가문에서 태어났으면서도 이 길을 가는 사람은 그만한 까닭이 있기 때문이다. 그들은 생로병사의 시름과 슬픔과 걱정과 번뇌와 온갖 고통을 극복하고 진정한 행복을 성취하기 위해 집을 나와 수행하는 것이다. 그렇지 아니한가?"

비구들은 모두 '그러하다'고 대답했다. 그러자 부처님은 다시 이렇게 말했다.

"그러나 어리석은 사람은 이러한 마음으로 집을 나와 수행을 하면서도 탐욕을 부리고 욕심에 집착한다. 그런 사람은 미움과 질투가 들끓어 바른 믿음이 없으며, 게을러서 바른 생각이 없으며, 나쁜 생각으로 계를 어기며, 바른 행을 닦지 않는다. 그것은 비유하면 어떤 사람이 깨끗해지기를 바라면서 먹물로써 먹물을 씻으려 하거나, 피로써 피를 씻으려 하거나, 똥물로써 똥물을 씻으려 하는 것과 같은 것이다. 그런 사람은 깨끗해지기는커녕 더러움에서 더러움만 더할 뿐이며, 지혜로워지기는커녕 어둠에서 어둠으로 들어가는 것과 같다.

또한 어리석은 사람은 출가사문의 계를 지녔으면서도 탐욕에 집착함이 더욱 크고, 마음에는 안개가 자욱하여 미워하고 질투하며 믿음이 없으며, 게을러서 바른 생각을 하지 않으며, 명상을 제대로 하지 않아 미치광이처럼 헐떡거리며, 모든 감각기관이 어지러워 계를 지키지 못한다. 이런 사람은 세속에서도 쓸모 없는 사람이지만 출가사문으로서도 쓸모가 없다. 이는 비유하면 마치 쓸데없는 장소에서 목적도 없이 불을 지피다 남은 나무와 같아서 어느 곳에서도 쓸데없는 타다 남은 숯검댕이 신세나 다름없다."

중아함 34권 140경 《지변경(至邊經)》

수행자의 제일덕목은 하심과 겸손이다. 세상에서 가장하기 힘든 걸식을 하는 것도 하심과 겸손을 실천하기 위한 것이다. 부처님은 제자들을 가르칠 때 누누이 이 점을 강조했다. 좋은 집안의 자제로서 출가한 것은 호의호식을 하기 위해서거나 뜬구름에 불과한 이름을 드날리기 위해서가 아니다. 오직 번뇌를 극복하고 열반을 성취하기 위해서다. 그렇다면 무엇보다 교만과 아집을 극복하고 자기를 낮추는 일부터 몸에 익히는 것이 중요하다. 이것이 지금 부처님이 하고자 하는 말씀의 요지다.

그러나 부처님 당시부터 이러한 출가정신을 훼손하는 사람들이 적지 않았던 것 같다. 부처님이 많은 경전에서 자주 이 문제를 거론하고 있다는 것이 그 반증이다. 이러한 사정은 오늘도 마찬가지다. 불교교단은 해마다 많은 발심수행자를 배출한다. 하지만 이들 중 일부는 형색만 출가자일 뿐 실제로는 처음 마음(初心)을 상실한 사람이 적지 않다. 그러다가 자신도 모르는 사이에 '타다 남은 숯검댕이' 같은 신세가 되어간다. 재가불자들도 마찬가지다. 부처님의 가르침을 충실하게 따르기를 맹세하고도 삼독심에서 벗어나지 못하는 일이 더하면 더했지 못하지 않다. 불자로서 안타깝고 민망한 일이다.

　이런 현상이 비단 종교의 세계에만 있는 것은 아니다. 청운의 뜻을 품고 나선 정치가나 공무원, 교사, 예술가 등도 마찬가지다. 처음에는 독재정권의 도덕적 부패를 질타하던 사람이 권력을 행사하는 자리에 가더니 더 빠른 속도로 부패하더라는 얘기는 이제 새로울 것도 없다. 학생을 가르치는 스승이 돈 받고 성적을 조작하고 입시부정에 개입했다는 얘기도 자주 들린다. 보통 사람들을 우습게 여기는 예술가들의 지저분한 뒷거래 얘기를 들으면 어제 먹은 구역질이 날 정도다.

　사회적으로 어느 정도 명예를 갖고 존경을 받는 것은 그만한 자기희생을 하며 살았기 때문이다. 교육자라고 반드시 배고플 이유는 없다. 하지만 남을 가르치려면 최소한 부정한 일에는 개입하지 말아야 한다. 사회를 감시하는 언론인이나 남의 죄를 묻는 사법권자, 이를 감시하는 시민난체도 예외가 아니다. 뒷구멍으로 자기가 하는 일은 괜찮고 남이 하는 일은 비난하는 것은 염치없는 일이다. 겸손하게 자기를 돌아보아야 남에게 부끄럽지 않을 수 있다. 그건 그렇고 이런 말을 하는 나 자신은 어떤가? 경전을 읽다가 부끄러워서 쥐구멍이라도 있으면 숨고 싶은 심정이다.

이쯤은 돼야 수행자다

부처님이 열반에 드신 지 오래 되지 않았을 때의 일이다. 그때 존자 박쿨라는 라자가하의 칼란다카 대나무 숲에 머물고 있었다. 어느 날 출가하기 전의 친구인 이교도 한 사람이 찾아와 이렇게 물었다.

"그대는 출가하여 도를 배운 지 80년이 되었다. 그래서 묻는 말인데 솔직하게 대답해 주었으면 한다. 그대는 그 동안 혹시 음욕을 일으킨 적은 없었는가?"

"친구여, 나는 음욕은 고사하고 어떤 종류의 탐욕스런 생각(欲想)도 일으킨 적이 없다."

이렇게 대답한 박쿨라는 이를 계기로 다시 젊은 비구들에게 말했다.

"비구들이여, 나는 출가하여 바른 법을 배운 지 80년이 지났지만 한 번도 탐욕스런 생각을 일으킨 적이 없다. 다 떨어진 누더기 옷(糞掃衣)을 입었으면서도 옷매무새에 신경을 쓰지 않아서 아직 한 번도 옷감을 끊어서 옷을 해 입거나 보시를 받은 적이 없다. 그리고 이 사실을 자랑해 본 적도 없다.

비구들이여, 나는 출가하여 바른 법을 배운 지 80년이 지나도록 걸식하면서 지내 왔지만 음식 요청을 받지도 않았고 풍성한 음식을 탐내지도 않았다. 그리고 이 사실을 자랑해 본 적도 없다.

 비구들이여, 나는 출가하여 바른 법을 배운 지 80년이 지났지만 아직 한 번도 사미를 기른 적이 없고, 자신의 이익을 위해 속인에게 법을 설한 적이 없으며, 한 번도 앓아 본 적도 없으며, 병을 핑계로 약을 먹어 본 적도 없었다. 그리고 이 사실을 자랑해 본 적도 없다.

 비구들이여, 나는 출가하여 바른 법을 배운 지 80년이 지났지만 한 번도 벽이나 나무에 기대 본 적이 없다. 나는 3달증(三達證 : 숙명통, 천안통, 누진통)을 얻었다. 그리하여 가부좌를 틀고 앉아서 편안하게 열반에 들 수 있다. 그러나 이 사실을 자랑해 본 적이 없다."

중아함 8권 34경 《박구라경(薄拘羅經)》

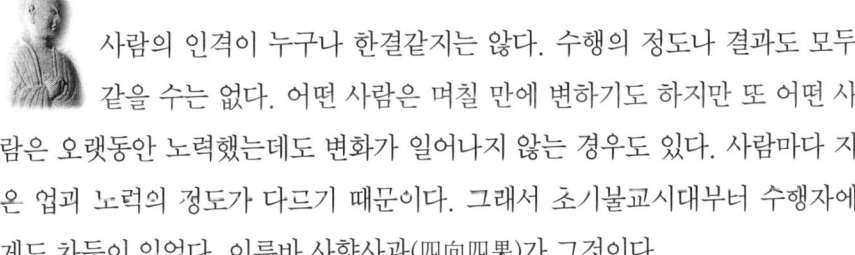

사람의 인격이 누구나 한결같지는 않다. 수행의 정도나 결과도 모두 같을 수는 없다. 어떤 사람은 며칠 만에 변하기도 하지만 또 어떤 사람은 오랫동안 노력했는데도 변화가 일어나지 않는 경우도 있다. 사람마다 지은 업과 노력의 정도가 다르기 때문이다. 그래서 초기불교시대부터 수행자에게도 차등이 있었다. 이른바 사향사과(四向四果)가 그것이다.

 사향사과란 수행자의 계위를 수다원(預流)·사다함(一來)·아나함(不還)·아라한(無學)의 4단계로 나누고 그 출발에 선 사람을 향(向), 그 위치에 도달한 사람을 과(果)라고 한다. 수다원을 예로 들면 성스러운 삶을 시작한 단계가 수다원향이고 실천하는 것이 수다원과다. 사다함은 한 번 실수는 하지만 다시는 안 하는 경지, 아나함은 실수를 반복하지 않는 경지, 아라한은 완전한 성자의 경지를 말한다. 이러한 계위는 대승불교에 이르면 보살의 53위로 세밀하게 발전하게 된다.

이 경에 나오는 박쿨라 존자는 아마도 최고의 경지인 아라한에 이른 장로인 것 같다. 출가한 이래 80년 동안 계율을 지키며 마음으로 탐욕을 일으키지 않고 이 사실을 자랑해 본 적도 없다면 이런 사람이야말로 장로의 칭호에 어울리는 참다운 수행자라 할 것이다.

우리 주변에도 출가, 재가를 막론하고 박쿨라 존자처럼 오랫동안 불교를 공부한 수행자들이 많다. 스님들에게 있어서 법랍(法臘)이 오래 되었다는 것은 그만큼 진실한 수행을 많이 했다는 시간적 증거에 속한다. 누구든 오랫동안 한 분야에서 공력(功力)을 쌓았다면 지식이나 인격에서 남보다 훌륭할 것은 불문가지다. 그래서 우리는 한 분야에서 오랫동안 종사한 사람에게 존경을 표하는 것이다.

그런데 문제는 다른 사람이 아니라 나 자신에게도 이런 기대를 해도 좋은가 하는 점이다. 돌아보면 나도 다른 사람에 비하면 제법 오랫동안 부처님의 가르침을 믿고 공부를 한 사람 축에 속한다. 그런 나에게 누가 '당신은 과연 사향사과 어디쯤에 해당하는 인격을 갖추었는가'라고 묻는다면 뭐라고 대답을 할지, 그리고 이 경전을 읽고 있는 당신은 어느 정도인지 묻는다면 뭐라고 할는지, 참으로 걱정되는 것은 우리 모두가 겉으로는 불자인 척하면서 속으로는 비신자(非信者)만도 못한 것이 아닌가 하는 것이다.

불자의 이름에 합당한 사람

부처님이 앙가 국 마읍 마림사에 계실 때의 일이다. 어느 날 부처님은 비구들에게 출가사문의 이름에 합당한 사람이 누구인지에 대해 말했다.

"사람들은 그대들을 보고 출가사문이라 부른다. 그대들도 사람들에게 스스로를 출가사문이라 말한다. 그렇다면 그대들은 마땅히 이름에 합당한 도를 배워야 할 것이다. 그렇지 않으면 거짓사문이라 할 것이며, 의복과 음식과 평상과 탕약을 공양받을 자격이 없다. 그대들이 이름에 합당한 사문이 되어야 공양하는 사람들도 큰 공덕을 지어서 갚음을 받을 것이다."

여기까지 말씀한 부처님은 그러면 어떤 것이 사문이 닦고 배워야 할 법인가에 대해 다음과 같이 말씀했다.

"먼저 몸으로 하는 행동을 청정하게 해야 하나니, 몸으로 어떤 행동을 드러내 놓고 해도 부끄러움이 없고 흐트러짐이 없어야 한다. 또 입으로 하는 행동을 청정하게 해야 하나니, 입으로 어떤 행동을 드러내 놓고 해도 부끄러움이 없고 흐트러짐이 없어야 한다. 또 마음속으로 하는 생각을 청정하게 해야 하나니, 마음속으로 어떤 생각을 드러내 놓고 해도 부끄러움이 없고 흐트러짐이 없어야 한다.

또 생활수단으로 하는 행동을 청정하게 해야 하나니, 생활수단으로 어떤 행동을 드러내 놓고 해도 부끄러움이 없고 흐트러짐이 없어야 한다. 또 감각기관을 잘 다스려 통제해야 하나니, 감각기관을 잘 막고 통제하여 부끄러움이 없고 흐트러짐이 없어야 한다. 즉 안(眼)·이(耳)·비(鼻)·설(舌)·신(身)·의(意)가 색(色)·성(聲)·향(香)·미(味)·촉(觸)·법(法)을 만나더라도 탐욕과 성냄과 슬픔과 기쁨이 일어나지 않도록 해야 한다. 또 위의를 잘 갖추어야 하나니, 앉고 서고 눕고 구부리고 펴는 몸가짐을 드러내 놓고 해도 법도에 어긋나지 않고 부끄러움과 흐트러짐이 없어야 한다.

이렇게 몸과 입과 마음속으로 하는 생각이 청정하고, 생활수단이 청정하며, 감각기관을 잘 단속하고, 위의를 잘 갖추었더라도 그것을 뽐내지 않고, 남을 깔보지도 않으며, 마음속에 더러움이 없어야 한다. 그래야 모든 사문이 칭찬받을 수 있다. 이런 사람을 가리켜 거짓사문이 아니며 이름에 합당한 출가사문이라 하느니라."

중아함 48권 182경 《마읍경(馬邑經)》

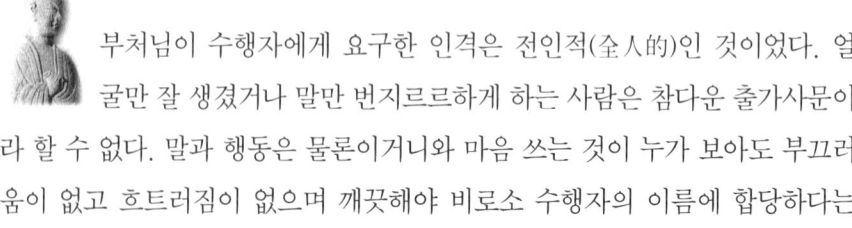

부처님이 수행자에게 요구한 인격은 전인적(全人的)인 것이었다. 얼굴만 잘 생겼거나 말만 번지르르하게 하는 사람은 참다운 출가사문이라 할 수 없다. 말과 행동은 물론이거니와 마음 쓰는 것이 누가 보아도 부끄러움이 없고 흐트러짐이 없으며 깨끗해야 비로소 수행자의 이름에 합당하다는 것이다. 만약 조금이라도 이런 조건에서 하자가 있다면 거짓사문에 불과하다는 것이 부처님의 말씀이다.

  부처님이 제시한 이런 기준을 현재 우리에게 적용시켜 보면 어떤 결과가 나올까? 모르긴 해도 이 관문을 통과할 사람이 그리 많지는 않을 것 같다. 내세우기는 20년, 30년 수행을 했다면서 하는 행동이라고는 부처님의 가르침을 따르지 않는 사람보다 못한 후안무치배가 한둘이 아니다. 그만큼 우리는 부처님의 가르침에서 멀리 떨어져 있다는 뜻이다.

  이런 점은 반드시 출가수행자에게만 적용되는 것이 아니다. 부처님의 가르침을 따르는 모든 사람을 '불자'라고 한다면, 이 기준은 당연히 재가의 불자에게도 적용되어야 한다. 그리고 우리 모두는 '생활수단'으로 하는 행동은 과연 깨끗했는지, '법도에 어긋난 일'을 한 적은 없는지도 물어보아야 한다. 몸과 입과 마음은 깨끗한지도 돌아보아야 한다.

  이런 마음으로 이 경전을 읽으면 우리는 어떤 결론에 이르게 될까? 아마도 부처님 앞에 얼굴 내밀고 말하기가 부끄러운 것이 한두 가지가 아닐 것이다. 그렇다면 공연히 남의 말을 함부로 할 일이 아니다. 그럴 시간이 있으면 조금이라도 자기 밑이나 닦는 데 힘써야 할 것이다. 자기 눈에 낀 대들보는 보지 못하고 남의 손에 든 가시를 시비한대서야 어디 참다운 불자라 할 수 있겠는가.

  남 앞에서 잘난 척하는 사람들일수록 설사 도덕적으로 자신 있다고 하더라도 자기를 내세워 뽐내지 말고 남을 깔보지 말라고 이르신 부처님의 말씀을 다시 한 번 가슴에 새겨 둘 일이다.

가난해도 행복한 사람

부처님이 녹야원에 머물고 있을 때의 일이다. 그때 존자 아니룻다는 수저림에 있었는데 욕심이 없어 마음이 편안한 경지에 도달해 있었다. 그는 해진 옷을 입으면서도 왕이나 신하가 옷을 상자 가득 넣어 두고 아침 저녁 마음대로 꺼내 입는 것과 같은 행복을 누렸다. 숲에 있으면서도 다락같이 좋은 궁전에서 편안한 침대나 평상에서 비단 이불을 덮는 것과 같은 행복을 누렸다. 걸식으로 주린 배를 채우면서도 왕이나 부자가 깨끗하고 맛있는 음식을 먹는 것과 같은 행복을 누렸다.

부처님은 이 같은 아니룻다의 수행을 크게 찬탄하고 이를 계기로 제자들에게 수행자가 지녀야 할 여덟 가지 생각을 조목 조목 나누어 설법했다.

"도는 욕심이 없는 것에서 얻어지는 것이지 욕심이 있는 데서 얻어지는 것이 아니다. 그래서 수행자는 욕심이 없는 상태가 되면 스스로 그렇게 된 줄 알지만, 그렇다고 남에게 내가 욕심이 없다는 것을 애써 알리려 하지 않는다. 또한 도는 만족할 줄 아는 데서 얻어지는 것이며 만족할 줄 모르는 데서 얻어지는 것이 아니다. 그래서 수행자는 만족할 줄 알아 옷은 다만 몸을 가리기 위해 입으며, 밥은 다만 배를 채우기 위해 먹는 것이다.

　도는 멀리 떠나는 데서 얻어지는 것이지 모임을 즐겨 하거나 모임에 어울리는 데서 얻어지는 것이 아니다. 그래서 수행자는 멀리 떠나기를 행하되 욕심에서 떠나고 번뇌에서 떠남으로써 도를 이루고자 한다. 또한 도는 부지런히 닦는 데서 얻어지는 것이지 게으름에서 얻어지는 것이 아니다. 그래서 수행자는 언제나 부지런히 악업을 끊고 모든 선법을 닦으며 항상 스스로 전일하고 견고한 뜻을 잃지 않도록 하며 모든 선을 위해 방편을 잃지 않는다.

　도는 바른 생각에서 얻어지는 것이지 잘못된 생각에서 얻어지는 것이 아니다. 그래서 수행자들은 육신은 깨끗한 것이 아니며(身念處), 고락을 생각하는 것은 괴로움이며(受念處), 마음은 고정된 것이 아니어서 늘 변하는 것이며(心念處), 만유에는 불변의 자아가 없다(法念處)는 사념처를 닦는다. 또한 도는 고요한 생각에서 얻어지는 것이지 어지러운 생각에서 얻어지는 것이 아니다. 그래서 수행자들은 욕심을 떠나고, 선과 악의 법을 떠나서 제4선을 성취하고 거기에서 노닌다.

　도는 지혜에서 얻어지는 것이지 어리석음에서 얻어지는 것이 아니다. 그래서 수행자는 지혜를 닦아 흥망성쇠의 법을 관찰하고 분별하며 성스러운 지혜를 밝게 통달하여 괴로움에서 벗어난다. 또한 도는 침묵의 명상에서 얻어지는 것이지 이론을 희롱하거나 즐기는 것에서 얻어지는 것이 아니다. 그래서 수행자는 언제나 실없는 희론을 멀리하고 무여열반에 머물러 항상 즐거움과 기쁨에 머무른다."

중아함 18권 74경 《팔념경(八念經)》

불교는 물질적 욕구를 충족시키는 방법을 가르치는 종교가 아니다. 물질이란 아무리 채워도 부족감만 더해진다. 물질적 욕망의 추구는 마치 바닷물을 마시면 더욱 갈증만 더해지는 것과 같다. 그래서 부처님은 자주 무욕의 행복함에 대해 설법하곤 했다. 어느 경전에서 부처님은 이렇게 말하기도 했다.

"히말라야를 둔갑시켜 황금을 만들고 그것을 다시 배로 늘린다 하더라도 사람들이 욕심을 버리지 않는 한 세상은 즐겁지 않다."

우리가 불교를 믿는 것은 마음의 행복을 얻기 위해서다. 마음의 행복은 물질이 충족된다고 얻어지는 것이 아니다. 어떤 사람은 물질이 부족해도 편안하게 살고 어떤 사람은 풍족해도 부족하다고 느낀다. 그래서 부처님은 욕망을 채우려하기 보다는 만족할 줄 알아야 한다고 가르친다. 《법구경》〈안락품〉에 보면 이런 유명한 게송이 있다.

병 없이 건강한 것이 가장 큰 이익이요,	無病最利
만족할 줄 아는 것이 가장 큰 부자다.	知足最富
신뢰가 두터운 것이 가장 좋은 벗이요,	厚爲最友
열반에 이르는 것이 최고의 행복이다.	泥洹最快

이런 말을 들으면 '그것은 출가자에게나 가능한 것이지 재가자에게는 불가능하다. 욕심이 없다면 세상을 살 수가 없다'며 반발을 하고 싶은 것이 우리의 솔직한 속내다. 그렇다면 어떻게 해야 하는가. 그래도 부처님의 대답은 같을 것 같다. 차라리 가난해지더라도 갈증을 없애는 것이 진정한 행복이라는 것이다.

수행자가 세워야 할 서원

부처님이 사밧티 기수급고독원에 계실 때의 일이다. 어느 날 한 수행자가 '구족계를 받고 고요한 곳에서 관법을 닦아 성취하리라'고 생각하고 부처님께 이 뜻을 말했다. 부처님은 이를 계기로 수행자가 어떤 원을 세우고 수행해야 하는지에 대해 말씀했다.

"수행자들이여, 그대들은 마땅히 이와 같은 서원을 세워야 한다.

부처님의 은혜를 갚기 위하여 구족계를 받고 고요한 곳에서 관법을 수행하여 성취하리라는 원을 세워야 한다. 친족이 천상에 태어나게 하기 위하여 구족계를 받고 고요한 곳에서 관법을 수행하여 성취하리라는 원을 세워야 한다. 내게 음식과 의복과 모든 생활도구를 보시하는 사람에게 큰 공덕이 있도록 하기 위해 구족계를 받고 고요한 곳에서 관법을 수행하여 성취하리라는 원을 세워야 한다. 굶주림과 목마름, 추위와 더위, 모기와 등에의 욕설과 매질을 참으며 몸에 병이 들어 목숨이 끊어지려 한다 하더라도 구족계를 받고 고요한 곳에서 관법을 수행하여 성취하리라는 원을 세워야 한다. 즐겁지 않은 일을 견디고 즐겁지 않은 일이 생기더라도 집착하지 않기 위하여 구족계를 받고 고요한 곳에서 관법을 수행하여 성취하리라는 원을 세워야 한다.

수행자들이여, 그대들은 두려움을 견디고 두려움이 생기더라도 끝내 거기에 집착하지 않기 위하여 구족계를 받고 고요한 곳에서 관법을 수행하여 성취하리라는 원을 세워야 한다.

내게 만약 욕심과 분노, 해침의 생각이 생기더라도 거기에 집착하지 않기 위하여 구족계를 받고 고요한 곳에서 관법을 수행하여 성취하리라는 원을 세워야 한다. 욕심을 떠나고 초선과 내지 4선을 성취하기 위하여 구족계를 받고 고요한 곳에서 관법을 수행하여 성취하리라는 원을 세워야 한다.

수행자들이여, 그대들은 모든 번뇌를 끊고 수다원과를 얻기 위하여, 사다함과를 얻기 위하여, 아나함과를 얻기 위하여, 아라한과를 얻기 위하여 구족계를 받고 고요한 곳에서 관법을 수행하여 성취하리라는 원을 세워야 한다."

중아함 26권 105경 《원경(願經)》

사람은 누구나 가슴에 소원을 품고 산다. 학생은 공부를 잘해서 장학금을 타보는 것이 소원이다. 운동선수는 운동을 잘해 세계챔피언이 되는 것이 소원이다. 가수는 노래를 잘해 음반이 100만 장쯤 팔렸으면 하는 것이 소원이다. 정치가는 국민의 마음을 얻어 국회의원이 되거나 대통령이 되는 것이 소원이다. 문학가는 불멸의 명작을 남기고 싶고, 학자는 남들이 모두 감탄할 논문을 쓰는 것이 소원이다.

그러나 이런 소원이 누구나 다 이루어지는 것은 아니다. 그래서 가끔은 절대자에게 소원을 말하고 그것이 이루어지기를 바란다. 이것이 이른바 기원(祈願)이다. 그러나 불교에는 이렇게 절대자에게 소원을 비는 '기원'이 없다. 팔만대

장경 어디를 읽어 보아도 부처님에게 기도하고 소원을 빌라는 말은 보이지 않는다. 도리어 부처님은 절대자를 상정하고 그에게 공양하고 소원을 비는 행위를 무익하다고 했다.

불교에는 기원이 없는 대신 서원과 발원이 있다.

서원(誓願)이란 어떤 일을 하겠다는 다짐이고, 발원(發願)은 그러한 다짐을 지속해 가는 것을 말한다. 이 경에서도 부처님은 수행자가 어떤 다짐을 해야 하는가에 대해 말하고 있을 뿐 기도를 하라고 말하지는 않는다. 이러한 서원의 사상은 대승불교에서 특히 강조한다. 모든 불보살은 불도를 성취해서 중생을 제도하겠다는 서원을 세운다. 아미타불 48대원, 약사여래 12대원, 보현보살 12대원 등이 대표적이다. 대승불교의 불보살이 갖는 서원의 특징은 자기보다는 남을 위해 헌신하겠다는 것이다. 그 방법도 절대자의 힘이 아니라 스스로 하겠다는 것이다. 유명한 이산교연(怡山皎然)이나 나옹혜근(懶翁慧勤) 화상의 발원문도 읽어 보면 이런 내용으로 되어 있다.

지금까지 많은 사람들은 서원사상의 연원을 대승불교 보살사상에서 찾았다. 또 이타적 서원을 강조하지 않는 불교는 소승이라고 매도해 왔다. 그러나 이 경에서 보듯이 초기불교 시대에도 이미 서원사상이 있었다. 수행자들이 진지한 수행을 다짐하는 이유는 나와 남을 이롭게 하기 위해서였다. 따라서 결론은 이렇다. 대승불교의 이타적 서원사상도 실은 초기불교 시대 부처님의 가르침에 뿌리를 두고 있다는 것이다. 이 경전이 그 좋은 예다.

사념처를 바르게 닦는 공덕

 부처님이 쿠루수의 수도 캄마싯담마에 계실 때의 일이다. 어느 날 부처님은 제자들에게 사념처 닦는 법에 대해 말씀했다.

"중생들을 깨끗하게 하고 근심과 두려움을 없애 주며 괴로움과 번뇌를 멸하게 하는 수행방법이 있으니 사념처(四念處)가 그것이다. 과거의 모든 부처님도 사념처를 바르게 닦아 위없는 깨달음을 얻었으며 미래의 모든 부처님도 사념처를 바르게 닦아야 위없는 깨달음을 얻게 될 것이다. 사념처란 무엇인가? 몸(身)과 느낌(受)과 마음(心)과 만유(法)를 있는 그대로 관찰하여 그 생각에 머무르는 것이다.

어떻게 하는 것이 몸을 있는 그대로 관찰하는 것인가? 다니거나 머무르거나 앉거나 눕거나 자거나 깨거나 할 때 있는 그대로 관찰하는 것이다. 또 바깥을 출입하거나 옷을 입고 벗을 때, 말하거나 침묵할 때, 들숨과 날숨을 쉴 때 그 현상을 있는 그대로 알고 관찰하는 것이다. 또 몸이 잘생겼든 못생겼든 머리끝에서 발끝까지 부정한 것으로 가득 차 있다고 관찰하고, 송장이 까마귀나 솔개에 쪼아 먹히고 불에 태워지거나 땅에 묻히고 썩어 문드러지는 것을 보고 자기 몸도 그렇게 될 것을 관찰한다. 몸을 관찰할 때는 윗니와 아랫니를 서로 붙이고 혀는 입천장에 대고 마음을 다스려 번뇌를 끊고 멸하여야 한다. 몸을 이렇게 있는 그대로 관찰해 아는 것을 신념처관(身念處觀)이라고 한다.

어떻게 하는 것이 느낌을 있는 그대로 관찰하는 것인가? 몸이나 마음의 즐거운 느낌과 괴로운 느낌, 즐겁지도 괴롭지도 않은 느낌을 있는 그대로 관찰하는 것이다. 음식을 먹을 때나 욕구가 일어날 때의 즐거운 느낌과 괴로운 느낌, 즐겁지도 괴롭지도 않은 느낌을 있는 그대로 관찰하는 것이다. 느낌을 이렇게 있는 그대로 관찰해 아는 것을 수념처관(受念處觀)이라고 한다.

어떻게 하는 것이 마음을 있는 그대로 관찰하는 것인가? 욕심과 노여움이 일어났다가 사라지거나 어리석음과 슬기로운 마음, 겸손함과 으스댐, 더러운 마음과 깨끗한 마음, 안정된 마음과 산란한 마음이 일어났다가 사라지는 상태를 있는 그대로 관찰하는 것이다. 마음을 이렇게 있는 그대로 관찰해 아는 것을 심념처관(心念處觀)이라 한다.

어떻게 하는 것이 만유를 있는 그대로 관찰하는 것인가? 안·이·비·설·신·의는 색·성·향·미·촉·법을 인연하여 번뇌가 생기는 것이니 마음에 번뇌가 있으면 있는 그대로, 없으면 없는 그대로 관찰해 아는 것이다. 만유를 이렇게 있는 그대로 관찰해 아는 것을 법념처관(法念處觀)이라고 한다."

부처님은 이어서 이렇게 말씀했다.

"만약 어떤 수행자가 7년 동안 사념처를 바르게 닦으면 현세에 구경지를 얻거나 최소한 아나함과를 얻을 것이다. 7년은 그만두고 7개월 동안만, 7개월은 그만두고 7일 동안, 7일은 그만두고 아침저녁 동안만 사념처에 바르게 머물게 되면 그에 합당한 경지에 나아가게 될 것이다."

중아함 24권 98경 《염처경(念處經)》

팔정도(八正道) 가운데 '정념(正念)'이라는 항목이 있다. '바른 생각'이라는 뜻인데 여기서 바른 생각이란 사념처를 바르게 닦는 것을 말한다. 대체로 인간의 생각은 네 가지 문제와 관계가 있다. 몸과 관련된 것, 느낌과 관련된 것, 마음에 관한 것, 어떤 이념에 관한 것 등이다. 우리는 매순간 이런 것들에 대해 생각하고 지낸다. 사념처란 이때 항상 바른 생각을 해야 한다는 것이다.

사념처란 신(身)·수(受)·심(心)·법(法), 즉 몸과 느낌과 마음과 법에 대해 관찰하되 이렇게 해야 한다는 것이다. 신념처(身念處)는 부모로부터 받은 이 몸은 아무리 건강하고 아름다워도 반드시 무너지는 것이며 깨끗하지 않다고 보아야 한다는 것이다. 수념처(受念處)는 음욕이나 재물이나 우리가 좋아하는 모든 즐거운 것은 그것이 참다운 즐거움이 아니라 고통을 가져오는 것이라고 보아야 한다는 것이다. 심념처(心念處)는 우리의 마음이란 항상 그대로 있는 것이 아니고 변하는 것이라고 생각해야 한다는 것이다. 법념처(法念處)는 모든 만유는 실체가 없고 나에게 속한 모든 것도 나의 소유물이 아니라고 보아야 한다는 것이다. 즉 신수심법(身受心法)에 대해 깨끗하지 않고(不淨) 괴로운 것이며(苦痛) 영원하지 않고(無常) 실체가 없다(無我)고 관찰하는 것이 바른 생각이라는 것이다.

이렇게 관찰하는 것은 일체의 집착과 속박에서 벗어나기 위해서다. 이렇게만 닦아 나가면 누구라도 열반의 과보을 얻게 된다는 것이다. 그래서 대승불교에 오면 열반사덕(涅槃四德)이라 하여 상(常)·낙(樂)·아(我)·정(淨)이 다시 긍정된다. 즉 열반의 덕은 영원하며(常), 즐거운 것이며(樂), 능동적인 자재자이며(我), 청정한 것(淨)이라고 보게 된다는 것이다.

수행자가 얻는 과보

부처님이 나열기성 암바라 동산에 계실 때의 일이다. 그 무렵 아사세는 부왕 파세나디를 살해하고 왕위에 올랐는데 죄의식 때문에 마음이 편치 않았다. 어느 보름날 밤, 아사세는 불편한 심기를 달래기 위해 주변 사람들에게 '오늘처럼 달 밝은 밤에는 무엇을 해야 마음이 편안해질까'를 물었다.

사람들은 제각각 '목욕을 한 뒤 미녀들과 어울려 놀아 보라.' '군사를 이끌고 국경의 반란을 진압한 뒤 돌아와 연회를 하자.' '산책을 나가 천하의 순역(順逆)을 살펴라.' '여섯 명의 유명한 바라문(六師外道)을 찾아가 얘기를 나누어 보라.'고 했다.

이때 수명이라는 젊은이가 나서서 '부처님을 찾아뵈어라'고 했다. 수명의 권고대로 암바라 동산으로 가자 그곳은 수많은 비구들이 있다고 믿기에는 너무나 조용했다. 아사세는 수명이 비구들과 짜고 자기를 함정에 빠뜨리는 것이 아닌가 의심했다. 수명은 '비구들이 한정(閑靜)을 즐기기 때문'이라고 설명을 하고서야 아사세를 부처님 앞에 앉힐 수 있었다.

"여쭈어 볼 것이 있습니다. 사람들은 여러 가지 직업으로 생활하면서 인생을 즐기고 있습니다. 그것은 열심히 살아온 대가일 것입니다. 그렇다면 사문들은 수행을 하면 현재에 어떤 과보를 받는지요?"

"왕은 다른 바라문들에게도 그 질문을 해 본 적이 있는가?"

"푸라나 카사파는 선악의 행위와 그 보응을 부정하는 도덕부정론자였으며, 막칼라 코살라는 인간의 의지에 의한 행위를 인정하지 않는 운명론자였습니다. 파쿠다 카차야나는 인간의 의지 작용을 인정하지 않는 유물론자이고, 아지타 케사캄발린은 내세는 없고 현세가 인생의 전부라고 주장하는 유물론자이자 쾌락주의자였습니다. 산자야 벨라티풋타는 선악이나 내세에 대해 확정적인 대답을 기피하는 회의론자였으며, 니간타 나타풋타는 생명을 영혼과 비영혼으로 구분하는 자이나교도였습니다. 그러나 그들은 만족할 만한 대답을 주지 못했기에 저는 오늘 부처님을 찾아뵙게 되었습니다. 사람들이 갖가지 직업에 충실하면 과보가 있는 것처럼 수행자가 도를 닦으면 현재에 어떤 과보를 받는지요?"

"하나는 사람들의 존경을 받는 것이요, 또 하나는 누진지증(漏盡智證)을 얻는 것이다. 무슨 까닭인가? 그것은 정근하고 전념하여 방일하지 않기 때문이다."

아사세 왕은 자리에서 일어나 부처님께 예배하고 말했다.

"저는 어리석고 어두워서 부왕을 해쳤습니다. 제가 잘못했습니다. 원컨대 저의 참회를 받아 주소서."

"그대는 스스로 허물을 뉘우쳤다. 이제 무서운 재앙에서 빠져 나왔다. 앞으로는 편안할 것이다."

부처님을 친견하고 궁으로 돌아온 아사세는 많은 음식을 장만하여 부처님과 제자들을 초청해 공양을 올렸다. 그는 부처님에게 예배하고 발 밑에 앉아 설법을 들었으며, 삼보에 귀의하고 우바새가 되기를 맹세했다.

장아함 17권 27경 《사문과경(沙門果經)》

이 경전은 불교수행의 최후 목적이 어디에 있는지를 한마디로 대답해주고 있다. 즉 모든 수행자가 최후로 증득하고자 하는 과보는 누진지(漏盡智)에 있다는 것이다. 누진지란 한마디로 '모든 번뇌가 다 사라진 지혜'를 말한다. 불교에서는 유루(有漏)지혜와 무루(無漏)지혜란 말을 자주 쓰는데 이 때 누(漏)는 곧 번뇌를 의미한다. 유루지혜란 아직 불완전한 지혜를 말하고, 무루지혜는 완전한 지혜를 말한다.

그러면 모든 번뇌가 사라진 완전한 지혜란 어떤 경지를 의미하는 것인가? 어떤 사물이나 현상에 대한 집착과 욕구가 사라진 상태, 또는 그런 상태에 도달하기 위한 지혜를 말한다. 우리는 인간으로 살아가는 동안 수많은 욕구와 집착에 빠져 산다. 자기 자신에 대한 집착, 내 것이라는 집착은 이 세상 모든 것을 다 소유해도 끝나지 않는다. 99개를 가졌으면 다 가진 것이나 마찬가지일 텐데 1개를 더 갖지 못해 안달을 하는 것이 우리들이다.

이렇게 해서는 영원토록 편안함을 얻을 수 없다. 진정한 편안함을 채우는 것에서 얻어지는 것이 아니라 비우는 것에서 얻어진다. 왕관과 재산을 얻고자 아버지까지 죽여도 욕심을 버리지 않는 한 마음의 편안함은 얻지 못한다. 진정한 편안함은 미워하는 사람도 껴안고, 남을 위해 나누는 데서 얻어진다. 우리가 아직도 고통에서 헤매는 까닭은 다른 데 있지 않다. 아사세 왕처럼 아직도 무엇인가 부족하다고 느끼기 때문이다.

우리가 진정으로 마음이 편안해지고 행복해지기를 바란다면 방법은 하나뿐이다. 현실적으로 매우 어려운 일이긴 하지만 출가사문들처럼 유루의 지혜와 복이 아니라 무루의 지혜와 복을 얻도록 노력하는 것이다.

왜 계율이 중요한가

부처님이 앙가 국 아파나의 케니야 절에 계실 때의 일이다. 어느 날 해질녘, 존자 우다이가 찾아와 문안했다. 부처님은 그에게 그 동안 어떻게 지냈는지 물었다.

"저는 아무 걱정도 없으며 안온하고 즐겁습니다. 부처님께서 계율을 정해서 한량없는 악법을 멸하고 한량없는 착하고 묘한 법을 더하도록 해주셨기 때문입니다. 부처님께서는 오후와 밤에는 음식을 먹지 말며, 때 아닌 때에는 마을에 들어가 걸식하지 말라고 하셨습니다. 처음에는 이 말뜻을 이해하지 못하고 그냥 지키기만 했는데 나중에는 그것이 저희들을 안온하게 하기 위한 것인 줄 이해하게 되었습니다."

"우다이여, 훌륭하다. 너는 이제 어리석은 사람이 아니다. 나는 어리석은 사람들을 위해 그것을 끊으라고 말하는데 그들은 곧잘 '이것은 작은 일이다. 끊을 것도 못 된다. 그런데도 부처님은 이것을 끊으라고 한다'며 계율을 하찮게 여기며 도리어 불만을 품는다. 그들은 계율을 지키는 것을 싫어하고 욕심에 결박되어 거기에서 벗어나지 못한다. 그것은 비유하면 파리가 하찮은 콧물이나

가래침에 빠져 그 속에서 괴로워하며 죽는 것과 같다.

그러나 현명한 사람은 계율을 하찮게 여기지 않고 그것을 잘 지켜서 욕심에 결박되지 않으며 결박에서 벗어난다. 그것은 비유하면 마치 코끼리 왕이 나이가 60이 되어도 그 어금니와 발과 몸뚱이가 완전하고 왕성해서 단단하게 묶인 결박을 푸는 것과 같다. 또 마치 어떤 거사가 자신의 풍부한 재물을 버리고 비구가 되어 도를 닦아 결박을 푸는 것과 같다.

우다이여, 비구는 모든 것을 버리려고 수행하는 사람이다. 그러나 그는 간혹 그 뜻을 잊어버리고는 욕심과 서로 상응하여 사랑하고 즐겨 하는 데에 얽매이게 된다. 나는 그것을 속박이라고 말한다. 그렇지만 괴로움이라는 뿌리 가운데 있다가 생사가 없는 데서 노닐고, 애욕이 다한 위없는 경계에서 자유로우면 나는 그것을 해탈이라고 말한다. 무슨 까닭인가? 그에게는 이미 모든 번뇌가 다 하였기 때문이다.

우다이여, 즐거움에는 성인의 즐거움과 범부의 즐거움이 있다. 오욕(五慾)으로 인하여 즐거움이 생기면 그것은 범부의 즐거움이요, 욕심을 떠나 초선 내지 4선을 성취하여 노닐면 그것은 성인의 즐거움이다."

중아함 50권 192경 《가루오다이경(加樓烏陀夷經)》

종교가 철학이나 예술 또는 교육과 다른 점이 있다면 반드시 지켜야 할 계율이 있다는 점일 것이다. 모든 종교는 그 종교를 신봉하는 사람들에게 교의를 반영한 계율을 지킬 것을 요구한다. 이것을 지키지 못한다면 그 종교의 신자로서 자격을 상실하게 된다.

불교도 출가수행자나 재가신자에게 계율을 지킬 것을 강조한다. 교단이 정한 계율을 지키지 못하면 추방하거나 자격을 인정하지 않는다. 불교의 출가수행자가 지켜야 할 250가지(여성은 348가지) 세세한 계목은 계율을 어겼을 때 어떻게 조치할 것인지가 포함돼 있다.

불교는 다른 종교에 비해 교리나 사상적으로는 배타성이 적은 종교다. 또 형식과 제도도 크게 까다롭지 않다. 이런 불교도 수행자가 지켜야 할 도덕적 책무인 계율에 대해서만은 매우 엄격한 편이다. 계율이야말로 수행을 완성시켜 주는 쉽고 바른 길이기 때문이다.

수행자들이 지켜야 할 계율을 집성해 놓은 《사분율》에는 계율을 제정한 뜻을 이렇게 설명하고 있다. "계율을 지키면 모든 수행자들이 피로하지 않고 편안하게 될 것이다.……" 이는 계율이 속박을 위한 굴레가 아니라 안온을 위한 궤도임을 말해 준다. 비유하면 미리 서울로 가는 길을 닦아 놓고 따라가기만 하면 방황하지 않고 목적지에 도달하게 하려는 것이 계율이다. 출가를 하고 계율을 지키는 것도 이유는 여기에 있다.

물론 계율 중에는 시대와 사회적 조건에 따라 지킬 수 없는 조항도 있다. 이에 대해서는 부처님도 '소소계(小小戒)는 버려도 좋다'고 했다. 하지만 수행의 근본이 되는 계율까지 버리면 곤란하다. 자칫하면 '콧물에 빠져 죽는 파리' 신세가 될 수도 있음에 유의해야 한다.

계를 지키지 않으면 종교적 인격이 성숙해지지 않는다. 파계하고 수행하는 것은 '밑 빠진 독에 물 붓기'나 다름없다. 그런데도 요즘 불교도 중에는 계율을 가볍게 여기는 사람이 너무 많다. 그런 엉터리 불교를 하면 나무에 올라가 고기를 잡으려는 수고만 하는 꼴이 될 뿐이다.

계율 적용의 원칙은 상식

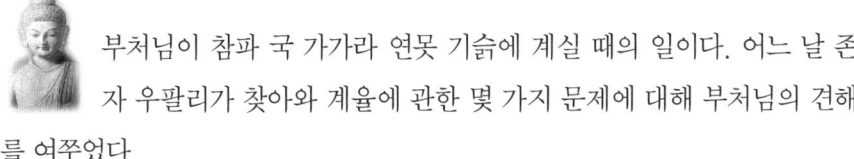부처님이 참파 국 가가라 연못 기슭에 계실 때의 일이다. 어느 날 존자 우팔리가 찾아와 계율에 관한 몇 가지 문제에 대해 부처님의 견해를 여쭈었다.

"만일 비구들이 모여 화합해서 살면서 다른 업을 짓고 다른 업을 말한다면 이것이 법과 율에 합당하겠나이까? 또 면전에서 꾸짖고 가르쳐야 할 사람에게 과거의 범계(犯戒) 사실을 기억해 내서 나무라는 것이 법과 율에 합당하겠나이까? 또 과거의 범계 사실을 기억해서 나무라야 할 사람에게 정신이 혼미했다가 정상으로 돌아온 사람을 나무라듯이 하는 것이 법과 율에 합당하겠나이까? 또 정신이 혼미했다가 정상으로 돌아온 사람을 나무라듯이 해야 할 자리에서 스스로 대중에게 발로참회를 하라고 하는 것이 법과 율에 합당하겠나이까? 또 스스로 대중에게 발로참회를 해야 할 사람에게 수치를 알지 못하는 사람에게 하듯이 그대는 도가 없다고 나무라는 것이 법과 율에 합당하겠나이까?"

"아니다, 우팔리여."

"그러면 꾸짖어야 할 사람을 놔두고 꾸짖지 않아도 될 사람을 꾸짖는 것이 법과 율에 합당하겠나이까? 또 잘못이 있는 사람을 높이고 잘못이 없는 사람을 낮추는 것이 법과 율에 합당하겠나이까? 또 마땅히 물리쳐야 할 사람을 놔두고 놔둘 사람을 물리치는 것이 법과 율에 합당하겠나이까? 또 마땅히 물리쳐야 할 사람을 놔두고 과거의 범계 사실을 기억해 내서 나무라는 것이 법과 율에 합당하겠나이까? 또 마땅히 범계 사실을 기억해 내고 나무라야 할 사람에게 근본을 들먹여 다스린다면 이것이 법과 율에 합당하겠나이까? 또 마땅히 몰아내야 할 사람에게 겸손하고, 겸손해야 할 사람을 몰아내는 것이 법과 이치에 합당하겠나이까?"

"아니다, 우팔리여. 비구들이 화합해 살기 위해서는 서로 같은 업을 지어야 한다. 면전에서 꾸짖어야 할 사람과 범계 사실을 기억해 내서 나무라야 할 사람과 정신이 혼미했다가 돌아온 사람에게 나무라는 것과 스스로 대중에게 발로 참회하는 사람과 수치를 알지 못하는 사람을 나무라는 것이 법과 율에 합당해야 한다. 또한 꾸짖어야 할 사람과 잘못이 있는 사람과 물리쳐야 할 사람을 놔두고 그렇지 않은 사람에게 꾸짖고 물리치는 것은 법과 율에 합당하지 않다."

중아함 52권 197경 《우바리경(優婆離經)》

세속의 법률도 마찬가지지만 불교의 계율도 자칫하면 융통성이 없는 '딱딱한 원칙'이 되기 쉽다. 어떤 사람이 허물을 저질렀다고 하면 거기에는 반드시 그럴 만한 까닭이 있다. 이를 고려하지 않고 무조건 결과만 따지는 것은 좀 가혹한 데가 있다. 더욱이 책임을 묻는 의도나 방법이 그를 단죄해서 매장할 의도라면 이는 결코 올바른 처결이라 할 수 없다. 실제로 세상에는 처벌받는 사람보다 더 고약하고 부도덕한 사람이 부지기수다. 흔히 하는 말로

'드러난 도둑보다 숨어 있는 도둑'이 더 많은 것이 현실이다.

그렇기는 하지만 모든 범죄나 범계를 다 상황 논리로만 변호할 수만은 없는 노릇이다. 어떤 잘못도 핑계 없는 무덤은 없다. 이런 저런 사정 다 고려하다가는 원칙이 무너지고 죽도 밥도 안 되고 만다. 이런 경우 우리는 과연 어떻게 해야 하겠는가. 《삼국지》에는 읍참마속(泣斬馬謖)의 고사가 있다. 군율과 원칙을 세우기 위해 눈물을 머금고 사랑하는 사람의 머리를 베었다는 것이다.

그러나 이런 의도에도 불구하고 문제는 여전히 남는다. 읍참마속의 고사는 어디까지나 권력자의 입장이다. 마속처럼 목을 잘리는 사람의 입장에서는 어떻게든 그것을 피하고 싶다. 그에게는 최소한 다른 사람과 같은 원칙을 적용받고 대우받고 싶은 권리가 있다. 그렇다면 어떻게 해야 하는가. 너무 인정에 끄달리면 원칙이 무너지고, 원칙만 고수하다 보면 억울한 일이 생길 수도 있다면 이 딜레마를 극복할 방법은 없는가.

우팔리의 이런 질문을 받은 부처님의 대답은 의외로 명쾌하다. 상식에 따르라는 것이다. '법과 율에 합당해야 한다'는 것은 바로 상식에 따르라는 뜻이다. 그런데 이 상식을 멋대로 해석하면 어떻게 될까. 실제로 현실사회에서는 이 상식을 제멋대로 아전인수(我田引水)하여 해석하는 사람이 많다. 높은 사람, 권력 있는 사람이 해석하는 것이 상식이고 그렇지 못한 사람의 주장은 상식이 아닌 경우가 부지기수다. 세상에서 시끄러운 소리가 끊이지 않는 것도 원인은 여기에 있다. 이에 대해서는 부처님도 답변이 어려울 것 같다. 상식을 멋대로 해석하고 무시하는 자는 무도(無道)한 자인 까닭이다.

불사음계에 대한 몇 가지 문제

부처님이 쿠루수 유로타 촌 북쪽 싱사파 동산에 머물 때의 일이다. 어느 날 유로타 촌 사람들이 부처님의 명성을 듣고 권속을 데리고 와서 설법을 들었다. 그들 중 뢰타화라는 젊은이가 출가를 결심하고 부처님에게 허락을 청했다. 하지만 부처님은 '부모님의 허락을 받아 오기 전에는 출가를 허락할 수 없다'며 돌려 보냈다.

그는 집으로 돌아가 부모에게 출가를 허락해 달라고 청했다. 두 번 세 번 간청해도 부모가 허락하지 않자 그는 식음을 끊고 자리에 누워 버렸다. 아버지는 할 수 없이 출가를 허락했다. 대신 한 가지 조건을 제시했다. '도를 얻으면 집으로 돌아오라'는 것이었다. 부모의 허락을 받은 뢰타화라는 드디어 사문이 되었다. 열심히 정진해 마침내 아라한이 되었다.

10년이 지난 뒤 뢰타화라는 부모님과의 약속을 생각하고 집을 찾아갔다. 그러나 오랜만에 찾아간 집에서 뢰타화라는 뜻밖에도 문전박대를 받았다. 10년 동안 아들이 돌아오지 않자 화가 난 아버지가 미처 그를 알아보지 못하고 '중이라면 보기도 싫다'면서 쫓아버린 것이다. 그때 마침 한 여종이 그를 알아보고 집으로 들어가 이 사실을 알렸다. 아버지는 급히 뛰어나와 아들을 끌어안고 집으로 들어갔다. 아버지는 잔치를 베푼 뒤 '우리가 평생 모은 재산을 다 너에게 줄 터이니 집으로 돌아와 보시를 행하고 복업을 닦으며 살라'고 권했다.

그러나 뢰타화라는 도리어 '사람들이 이 돈으로 인해 걱정하고 괴로워하며 참다운 행복을 얻지 못한다'며 출가생활의 뜻을 꺾지 않았다. 그러자 부모는 며느리를 아름답게 치장해서 유혹하게 했다. 뢰타화라는 '좋은 비단으로 냄새나는 몸을 꾸민다고 저 언덕을 건넌 사람을 유혹할 수 없다'며 아내를 물리쳤다. 그는 공양을 마치고 집을 나와 유로타 숲에 가서 머물렀다. 소문을 듣고 구뢰바라는 왕이 찾아와 재물과 친족을 버리고 출가수행하는 이유를 물었다. 뢰타화라는 이렇게 답했다.

"대왕이여, 이 세상은 믿고 의지할 만한 것이 하나도 없습니다. 모든 것은 병들고 늙어 갑니다. 이 육신도 무상해서 끝내는 버려야 합니다. 누구도 이를 대신해 줄 수 없으며 재물이 많아도 저승까지 따라오지는 않습니다. 그런데도 사람들은 만족할 줄 모르고 욕심 때문에 나쁜 업을 지으며 살아 갑니다. 지혜로운 사람은 이를 알고 욕심을 품지 않고 깨끗하게 살아 갑니다. 내가 머리를 깎고 가사를 입고, 도를 배우는 것은 이런 이유 때문입니다."

중아함 31권 132경 《뢰타화라경(賴吒恕羅經)》

 중국의 혜능 선사는 《육조단경》에서 이렇게 말한 적이 있다.

수행을 하려면 집에서도 가능하다. 굳이 절에 갈 이유는 없다. 불법은 원래 세간 속에 있기 때문이다(若欲修行 在家亦得 不由在寺 法元在世).

이 언급을 다른 각도에서 분석해 보면 '출가수행'의 문제는 불자들 사이에서 조차 여전히 시비가 되고 있음을 말해 준다. 이런 사정은 부처님 당시도 마찬가지였다. 많은 수행자들이 출가하려면 부모와 가족들의 반대에 봉착했다. 불자들이 부처님이나 수행자에게 공양하는 것을 큰 공덕으로 여기면서, 막상 자기 자식이 출가한다면 반대하는 까닭은 무엇일까. 그것은 독신 수행의 길이 그만큼 어렵고 힘들기 때문일 것이다. 한편으로는 출가수행이란 독신생활을 전제로 하는 것이므로 자식의 생산과 혈통의 보존을 중요한 의무로 생각해 온 세속인의 입장에서는 쉽게 동의하기가 어려웠을 것으로 보인다.

실제로 부처님 제자 중에는 출가한 이후 부모의 권유로 일점혈육을 만들기 위해 부인과 동침한 사람도 있었다. 《사분율》에 의하면 출가수행자에게 불음계(不淫戒)가 제정된 것은 이 사건을 계기로 해서였다. 이 경은 불음계가 제정된 이후에 있었던 어떤 제자의 문제를 기록한 것으로 보인다.

불교에서 이토록 불음계를 강조하는 것은 그것은 욕망의 표현이며 윤회의 고리가 되기 때문이다. 때문에 부처님은 '차라리 독사의 입에 남근(男根)을 넣을지언정 여근(女根)에 넣어서는 안 된다'고 했을 정도다. 그러나 지나치게 극단적인 반페미니즘적 발언은 쉽게 동의하기 어려운 점이 있다. 아주 세속적인 이유를 하나 예로 들면, 만약 모든 사람이 다 출가하여 이성과의 교접을 하지 않는다고 할 때, 종족 보존은 어떻게 할 것인가 하는 문제에 봉착한다. 교리적으로 보더라도 육도윤회의 과정에서 인간으로 태어나지 않으면 수행을 할 수 없다. 그런데도 이토록 철저하게 불사음을 강조하면 어떤 결과가 올 것인가. 이는 결코 피해 갈 수 없는 중요한 문제다. 진지한 토론이 필요한 과제라고 생각한다.

쭉정이는 골라내서 버린다

부처님이 첨파 국 강가 못 인근에 계실 때의 일이다. 어느 날 보름마다 하는 포살을 하려고 비구들이 모였다. 부처님은 대중의 앞자리에 자리를 잡고 앉았다. 그런데 초저녁이 다 지나가는데도 부처님은 계율을 설하지 않았다. 그때 어떤 비구가 일어나 부처님께 아뢰었다.

"대중들도 다 모였고 벌서 초저녁이 지나고 있습니다. 이제 계율을 설해 주소서."

그러나 부처님은 "아직 때가 아니다."라고 말씀하신 뒤 그냥 앉아만 있었다. 시간이 흘러 한밤중이 되었다. 어떤 비구가 다시 일어나 계율을 설해 달라고 했으나 부처님은 여전히 같은 말씀만 하신 뒤 묵묵부답이었다. 시간은 흘러 새벽이 되었다. 다시 어떤 비구가 일어나 먼동이 훤히 터 오는 새벽이 되었음을 말하고 이제는 계율을 설해 달라고 했다. 그러자 부처님은 의외의 말씀을 하셨다.

"이 대중 가운데 청정하지 못한 비구가 있다."

마침 이날 모임에는 존자 마하목갈라나가 있었다. 그는 부처님의 뜻을 헤아리고 혜안으로 살펴 청정하지 못한 비구를 찾아냈다.

"이 어리석은 자야, 여기 머무르지 말고 떠나라. 너는 비구가 아니다."

마하목갈라나가 그를 쫓아내자 그제야 부처님은 여덟 가지 미증유법을 설했다. 그리고 이런 말씀으로 끝을 맺었다.

"어떤 어리석은 사람이 구색을 갖추어 진정한 범행자로 꾸미어 여러 범행자들이 있는 곳에 가면 그들은 그가 가짜임을 알지 못한다. 그러나 그것을 알게 되면 그의 가식은 곧 사문을 욕되게 하는 것이요, 희롱하는 것이므로 즉시 그를 물리쳐야 한다. 무슨 까닭인가? 모든 범행자들을 더럽히지 않기 위해서다. 마치 좋은 논이나 밭에 난 가라지를 발견하는 즉시 뽑아 버리듯 거짓사문도 발견하는 즉시 물리쳐야 한다. 가을 추수 때 쭉정이나 껍질을 골라내듯이 거짓사문도 범행자들 가운데서 골라내 물리쳐야 한다. 샘물을 끌어들이는 도랑을 만들 때 산 속의 나무 가운데서 속이 빈 나무를 골라내서 베어 버리듯이 거짓사문도 범행자들 가운데서 골라내 물리쳐야 한다.

대중 가운데서 속이고 간사하고 거짓말 많고 쉬지도 못했으면서 쉬었다고 말하며 남이 볼 때만 깨끗한 척하는 사람이 있으면 그를 멀리 떠나보내야 한다. 그리고 마땅히 맑고 깨끗한 사람들과 화합하라. 화합은 진실로 안온을 얻게 하나니 화합해야 괴로움이 끝나리라."

중아함 29권 122경 《첨파경(瞻波經)》

 부처님이 이날 몇 차례의 요청에도 불구하고 계를 설하지 않은 데는 그럴 만한 사정이 있었다. 그곳에 '부정한 비구'가 있었기 때문이었다. 부정한 비구란 '거짓 수행자'를 말한다.

초기불교 시대 교단에는 적지 않은 외도들이 섞여 있었다. 그들은 부처님의 명성이 올라가자 교단에 몰래 들어와 출가비구를 흉내냈다. 수행을 위해서가 아니라 먹고살기 위해 기생하는 '불법 속의 외도'들이었다. 마침 이 날은 부처님이 계율을 가르치는 날이었다. 여기서는 교단 내의 이런저런 아름답지 못한 말이 나올 수 있었다. 이들이 그런 말을 들으면 어떤 소문을 퍼뜨릴지 뻔했다. 부처님은 교단의 큰 골칫거리인 이들을 제외시키기 위해 세 번씩이나 양구하여 비구로 위장한 외도를 색출하는 일을 했던 것으로 보인다.

요즘도 교단의 일을 미주알고주알 세상에 퍼뜨리기 좋아하는 사람이 있다. 심하면 기자회견도 하고 소송까지 한다. 세상에 이런저런 말이 나도는 것도 다 이와 관련이 있다. 고려 때의 고승 보조 국사 지눌 스님은 《계초심학인문(誡初心學人文)》에서 "승단의 추문을 밖으로 드러내지 말라(不得揚於家醜)."고 했다. 부처님과 같은 심정의 말씀이다. 쓸데없는 말 떠벌리기 좋아하는 사람들은 경책으로 삼아야 할 것이다.

세상을 맑고 향기롭게 하는 사람들

 부처님이 발기수의 우각사알라 동산에 계실 때의 일이다. 그 무렵 동산에는 사리불, 대목건련, 대가섭, 가전연, 아나율, 이월다, 아난 등 유명한 제자들이 함께 있었다. 어느 날 아침 이들은 사리불이 있는 곳으로 모여들었다. 아난은 이월다와 같이 사리불에게로 갔다. 사리불은 많은 존자들이 모이자 아난에게 물었다.

"이 숲은 정말 좋은 곳이요. 밤에는 달이 밝고 모든 사알라 나무들이 묘한 향기를 풍기고 있소. 이런 좋은 곳에 어떤 수행자가 머물러야 더 아름답고 향기롭게 할 수 있다고 생각하는지요?"

"만일 부처님 제자 중에 법문을 많이 듣고 기억하여 잊지 않으며, 그가 말하는 법은 처음과 중간과 마지막이 다 묘하며, 또 문채가 빛나고 청정한 범행을 드날리게 하는 사람이 있다고 합시다. 그런 비구라면 이 동산을 더욱 아름답고 향기롭게 할 것입니다."

사리불이 같은 질문을 이월다에게 하자 그는 이렇게 대답했다.

"만일 어떤 비구가 고요하게 앉기를 즐겨 하고 좌선을 하여 마음의 번뇌를 끊고 한가하게 살기를 좋아한다면 그런 비구가 이 동산을 더욱 아름답고 향기롭게 할 것입니다."

사리불이 이번에는 같은 질문을 아나율에게 하자 그는 이렇게 대답했다.

"어떤 비구가 천안통을 얻어 누각 위에서 아래를 내려다보듯이 1천세계를 바르게 보고 관찰할 수 있다면 그런 비구가 이 동산을 더욱 아름답고 향기롭게 할 것입니다."

사리불이 이번에는 같은 질문을 가전연에게 하자 그는 이렇게 대답했다.

"만일 어떤 비구 둘이서 깊은 아비담을 의논하되 서로 묻고 답하는 것이 걸림이 없고 설명하는 것이 뛰어나다면 그런 비구가 이 동산을 더욱 아름답고 향기롭게 할 것입니다."

사리불이 이번에는 같은 질문을 대가섭에게 하자 그는 이렇게 대답했다.

"만일 어떤 비구가 스스로 일이 없고 일 없음을 칭찬하며, 스스로 욕심이 적어 욕심이 적음을 칭찬하며, 스스로 만족함을 알고 만족할 줄 아는 것을 칭찬하며, 스스로 즐거이 혼자 살며 혼자 즐거이 사는 것을 칭찬하며, 스스로 수행하고 정근하며 바른 지혜를 얻는 것을 칭찬하며, 스스로 정을 얻고 번뇌가 다한 것을 칭찬하는 그런 비구가 이 동산을 더욱 아름답고 향기롭게 할 것입니다."

사리불이 이번에는 같은 질문을 대목건련에게 하자 그는 이렇게 대답했다.

"만일 어떤 비구가 큰 여의족을 얻고 큰 위덕이 있으며, 큰복과 위신이 있으며, 자재하기 한량이 없다면 그런 비구가 이 동산을 더욱 아름답게 할 것입니다."

대답을 마친 대목건련은 이번에는 사리불에게 같은 질문을 했다. 그러자 그는 이렇게 대답했다.

"만일 어떤 비구가 마음쓰기를 자재하게 하면서 항상 허물이 없다고 합시다.

그는 어디서 거닐거나 머물거나 할 때 고요한 마음을 잃지 않습니다. 마치 왕의 대신이 많은 옷을 이것저것 꺼내 입어도 잘 어울리듯이 마음쓰기를 자재롭게 하는 비구가 이 동산에 머무른다면 그가 이 동산을 더욱 아름답고 향기롭게 할 것입니다."

여기까지 대화를 한 존자들은 부처님을 찾아갔다. 부처님은 이들의 대화 내용을 전해 듣고 크게 찬탄하고 매우 기뻐했다.

중아함 48권 184경 《우각사라림경(牛角娑羅林經)》

부처님의 장로 제자들이 어느 날 아침에 모여 나눈 대화를 기록하고 있는 이 경전은 읽을수록 맑고 향기로운 느낌을 갖게 한다. 이 대화의 장소인 우각사알라 동산은 참으로 조용하고 아름다운 곳이었던 것 같다. 요즘 우리의 상상으로 말하면 숲 속의 조용하고 아름다운 절이었다. 이런 곳을 더욱 아름답게 꾸미려면 어떻게 해야 할까? 화려한 집을 더 짓고 요란한 치장을 하면 더 아름다워질까?

부처님의 상속 제자들의 대답은 그와 정반대다. 가르침을 하나라도 더 실천하고 모범을 보이고 마음을 아름답고 맑고 향기롭게 하는 것이 절을 아름답고 향기롭게 가꾸는 것이라는 것이다. 이에 비하면 요즘 우리들은 정반대인 것 같다. 마음을 아름답게 하고 향기롭게 하기보다는 겉모양을 꾸미는 데 집착한다. 사찰은 점점 대형화되는데 속은 그렇지 못하다. 사찰이 그러니 다른 곳은 말해 무엇하겠는가.

수행은 마음을 청정하게 하는 훈련

부처님이 라자가하의 기사굴산 칠엽굴에 계실 때의 일이다. 어느 날 선정에서 일어난 부처님은 우둠바리카 동산에 있는 외도 수행자 니구타(尼俱陀)를 찾아갔다. 그는 산타나(散陀那)라는 거사와 청정한 수행자는 어떤 일을 해야 하는가에 대해 얘기를 하는 중이었다. 니구타는 부처님이 나타나자 대화를 멈추고 부처님에게 의견을 물었다.

"어떤 것이 깨끗하지 않고 훌륭하지 않은 수행이라고 생각하는지요?"

"이렇게 하는 것은 옳지 않다. 예를 들면 옷을 벗고 알몸뚱이가 되어 손으로 그것을 가리는 행위, 걸식할 때 음식을 발우에 받지 않는 행위, 개가 있거나 임신한 여인이 있는 집은 찾아가지 않는 행위, 물고기나 짐승고기가 있다고 공양을 받지 않는 행위, 음식을 3일 또는 5일, 7일 만에 한 번씩 먹는 행위, 쇠똥이나 사슴똥 또는 나무줄기나 풀잎으로 연명하는 행위, 나무껍질이나 풀로 옷 또는 사슴가죽으로 옷을 해 입거나 두르는 행위, 하루 종일 서 있거나 앉아 있거나 쪼그려 앉는 행위, 머리나 수염 또는 손톱을 깎지 않는 행위, 알몸으로 가시덤불이나 쇠똥 위에 눕는 행위, 하루에 세 번 목욕하거나 밤중에 목욕하는 행위

등이다. 이렇게 육체를 괴롭히는 고행은 훌륭하고 깨끗한 수행이라 할 수 없다."

"왜 그것이 깨끗하지 않은 수행이라고 하는지요?"

"그들은 마음의 때를 씻어내지 못하기 때문이다."

"그러면 어떤 것이 마음의 때를 씻어낸 깨끗한 수행인지요?"

"자기의 수행이 이러하니 마땅히 공양과 존경을 받을 것이라고 속셈하지 않아야 한다. 공양을 받고도 탐착함이 없이 멀리 떠날 줄 알아야 한다. 좌선을 할 때 남이 보거나 안 보거나 한결같아야 한다. 남이 정의를 말하면 즉시 인정해야 한다. 누가 질문을 하면 즐거이 답해 주어야 한다. 누가 다른 수행자를 존경하면 시기하지 않아야 한다. 누가 좋은 음식을 먹어도 부러워하지 않아야 한다. 음식에 대해 거부하거나 집착하지 말아야 한다. 스스로는 칭찬하고 다른 이는 헐뜯는 짓을 하지 말아야 한다. 살생, 도둑질, 음행, 이간질, 욕설, 거짓말, 꾸미는 말, 탐욕, 성냄, 어리석음을 행하지 말아야 한다. 명상하기를 좋아하고 지혜를 많이 길러야 한다. 뽐내거나 교만하지 말아야 한다. 항상 신의를 지키며 깨끗한 계를 지키는 좋은 사람과 사귀어야 한다. 원한을 품지 않으며 남의 단점을 찾지 말아야 한다. 이것이 깨끗한 수행이다."

부처님의 설법이 끝나자 니구타는 자신의 이름을 대면서 귀의를 다짐했다. 그러나 부처님은 이렇게 말했다.

"그만두어라. 그대가 마음으로 깨달으면 그것이 곧 예경이니라."

장아함 8권 8경 《산타나경(散陀那經)》

 스승과 제자로 보이는 스님 두 분이 탁발을 하다가 암자로 돌아가는 길이었다. 그런데 장맛비에 다리가 떠내려가고 없었다. 스님들을 할 수 없이 다리를 걷어붙이고 물살이 약한 곳을 찾아 건너야 했다.

두 스님이 개울을 건너려고 하는데 마을 처녀가 발을 동동 구르며 서 있었다. 물이 불어나 물살이 빨라지자 개울을 건널 엄두를 내지 못하였던 것이다. 처녀는 매우 아름다웠고, 얇은 옷이 비에 젖어서 섹시한 모습이었다. 이를 본 스승인 듯한 스님이 그 처녀를 덥석 안더니 개울을 건네 주는 것이었다.

밤중이 되자 같이 개울을 건넜던 스님 가운데 제자 뻘 되는 젊은 스님은 잠을 이룰 수 없었다. 아까 보았던 장면이 자꾸 떠오르고 스승의 행동이 이해가 되지 않았기 때문이다. 그래서 스승을 찾아가 이렇게 물었다.

"아까 스님의 행동은 이해가 가지 않습니다. 속세를 떠난 몸으로 어찌 젊은 여자를 품에 안을 수 있습니까?"

그러자 스승은 미소를 띠며 이렇게 말하는 것이었다.

"나는 개울을 건넌 후 바로 처녀를 내려놓았는데 그대는 아직도 업고 있는가?"

수행이란 어떤 제도화된 형식이나 계율만을 엄격하게 지켜야 이루어지는 것이 아니다. 수행의 목적은 오직 탐(貪)·진(瞋)·치(痴)를 제거하여 마음을 깨끗하게 하려는 데 있다. 마음을 깨끗하게 하지 못하면서 형식이나 계율만 지키면 설사 어떤 고상한 수행을 한다고 해도 아무 소용이 없다. 정말로 중요한 것은 마음이다. 심청정(心淸淨)이라야 국토청정(國土淸淨)이라 했다. 마음을 청정하게 해야 세상이 깨끗해진다는 말이다. 뱃속에는 탐·진·치가 가득한데 겉으로만 잘난 척 거룩한 척 해 보아야 위선자의 굴레를 벗어날 수 없을 것이다.

강을 건넜으면 뗏목은 버려라

부처님이 사밧티 기수급고독원에 계실 때의 일이다. 그 무렵 출가하기 전에 소리개를 길들이다가 출가한 아리타 비구는 이런 말을 하고 다녔다.

"나는 부처님이 욕심을 부려도 장애가 없다고 말하는 것으로 안다."

다른 비구들이 그의 잘못된 소견을 고쳐 주려고 했으나 아리타는 말을 듣지 않았다. 비구들은 이 사실을 부처님께 아뢰었다. 부처님은 아리타를 불러 사실 여부를 확인하고 크게 나무란 뒤 여러 비구들에게 물었다.

"그대들은 내가 어떻게 설법한다고 알고 있는가?"

"부처님께서는 욕심이 장애가 있다고 설법하셨나이다. 욕심은 비유하면 불구덩이와 같으며 독사와 같다고 말씀하셨나이다."

"그렇다. 그대들은 나의 설법을 잘 이해하고 있다. 그러나 저 어리석은 비구는 내 설법을 거꾸로 이해하고 있다. 내가 설법하는 것은 법을 바르게 가르쳐 고통에서 벗어나도록 하기 위한 것인데 그 뜻을 바로 알지 못하면 고통만 더욱 커질 것이다. 비유하면 이렇다. 어떤 어리석은 사람이 뱀을 잡으러 숲으로 들어가 큰 뱀을 찾았다. 그는 뱀을 포획하기 위해 뱀의 허리를 잡았다가 도리어 뱀에게 물려 큰 고통만 받는 것 같다. 그러나 지혜로운 사람은 뱀을 포획할 때 먼저 쇠막대기로 대가리를 눌러 움직이지 못하게 하고 손으로 목을 잡아 뱀을 포획하는 것과 같다."

부처님은 다시 뗏목의 비유를 들어 비구들을 가르쳤다.

"어떤 사람이 물살이 센 강가에 이르러 강을 건너고자 나무와 풀을 엮어 뗏목을 만들었다. 그는 그 뗏목을 타고 무사히 저쪽 언덕으로 건너갔다. 그러나 강을 건넌 뒤에는 그 뗏목을 메고 갈까 놔두고 갈까 고민에 빠졌다. 비구들이여, 너희들 생각에는 어떠하냐? 그 사람이 뗏목을 메고 가야 하는가, 놔두고 가야 하는가?"

"강을 건넜으면 놔두고 가는 것이 더 유익합니다."

"그렇다. 너희들은 이 뗏목 비유의 뜻을 안다면 응당 법도 버려야 하거늘, 하물며 법이 아닌 것에 집착해야 하겠는가."

중아함 54권 200경 《아리타경(阿梨吒經)》

 이 '뗏목의 비유'는 대승경전인 《금강경》 제6 〈정신희유분(正信稀有分)〉에 나오는 다음과 같은 구절과 너무나 똑같다.

여래가 항상 말씀하기를 '너희 비구들은 나의 설법도 마치 뗏목과 같은 것으로 알라'고 했으니 진리라고 하는 것도 버려야 하거늘 하물며 진리가 아닌 것일까 보냐 (如來常說 汝等比丘 知我說法 如筏喩者 法尙應捨 何況非法).

이 구절을 읽으면서 다시 생각해 볼 점은 과연 종교란 우리에게 어떤 의미를 갖는 가르침인가 하는 것이다. 대개 제도화된 모든 종교는 그 가르침을 교조화해서 그것이 아니면 안 된다는 식으로 말한다. 제도화된 종교의 가장 큰 특징의 하나는 경전을 쓰여진 그대로 해석하는 축자주의(逐字主義)에 빠져 있다는 것이다. 그 말을 한 본뜻을 외면하고 표현에만 매달려 엉뚱한 곳에서 헤매는 것이다.

한로축괴(韓擄逐塊)라는 고사가 있다. 흙덩이를 던지면 개는 흙을 물지만 사자는 던진 사람을 문다는 말이다. 무슨 뜻인가 하면 형식이 아니라 본질에 충실해야 개가 아니라 사자가 된다는 것이다. 우리 앞에는 날마다 물고 싶은 흙덩이가 던져진다. 권력의 유혹, 돈의 유혹, 명예의 유혹, 쾌락의 유혹, 증오의 유혹, 시비의 유혹……. 그때마다 우리는 덥석 그 흙덩이나 고깃덩이를 문다. 마치 한로라는 개처럼.

그러나 그런 것은 아무리 물고 뜯고 해봐야 우리를 영원토록 행복하게 해주지는 않는다. 도리어 그것으로 인해 수렁에 빠질 가능성만 높아진다. 그러면 어떻게 해야 하는가? 진리라는 것도 따지고 보면 강을 건너는 뗏목에 불과하다. 강을 건너면 그것마저 버려야 한다. 뗏목에 집착해 그 무거운 것을 지고 가려고 한다면 인생은 피곤해진다. 그런데도 그것에 무슨 비밀 열쇠가 있는 것처럼 집착한다면 얼마나 어리석은 일인가!

지금 우리 앞에 던져진 과제 중에 무엇이 버려야 할 나쁜 버릇이고, 무엇이 뗏목인지 찬찬히 살펴볼 일이다.

서로 용서하고 화합하라

부처님이 발지 국 사미촌에 계실 때의 일이다. 그 무렵 사미 춘다는 파바성에서 여름 안거를 보내고 있었는데 마침 외도의 우두머리인 니간타 나나풋타가 죽었다. 그가 죽은 지 오래지 않아 외도의 제자들은 서로 네가 옳으니 내가 옳으니 하면서 싸웠다. 이로 인해 재가신도들은 모두 싸움만 하고 있는 나나풋타의 제자들을 싫어하고 비난했다.

여름 안거를 마친 춘다는 발우를 챙겨 사미촌으로 와서 아난다에게 자신이 보고 들은 바를 전했다. 이 이야기를 들은 아난다는 춘다와 함께 부처님에게로 가서 파바성의 일을 아뢰고, 불교교단의 앞날에 대해서도 걱정했다.

"부처님, 만일 부처님이 돌아가신 뒤에 비구들이 많은 사람에게 이익이 되지 않고 많은 사람들에게 고통을 주는 싸움이 생긴다면 어떻게 해야 할지 걱정입니다."

이에 부처님은 이렇게 말했다.

"아난다야, 어떤 싸움이 가르침의 진위 문제를 둘러싸고 일어나면 이 싸움은 많은 사람에게 고통을 줄 뿐 이익과 즐거움이 없다. 그러므로 그대들은 항상 계를 잘 지키고 선정을 잘 닦으며 도리를 잘 관찰해야 한다. 그러면 싸움이 일어나는 일이 없을 것이다.

아난다야, 어떤 두 비구가 각기 다른 소견으로 이것은 부처님이 가르친 진리다 아니다, 이것은 계율이다 아니다, 참회해야 한다 안 해도 된다 하는 문제로 싸움을 한다면 그는 결코 사념처(四念處)와 사여의족(四如意足)과 오력(五力)과 칠각지(七覺支)와 팔정도(八正道)를 증득할 수 없을 것이다."

이어서 부처님은 외도들의 싸우는 원인을 분석하고 다음과 같이 당부했다.

"아난다야, 니간타 나나풋타가 제자들에게 육쟁법(六諍法)을 경계하라고 가르쳤다면 그처럼 싸우지 않았을 것이다. 육쟁법이란 수행자가 화를 잘 내고, 스승을 존경하지 않으며, 법을 공경하지 않고, 율을 따르지 않으며, 번뇌에 물들어 더러우며, 다투기를 좋아해 미움을 사며, 깨끗한 대중을 어지럽게 하는 것이다.

그러므로 아난아, 만약 대중 가운데서 싸움이 일어나 그치지 않는 것을 보거든 육위로법(六慰勞法)을 행하여 내가 세상에 있을 때와 같이 화합하도록 하라. 육위로법이란 인자한 몸가짐, 인자한 말씨, 인자한 뜻으로 모든 범행자를 대하고, 모든 이익과 깨끗한 계와 올바른 소견을 모든 범행자에게 보시하는 것이니라. 이렇게 모든 수행자가 싸움이 일어나면 바른 생각과 바른 지혜로 참고 견디어 물러나지 않기를 마치 몸에 붙은 불을 끄듯 급하게 하고 마음을 다잡아 방일하지 말도록 하라. 그러면 그 싸움의 뿌리를 뽑게 되리라."

중아함 52권 196경 《주나경(周那經)》

부처님이 열반에 즈음해 가장 걱정이 됐던 것은 당신의 가르침을 실천할 승단의 영속 문제였다. 승단이 잘 유지된다면 교법은 오랫동안

번성할 것이지만 그렇지 못할 경우 교법은 곧 사라질 것이기 때문이다. 실제로 육사외도의 한 사람인 니간타 나나풋타가 죽자 그 교단은 곧 분열하고 말았다. 그들은 가르침을 아랑곳하지 않고 서로 옳다고 주장하면서 싸움을 계속하다가 얼마 가지 않아 흔적도 없이 사라지고 말았다.

 승단이 오래도록 영속하는 비결은 다른 것이 아니다. 어떤 경우에도 서로 싸우지 않는 것이다. 싸우지 않으려면 육쟁법을 경계하고 육위로법을 실천해야 한다. 그러면 육쟁법이란 무엇이고 육위로법이란 무엇인가? 항목은 여섯 가지로 나누어져 있지만 한마디로 요약하면 원칙을 지키고 양보하고 남을 배려하는 마음가짐을 가지라는 것이다. 이렇게만 한다면 교단은 화합을 이루어 영속될 것이다. 하지만 만약 불화가 생겨 싸움이 일어난다면 그 장래를 보장할 수 없다는 것이다.

 부처님의 이러한 말씀은 비단 승단에만 적용되는 것이 아니다. 국가나 단체, 모든 조직과 집단에 다 적용되는 것이다. 국가가 1년 내내 정쟁을 일삼는다면 어떤 강대국도 멸망을 자초할 것이다. 회사나 단체도 마찬가지다. 서로 잘났다고 우기고 양보하지 않으면 배를 산으로 끌고 가는 어이없는 일이 생긴다. 배가 물로 가지 않고 산으로 가면 그 운명이 어떻게 될지는 불을 보듯 분명하다.

 이 경전을 읽으면서 우리는 문득 한국불교를 생각하게 된다. 그 동안 수도 없이 분열하고 싸워 왔는데도 이 정도로 승단이 유지되고 있는 것이 신기할 정도다. 다만 염려가 되는 것은 이 신기함이 언제까지 계속 될까 하는 점이다. 바라기로는 앞으로는 제발 별일이 없었으면 하는 것이다.

신도에게 쫓겨난 수행자

부처님이 사밧티 기수급고독원에 계실 때의 일이다. 그 무렵 담미 존자는 고향에서 비구들과 함께 수행을 하고 있었다. 그러나 그는 성질이 포악하고 사나워서 다른 비구들을 자주 욕설로 꾸짖고 나무랐다. 이에 그 지방의 비구들은 더 이상 견디지 못하고 고향을 떠나 다른 곳으로 가서 살았다.

갑자기 정사가 텅텅 비고, 비구들이 걸식을 나오지 않자 그 지방의 우바새들은 원인이 어디에 있는지를 살폈다. 우바새들은 교구를 이끌고 있는 담미 존자가 성질이 포악하고 사나워서 다른 비구들을 자주 욕설로 꾸짖고 나무란 사실, 그리고 이를 견디지 못해 비구들이 고향을 떠난 사실을 알게 되었다. 우바새들은 담미 존자를 찾아가 그를 쫓아내고 다른 절에도 살지 못하게 했다.

절에서 쫓겨난 담미 존자는 옷과 발우를 챙겨서 부처님이 계신 사밧티 기원정사로 왔다. 부처님이 이 사실을 알고 '그대가 혹 쫓겨날 만한 일을 한 것이 아니냐'고 물었으나 그는 '잘못한 일이 없다'고 변명했다. 그러자 부처님이 다시 물었다.

"담미여, 그대가 사문의 법과 율을 지키고 따랐는데도 그 지방의 모든 우바새들이 그대를 쫓아냈다는 말인가? 도대체 그대는 어떤 것이 사문의 법과 율인 줄 알기는 하는가?

담미여, 사문의 법과 율은 만일 어떤 사람이 자기를 꾸짖어도 맞서서 싸우지 않으며, 화를 내어도 맞서서 화내지 않으며, 부수고 달려들어도 맞서서 부수지 않으며, 덤벼들어 때려도 맞서서 때리지 않는 것이다. 그래야 사문이 사문의 법과 율을 지키는 것이다.

담미여, 그럼에도 만약 어떤 비구가 자신이 데리고 있는 권속을 꾸짖고 쳐부수고 성내고 나무란다면 그는 반드시 죄를 받을 것이다. 그렇지만 또 어떤 우바새가 바른 소견을 조금이라도 성취하고 작은 과보라도 얻은 부처님의 제자 비구를 꾸짖고 쳐부수고 성내고 나무란다면 이 사람의 죄는 앞의 사람이 받는 것보다 많을 것이다. 그러므로 담미여, 그대들은 서로 각각 자기를 보호해야 하느니라."

중아함 30권 130경 《교담미경(敎曇彌經)》

부처님이 이 경에서 요구히는 수행자의 행동은 참으로 어렵고 힘든 것이다. 누가 나를 꾸짖고 때려도 맞서서 싸우거나 화내지 말고, 물건을 집어던지고 부수어도 맞서지 말라는 것이다. 극한점을 넘어서는 인내의 요구다. 그래야 비로소 참다운 수행자라 할 수 있다는 것이다. 인간으로서 과연 이런 것이 가능할까? 다른 사람은 모르지만 부처님이나 그 제자들은 그랬던 것 같다. 부처님은 데바닷다가 당신을 살해하려고 했는데도 그를 용서했다. 사리불이나 목건련, 가섭과 부루나, 라훌라 같은 존자들도 그런 처신을 했던 사람들로 경전은 기록하고 있다.

그런데 이 경전의 주인공인 담미 존자는 그렇지 못했던 것 같다. 존자(尊者)라는 존칭으로 불린 것을 보면 그는 나이도 들고 제법 한 사찰의 지도자쯤은 되는 인물이었던 모양이다. 그러나 그의 속내는 영 딴판이었다. 대중을 통솔하기는커녕 모두 도망가게 할 정도라면 그 인품은 상상이 간다. 그럼에도 그는 부끄러움을 몰랐다. 결국은 재가불자들의 존경을 잃고 쫓겨나는 처지가 되고 말았다.

싸움을 하다가 재가신자에게 쫓겨난 사례는 《남전율장》 대품에도 보인다. 부처님은 만년에 코삼비에 머물고 있었는데 그때 어떤 비구가 범계한 사실로 정권(停權)시킬 것인가 말 것인가 하는 시비가 생겼다. 이 일로 패가 갈려 비구들은 부처님의 만류에도 불구하고 욕설과 싸움을 벌였다. 부처님은 보다 못해 코삼비를 떠났다. 그러자 이곳 신자들은 부처님이 떠난 것이 싸움하는 비구들 탓이라며 공양도 올리지 않고 합장도 하지 않았다. 그들은 코삼비에서 살 수 없게 되자 사밧티로 부처님을 찾아가 참회했다고 한다.

이 경전에 나오는 담미 존자나 코삼비의 비구들 같은 사람들은 요즘 우리 주변에도 없지 않다. 그런 사람을 보면 어떻게 대해야 할지 고민이다. 한 가지 생각해 볼 일은 재가신자도 부처님의 가르침을 받은 사람이라면 그들에게 화를 내고 꾸짖는 것은 바람직하지 않다. 꾸짖는 사람의 업(業)만 도리어 거칠어진다. 그저 조용하게 합장과 존경을 거부하는 것만으로도 충분하지 않을지…….

제4부

불교도가 가는 길

반드시 출가해야 해탈하는가

부처님이 라자가하 죽림정사에 계실 때의 일이다. 그 무렵 앵무라는 바라문이 볼일이 있어 라자가하의 어느 거사 집에 가서 기숙하고 있었다. 앵무 바라문은 그 거사에게 '때때로 찾아뵙고 존경하며 가르침을 받을 만한 스승'이 있으면 소개해 달라고 했다. 거사는 서슴없이 부처님을 천거했다. 이에 앵무 바라문은 부처님이 계신 죽림정사로 찾아가 여러 가지 궁금한 점을 여쭈었다.

"도를 닦으려면 집에 있으면서 하는 것이 좋습니까, 집을 나와서 하는 것이 좋습니까?"

"나는 도를 닦는 사람이 집에 있느냐 혹은 집을 나오느냐를 중요하게 생각하지 않는다. 집에 있거나 나오거나에 관계없이 삿된 행(邪行)을 하면 나는 그를 칭찬하지 않는다. 왜냐하면 삿된 행을 하는 사람은 바른 지혜를 얻지 못하며 법다움을 알지 못하기 때문이다. 그러나 집에 있거나 나오거나에 관계없이 바른 행(正行)을 하면 나는 그를 칭찬한다. 왜냐하면 바른 행을 하는 사람은 반드시 바른 지혜를 얻으며 법다움을 알기 때문이다."

"한 가지 더 여쭙겠습니다. 큰 공덕과 이익을 얻으려면 집에 있는 것이 좋습니까, 집을 나와서 하는 것이 좋습니까?"

"그것은 일정하지 않다. 집에 있는 사람으로서 큰 재앙이 있고 다툼이 있으며 원망과 미움이 있어서 삿된 행동을 하면 큰 결과를 얻지 못하고 공덕이 없다. 또 집을 나온 사람이라 하더라도 작은 재앙이 있고 다툼이 있으며 원망과 미움이 있어서 삿된 행동을 하면 큰 결과를 얻지 못하고 공덕이 없다. 그러나 집에 있는 사람으로서 큰 재앙이 있고 다툼이 있으며 원망과 미움이 있더라도 바른 행을 실천하면 큰 과보와 공덕을 얻는다. 또 집을 나와 도를 배우는 사람이 작은 재앙이 있고 다툼이 있으며 원망과 미움이 있더라도 바른 행을 실천하면 과보를 얻고 큰 공덕으로 얻는다. 이것은 진실이며 허망한 말이 아니다."

중아함 38권 152경 《앵무경(鸚鵡經)》

출가란 가정과 가족을 떠나 수행에 전념하기 위한 최상의 선택이다. 부처님도 수행을 위해 출가했고, 수많은 제자들도 같은 길을 걸었다. 이렇게 많은 사람들이 출가수행을 결행하자 부처님은 한때 외도들로부터 '과부들의 눈물'이라는 비난을 받아야 했다. 출가수행자가 늘어나는 것과 비례해서 남편을 잃은 과부들의 눈물도 늘어난 데서 생긴 일이었다. 특히 산자야의 제자 사리불과 목건련이 250명의 추종자와 함께 개종하자 외도들의 위기감은 극에 달했다. 캄바라라는 외도는 이를 막기 위해 마나기라는 여제자를 거짓으로 임신시켜 부처님을 모함하는 음모를 꾸미기도 했다. 이런 일이 있자 나중에는 출가를 하려는 이들에게 가급적 부모와 가족의 동의를 받도록 권하기까지 했다. 출가로 인해 생기는 문제를 최소화하고자 하는 일종의 고육책이었다.

이 경전은 바로 그 무렵에 설해진 것으로 추정된다. 주목할 점은 여기서 부처님은 결코 '출가지상주의'를 강조하지 않는다는 점이다. 그러나 이는 전혀 이상한 일이 아니다. 왜냐하면 부처님이 가르친 해탈이란 올바른 방법으로 수행하면 누구나 성취할 수 있음을 전제로 하기 때문이다. 문제는 출가라는 형식이 아니라 누가 더 진실하게 수행하느냐 하는 내용에 있다. 실제로 《증일아함경》 3권 〈청신사품〉에는 우바새로 법을 증득한 사람이 40명이나 거명되고 있다. 우바이도 30명이나 된다. 이는 진리(法)의 증득이 어떻게 이루어지는 것인지를 말해 주는 증거들이기도 하다.

뒷날 중국의 야보(冶父)라는 사람은 출가라는 제도적 형식주의보다는 진실한 마음을 중시하는 내면적 실천수행을 극단적으로 강조했다. 그는 《금강경》에 붙이는 착어(着語: 간단한 메모)에 이런 말을 남겼다.

바른 사람이 삿된 법을 말하면	正人說邪法
삿된 법도 바른 법이 되지만	邪法悉歸正
삿된 사람이 바른 법을 말하면	邪人說正法
바른 법이라도 삿된 법이 되고 마다.	正法悉歸邪

얼핏 들으면 너무 한다 싶은 주장 같지만 여기에는 깊은 뜻이 들어 있다. 바른 사람은 거짓말을 해도 바른 일을 하기 위해서 하지만, 사기꾼은 바른 말을 해도 사기를 치기 위해서 바른 말을 한다는 것이다. 우리가 정말로 중요하게 생각해야 할 것은 형식이 아니라 내용이고, 내용 중에도 속뜻이라는 것이다. 문제는 형식이나 신분이 아니라 내용이고 실력이다. 어떤 분야에서도 신분이 실력을 보장하지는 않는다. 오직 실력이 신분을 보장한다.

재가자는 언제 성불하나

부처님이 사밧티 기수급고독원에 계실 때의 일이다. 어느 날 급고독 장자가 500여 명에 이르는 많은 우바새와 함께 사리풋타를 방문했다. 사리풋타는 그들에게 설법하여 큰 기쁨을 얻게 하였다. 우바새들은 사리풋타의 설법이 끝나자 다시 부처님을 찾아뵈었다. 부처님은 그 자리에서 사리풋타에게 이렇게 말씀했다.

"사리풋타여, 백의의 성제자로서 오계를 잘 지키고 사증상심(四增上心)을 성취하여 현세에서 바르게 잘사는 것을 보기든 이렇게 기별(記別, 授記)을 주도록 하라.

'백의(白衣)의 성제자는 오계를 잘 지키고 사증상심을 얻어 현세에서 바르게 살면 나쁜 업이 다하여 수다원과를 얻게 되므로 나쁜 길에 떨어지지 않을 것이다. 그리하여 마지막으로 칠유(七有)를 받아 천상과 인간의 세계를 일곱 번 왕래한 뒤에는 마침내 정각을 성취함으로써 반드시 괴로움의 끝을 볼 것이다.'

그러면 백의의 성제자는 어떻게 오계를 잘 지키고 행하여야 하는가? 살생하지 않기를 맹세하여 칼과 몽둥이를 버리고 참괴심과 자비심을 지녀 일체 미물까지도 요익하게 해야 한다. 도둑질하지 않기를 맹세하여 주지 않는 것은 갖지 않으며 항상 보시하기를 좋아하되 그 대가를 바라지 않아야 한다. 사음하지 않기를 맹세하여 항상 부모, 형제 자매가 깨끗한 삶을 살도록 하며 남편 있는 아내, 기생을 범하지 않아야 한다. 거짓말하지 않기를 맹세하여 세상을 속이지 않으며 항상 진실한 말만 해야 한다. 술 마시지 않기를 맹세하여 항상 바른 정신으로 살고 깨끗한 몸가짐을 하도록 해야 한다.

또한 백의의 성제자는 네 가지 증상심을 키워 가야 하나니 첫째는 늘 부처님을 생각해야 한다. 부처님을 여래·응공·정변지·명행족·선서·세간해·조어장부·천인사·세존이라고 믿고 의지하면 나쁜 욕심을 멸하고 제1의 증상심을 성취하게 된다. 둘째는 늘 부처님의 법을 생각해야 한다. 부처님의 법은 일체의 번뇌를 소멸하고 열반에 이르는 구경의 법이라고 믿고 의지하면 나쁜 욕심을 멸하고 제2의 증상심을 성취하게 된다. 셋째는 늘 중승(衆僧)을 생각해야 한다. 부처님의 제자는 법을 향해 나가며 법을 잇는 분들이며 해탈지견을 가진 분들이라고 믿고 의지하면 나쁜 욕심을 멸하고 제3의 증상심을 성취하게 된다. 넷째는 늘 계를 생각해야 한다. 부처님이 가르친 계는 바른 것이며 깨끗한 것이며 허망하지 않으며 편안하게 하는 것이라고 믿고 의지하면 나쁜 욕심을 멸하고 제4의 증상심을 성취하게 된다.

백의의 성제자가 이렇게 오계를 잘 지키고 네 가지 증상심을 성취하게 되면 일곱 번 이 세상에 오간 끝에 반드시 괴로움의 끝을 볼 것이다."

중아함 30권 128경 《우바새경(優婆塞經)》

불교는 누구든지 부처님의 가르침에 따라 수행하면 다 성불하고 해탈할 것을 전제로 하는 종교다. 기독교는 아무리 믿어도 그가 믿는 하나님이 될 수는 없다. 그렇지만 불교는 열심히만 한다면, 진실하게만 한다면 누구라도 부처님이 될 수 있고 부처님이 도달한 열반에 이를 수 있다고 가르친다.

대승경전인 《법화경》은 불교를 믿는 사람을 가리켜 '불자(佛子)'라는 멋진 말로 표현한다. 불자라는 말은 글자 그대로 풀면 부처님의 자식이라는 뜻이지만 여기에는 보다 깊은 뜻이 들어 있다. 모든 어린이는 자라면 어른이 된다. 부처님의 자식인 우리도 어린이가 어른이 되듯이 나중에 반드시 부처님이 된다는 뜻이다. 이렇게 모두가 다 부처님이 되는 것이 불자에게 부여된 행운이다.

문제는 전문적인 수행자인 출가자와 비전문적인 재가자의 성취가 반드시 같을 수 없다는 점이다. 그렇다면 재가불자는 과연 언제 성불할 수 있는가? 부처님이 이 경전에서 말한 예언에 따르면 바른 믿음을 가진 불자라면 일곱 생 이내에 성불할 수 있다. 단 그 전제조건은 불·법·승 삼보를 믿고 따르며 오계를 실천하는 것이다. 이를 사정신(四淨信: 佛·法·僧·戒)이라고 한다. 이렇게만 한다면 그는 틀림없이 일곱 생만에 성불할 수 있다는 것이다.

그렇지만 이것이 반드시 물리적 시간을 뜻하는 것은 아니다. 재가신자라도 철저한 믿음과 수행을 한다면 출가수행자보다 훨씬 더 시기를 앞당길 수 있다. 그런데 만약 이 조건을 충족시키지 못한다면 결론은 알아서 해야 한다는 것이다.

팔관재를 실천하는 공덕

 부처님이 사밧티 녹자모강당에 계실 때의 일이다. 어느 날 녹자(鹿子)의 아내 비사카가 이른 아침 목욕을 한 뒤 깨끗하고 하얀 옷을 입고 며느리와 권속들을 데리고 부처님에게로 가서 예배하고 말했다.

"부처님, 저는 오늘 재(齋)를 갖고자 하나이다."

"부인이여, 재에는 세 가지가 있다. 그대는 어떤 재를 가지려고 하는가?"

부인이 머뭇거리자 부처님은 세 가지 재에 대해 하나 하나 설명했다.

"첫째는 방우아재(放牛兒齋)인데 소를 놓아 풀을 먹이듯 '오늘은 이런 음식을 먹고 내일은 저런 물을 마신다'고 생각하는 것이다. 그러나 그는 밤낮으로 욕심에 집착하나니, 이러한 재는 공덕도 없고 큰 과보를 얻지도 못한다.

둘째는 니건재(尼犍齋)인데 외도를 따르는 재를 말한다. 외도는 입으로는 살생과 도둑질과 거짓말을 하지 말라고 가르치고 중생을 보호하라고 말하지만, 그 자신은 처자를 위해 살생도 하고 도둑질과 거짓말도 한다. 이런 외도를 따라 재를 갖는 것은 공덕도 없고 큰 과보도 얻지 못한다.

마지막으로 여래가 가르치는 거룩한 팔재(八齋)가 있다. 팔재란 이런 것이다.

즉 여래는 그대들이 하루만이라도 수행자와 같이 첫째 모든 살생을 떠나고, 둘째 모든 도둑질을 떠나 보시를 행하고, 셋째 음욕과 음행을 떠나고, 넷째 모든 거짓말을 끊고, 다섯째 모든 술과 방탕에서 떠나고, 여섯째 높고 넓은 평상의 편안함에서 떠나고, 일곱째 꽃다발이나 장신구, 노래와 춤과 놀이에서 떠나고, 여덟째 하루에 한 끼를 먹으며, 때 아닌 때에 먹지 말라고 가르친다.

　부인이여, 어떤 사람이 이 같은 거룩한 팔재를 닦는 것은 옷에 더러운 것이 묻었을 때 잿물과 가루비누와 더운물로 씻어서 깨끗이 하는 것과 같다. 그는 이 공덕으로 몸이 무너지고 목숨이 다한 뒤에 타화자재천에 태어나는 과보를 받게 된다."

　설법을 들은 비사카 부인은 기뻐하며 앞으로는 팔재를 실천할 것을 다짐하고 돌아갔다.

중아함 55권 202경 《지재경(持齋經)》

　부처님 당시부터 재가신자가 수행하는 방법은 팔재계를 지키는 것이었다. 팔재계는 팔관재(八關齋)라고도 하는데 팔관의 관(關)은 이 경에서 말하는 여덟 가지를 금한다는 뜻이다. 재가신자는 세속에 살아야 하므로 항상 부처님이 가르친 계목을 다 지킬 수가 없다. 그래서 스님들이 포살(布薩, uposatha)을 하는 만월일(滿月日: 15일)과 신월일(新月日: 30일)에 팔재계를 실천하도록 했다. 나중에는 포살일을 하루 앞둔 14, 29일과 다시 나흘 앞둔 8, 23일에도 팔재계를 닦았다. 한 달에 여섯 번을 한다고 해서 이를 육재일(六齋日)이라고도 한다.

　원래 이 포살은 베다 시대에 소를 방목하는 의식이었다. 자이나교에서는 불살생을 실천하는 날이었다. 불교에서는 이를 자기 수행의 반성일로 차용했다. 동남아 불교국가에서는 지금도 이 전통을 이어받아 재가자가 반드시 팔재계를 실천하도록 가르치고 있다. 이에 비해 우리 나라는 몇몇 큰절을 빼고는 포살을 하지 않는다.

이 경전에서 재가신자에게 팔재계를 닦으라고 강조하는 이유 중에 유의할 대목은 '비누 세탁'의 비유다. 세속에서 살다 보면 전혀 죄를 짓지 않고 살기란 어려운 일이다. 남을 속이지 말라고 하지만 사업하는 사람이 남을 속이지 않고 이문을 남기기란 불가능하다. 본의 아니게 남에게 듣기 싫은 소리도 해야 한다. 이렇게 알게 모르게 죄를 짓다 보면 그런 짓이 버릇이 돼서 나중에는 양심의 가책도 느끼지 않는다. 이때부터 사람들은 심장에 털이 난 것처럼 살게 된다.

팔관재를 지키라는 것은 이런 생활태도를 하루라도 반성하면서 살라는 것이다. 불자라면 한 달에 두 번, 또는 네 번이나 여섯 번은 반성의 시간을 가지라는 것이다. 물론 매일 그렇게 하면 좋겠지만 그게 잘 안 되니 아예 날을 정해서 자기를 돌아보라는 것이다. 그렇게 하면 비누로 세탁하듯 허물을 씻어 내게 된다는 것이다. 이렇게 보면 종교생활이란 자기 허물을 세탁하는 생활이라고 해도 좋을 것이다.

신행이 따르지 않는 불자는 무늬만 불자다. 그런 사람은 아무리 불교를 믿어도 공덕이 없다. 그러면 어떻게 해야 하는가. 종단의 제도를 정비하고, 사찰은 이를 지도하고, 불자들은 이를 따르면 해결될 일이다.

재가불자의 실천 윤리

부처님이 라자가하 두꺼비 숲에 머물 때의 일이다. 선생이라는 젊은 이가 있었는데 아침마다 목욕하고 새 옷을 입고 육방을 향해 예배를 하고 했다. 어느 날 부처님이 아침 걸식을 나갔다가 이 광경을 보고 연유를 물었다. 그의 대답은 이러했다.

"저의 아버지가 돌아가시면서 유언하기를 '동·서·남·북·상·하의 육방에 중생이 있으면 그들에게 예배하고 공경하고 공양하라. 그러면 그들도 너를 섬기리라'고 했습니다 그래서 아침마다 육방을 향해 예배를 하는 것입니다."

부처님은 그 말을 듣고 '육방에 예배할 때 잘 분별해서 해야 된다'면서 다음과 같이 일러주었다.

"동방은 자식이 부모를 보는 것같이 하라. 자식은 오사(五事)로써 부모를 대해야 하나니 첫째, 부모의 재물이 불어나게 해야 한다. 둘째, 부모를 대신해 많은 일을 처리해야 한다. 셋째, 하고 싶은 일을 하도록 도와드려야 한다. 넷째, 불손하게 뜻을 어기지 않는다. 다섯째, 모든 것을 다 드려도 아까워하지 말아야 한다. 부모도 오사로써 자식을 생각해야 하나니 첫째, 자식을 사랑해야 한다.

둘째, 뒤를 보살피되 모자람이 없도록 해야 한다. 셋째, 자식에게 빚지지 않도록 해야 한다. 넷째, 때를 맞추어 결혼시켜 주어야 한다. 다섯째, 재물을 물려주어야 한다.

남방은 제자가 스승을 보는 것같이 하라. 제자는 오사로써 스승을 대해야 하나니 첫째, 공경하고 순종해야 한다. 둘째, 가르침을 잘 받들고 따라야 한다. 셋째, 일찍 일어나 배움을 청해야 한다. 넷째, 나쁜 짓을 하지 말아야 한다. 다섯째, 스승의 명예를 빛내야 한다. 스승도 오사로써 제자를 가르쳐야 하나니 첫째, 기술을 잘 가르쳐야 한다. 둘째, 빨리 가르쳐야 한다. 셋째, 아는 것을 다 가르쳐야 한다. 넷째, 좋은 곳으로 나가게 해야 한다. 다섯째, 좋은 벗을 사귀도록 가르쳐야 한다.

서방은 남편이 아내를 보는 것같이 하라. 남편은 오사로써 아내를 대해야 하나니 첫째, 아내를 어여삐 여겨야 한다. 둘째, 업신여기지 말아야 한다. 셋째, 장신구를 해주어야 한다. 넷째, 집안 일을 맡기고 자유롭게 해주어야 한다. 다섯째, 아내의 친족들에게 소홀하지 말아야 한다. 아내는 오사로써 남편을 대해야 하나니 첫째, 남편을 존중하고 사랑해야 한다. 둘째, 일가친척을 잘 거두어야 한다. 셋째, 공손한 말씨를 써야 한다. 넷째, 남편이 돌아오면 칭찬하고 격려해야 한다. 다섯째, 맛있는 음식과 편안한 잠자리를 준비해야 한다.

북방은 주인과 하인을 보는 것같이 하라. 주인은 오사로써 하인을 대해야 하나니 첫째, 능력에 따라 일을 시켜야 한다. 둘째, 때에 맞춰 먹여야 한다. 셋째, 때에 따라 마시게 해야 한다. 넷째, 날마다 쉬게 해주어야 한다. 다섯째, 병이 나면 치료를 해주어야 한다. 하인도 오사로써 주인을 대해야 하나니 첫째, 일찍 일어나고 열심히 일해야 한다. 둘째, 주인을 존경하고 우러러 모셔야 한다. 셋째, 재산을 축내지 말아야 한다. 넷째, 거짓말을 하지 않는다. 다섯째, 주인의 비위를 거슬리지 않도록 해야 한다.

하방은 친한 벗이 친한 벗을 보는 것같이 하라. 친한 벗이라면 오사로써 친한 벗을 대해야 하나니 첫째, 사랑하고 공경해야 한다. 둘째, 업신여기지 않는다. 셋째, 속이지 않는다. 넷째, 선물을 준다. 다섯째, 서로 가엽게 생각해야 한다. 상대방의 친한 벗도 오사로써 친한 벗을 대해야 하나니 첫째, 이해관계를 따지지 말아야 한다. 둘째, 벗이 곤궁해지면 도와주어야 한다. 셋째, 방일하는 것을 보면 충고해 주어야 한다. 넷째, 나쁜 생각을 갖지 말아야 한다. 다섯째, 급할 때는 서로 의지해야 한다.

상방은 시주가 사문과 바라문을 보는 것같이 하라. 시주는 오사로써 사문과 바라문을 대해야 하나니 첫째, 문을 닫아 놓지 않는다. 둘째, 오는 것을 보면 반갑게 맞는다. 셋째, 자리를 펴고 기다린다. 넷째, 맛있는 음식을 풍족하게 보시한다. 다섯째, 법답게 후원해 준다. 사문도 오사로써 시주를 대해야 하나니 첫째, 바른 믿음을 가르쳐 주어야 한다. 둘째, 금계를 가르쳐야 한다. 셋째, 설법 듣기를 좋아하도록 해야 한다. 넷째, 보시를 하도록 가르쳐야 한다. 다섯째, 바른 지혜를 일깨워 실천토록 해야 한다.

육방을 예배할 때 이렇게 다짐하면 반드시 흥할 것이며 쇠하지 않으리라."

중아함 33권 135경 《선생경(善生經)》

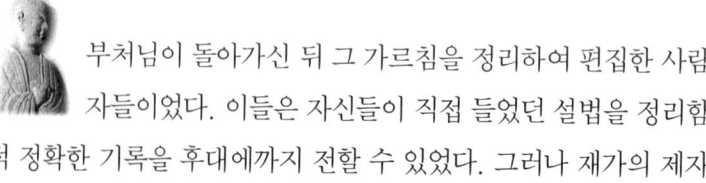
부처님이 돌아가신 뒤 그 가르침을 정리하여 편집한 사람들은 출가제자들이었다. 이들은 자신들이 직접 들었던 설법을 정리함으로써 비교적 정확한 기록을 후대에까지 전할 수 있었다. 그러나 재가의 제자들은 자신들이 들었던 설법을 정리할 기회를 갖지 못했다. 부처님이 재가제자에게 했던 설법이 많이 남아 있지 않은 것은 이 때문이다. 겨우 남아 있는 것도 출가제자들이 목격했던 목격담 정도다.

이런 형편에서 재가제자인 선생을 위해 설법한 내용을 기록한 이 경전의 존재는 매우 중요한 가치를 지닌다. 《육방예경》이라고도 불리는 이 경은 부모와 자식, 제자와 스승, 남편과 아내, 주인과 하인, 친구관계, 수행자와 재가신자의 윤리에 대해 각각 다섯 가지를 말하고 있다. 이 가르침은 유교윤리처럼 수직적인 권위와 복종관계가 아니라 수평적인 권리와 의무관계를 강조하고 있는 점에서 불교윤리의 특징이 잘 드러난다.

또 한 가지는 이 경전이 갖는 설법방식의 특성이다. 부처님은 선생이라는 청년이 행하는 종교의식의 '형식'을 굳이 부정하지 않고, 나만 그 '내용'을 바꾸어 주고 있다. 즉 동·서·남·북·상·하 육방을 향해 무조건 예배할 것이 아니라 새로운 의미를 부여해 준 것이다. 이것을 전의법(轉意法)이라 한다. 의미를 바꾸어 준다는 뜻이다.

부처님은 당시 인도사회에서 행해지던 많은 종교의식을 이렇게 불교적으로 바꾼 사례가 많다. 포살(布薩)이나 안거(安居) 같은 것도 그 중의 하나다. 이 제도는 다른 종교에서 시행하던 것을 불교적으로 변용시킨 것이다.

중도 수행을 가르친 뜻

부처님이 사밧티 기수급고독원에 머물 때의 일이다. 그 무렵 이십억 비구도 사밧티 사림에서 수행하고 있었다. 그는 밤을 새워 가며 열심히 공부했으나 좀처럼 공부의 결과가 나타나지 않았다. 이십억 비구는 실망하여 이렇게 생각했다.

'부처님의 제자로서 열심히 공부하는 사람을 꼽는다면 단연 내가 으뜸일 것이다. 그런데도 나는 좀처럼 번뇌에서 벗어나지 못하고 있다. 그렇다면 차라리 계를 버리고 집에 돌아가는 것이 어떨까. 부모님이 계시는 집은 재물도 풍족하니 보시의 공덕을 짓기에도 부족함이 없을 것이다.'

부처님은 어느 날 이십억 비구의 이 같은 생각을 알고 조용히 그를 불러 상담했다.

"그대는 집에 있을 때 무엇을 잘했는가?"

"거문고 연주를 잘했습니다."

"거문고를 연주할 때 줄을 조이면 소리가 잘 나는가?"

"그렇지 않습니다. 너무 조이면 줄이 끊어집니다."

"그러면 어떻게 해야 가장 좋은 소리가 나던가?"

"줄을 너무 조이지도 않고 느슨하게도 하지 않을 때입니다."

"그렇다, 이십억아. 정진도 너무 과하면 마음을 어지럽게 하고, 너무 느슨하게 하면 마음을 게으르게 한다. 그러므로 너는 마땅히 거문고 줄을 고르듯이 때를 분별하고 중도(中道)를 취하여 공부하되 방일하지 말라."

이십억 비구는 부처님의 가르침 대로 수행하여 아라한이 되었다.

중아함 29권 123경 《사문이십억경(沙門二十億經)》

부처님도 수행자 시절 한때 지독한 고행을 한 적이 있다.《수행본기경》에 의하면 그때 부처님은 "하루에 쌀 몇 알과 참깨 몇 알로 연명했다. 옷은 겨우 몸을 가리는 것으로 만족했다. 이렇게 한두 해를 지나니 살가죽으로 뼈를 싸놓은 인형과 같았다. 뱃가죽은 등뼈에 맞닿고, 갈비뼈는 기와 벗겨진 집의 서까래처럼 앙상했고, 눈동자는 깊은 우물에 비친 별과 같았고, 머리털은 한데 엉키어 새둥우리 같았다."고 한다. 이 기록을 근거로 해서 조성된 불상도 있다. 파키스탄의 라호르 박물관에 있는 고행상(苦行像)이다. 이 불상은 마치 육탈이 된 해골을 조각한 것처럼 섬뜩한 느낌을 줄 정도로 사실적인 묘사를 하고 있다.

부처님 당시에도 그랬지만 사람들이 이렇게 고행을 하는 것은 육신을 번뇌와 죄악의 원천으로 보기 때문이다. 그들은 육신을 괴롭힘으로써 죄업과 번뇌가 소멸된다고 믿었다. 고행 수도를 하는 이유도 여기에 있다.

부처님도 처음 출가해서는 당시의 전통에 따라 고행 수도를 했다. 그러나 육신을 괴롭힌다고 번뇌와 죄업은 사라지지 않는다. 그렇다면 차라리 쾌락을 통해 고통을 잊는 것은 어떨까? 하지만 아무리 좋은 술도 과음하면 속을 쓰리게 한다. 마찬가지로 모든 쾌락은 반드시 고통을 수반한다. 부처님은 출가하기 이전에 이미 쾌락적 생활을 통해 쾌락이 인생의 괴로움을 해결해 주지 못한다는 사실을 경험했다.

그렇다면 어떻게 해야 하는가? 부처님이 택한 것은 쾌락도 고행도 아닌 불고불락(不苦不樂)의 중도 수행이었다. 몸과 마음이 편안하게 하되 긴장을 늦추지 않는 상태를 유지시키면서 명상을 했다. 이것이 뒷날 제자들에게 가르친 팔정도(八正道)의 길이었다. 중도의 길은 이렇게 '양극단을 떠난 가운데 길(離邊處中)'이다. 이 중도의 길이야말로 '바른 수행의 길(中卽正)'이다. 그런데 이십억 비구는 중도 수행에 대해 바른 이해를 하지 못하고 있었던 듯하다. 그래서 공부에 성과가 없었다. 부처님은 그것을 타일렀다.

아직도 불교의 수행을 육체를 괴롭히는 고행이라고 생각하는 사람들이 있다. 오랫동안 잠을 자지 않는다든가, 단식(斷食)을 한다든가, 몇 년간 장좌불와(長坐不臥)하는 것을 자랑으로 여기는 사람도 있다. 심지어는 10년이니 5년이니 하는 기록을 수행의 척도로 생각하기까지 한다. 물론 그런 의지 자체는 높이 평가해야 한다. 그러나 육체를 학대하는 잘못된 수행 방법까지 다 훌륭한 것은 아니다. 육체적 고행이 수행이라고 생각하는 사람들은 부처님이 왜 중도 수행을 가르쳤는지를 조용히 되새겨 볼 일이다.

불자가 가져야 할 마음가짐

부처님이 사밧티 기수급고독원에 계실 때의 일이다. 존자 사리풋타는 부처님을 모시고 여름 안거를 마친 뒤 사람들에게 설법하기 위해 행각을 떠났다. 사리풋타가 기원정사를 떠난 지 얼마 되지 않아 어떤 수행자가 부처님을 찾아와 '그는 나를 업신여기고 여기를 떠나갔다'고 말했다. 부처님은 이 말을 듣고 즉각 사람을 보내 사리풋타를 기원정사로 되돌아오게 했다. 일이 이렇게 되자 존자 아난다는 사리풋타가 공개적인 해명을 할 수 있도록 기원정사에 머무르는 대중들을 모두 강당으로 모이게 했다. 부처님이 사리풋타에게 물었다.

"그대는 어떤 수행자를 업신여기고 유행을 떠난 적이 있는가?"

"부처님, 대지(地)는 온갖 깨끗하고 더러운 것, 대변과 소변, 눈물과 침을 받아들입니다. 그러나 대지는 이를 미워하거나 사랑하거나, 깨끗하다거나 더럽다거나, 부끄럽다거나 창피스럽다거나 하지 않습니다. 수행자의 마음도 저 대지와 같이 지극히 넓고 커서 맺힘도 원한도 없고, 성냄도 다툼도 없나이다. 그런 마음을 배우는 제가 어찌 그런 짓을 했겠나이까?

또한 흐르는 물(水)은 온갖 깨끗하고 더러운 것, 대변과 소변, 눈물과 침을 받아들입니다. 그러나 흐르는 물은 이를 미워하거나 사랑하거나 깨끗하다거나 더럽다거나 부끄럽다거나 창피스럽다거나 하지 않습니다. 수행자의 마음도 저 흐르는 물과 같이 지극히 넓고 커서 맺힘도 원한도 없고, 성냄도 다툼도 없나이다. 그런 마음을 배우는 제가 어찌 그런 짓을 했겠나이까?

또한 불(火)은 온갖 깨끗하고 더러운 것, 대변과 소변, 눈물과 침을 피하지 않습니다. 그러나 불은 이를 미워하거나 사랑하거나 깨끗하다거나 더럽다거나 부끄럽다거나 창피스럽다거나 하지 않습니다. 수행자의 마음도 저 불과 같이 지극히 넓고 커서 맺힘도 원한도 없고, 성냄도 다툼도 없나이다. 그런 마음을 배우는 제가 어찌 그런 짓을 했겠나이까?

또한 바람(風)은 온갖 깨끗하고 더러운 것, 대변과 소변, 눈물과 침을 피하지 않습니다. 그러나 바람은 이를 미워하거나 사랑하거나 깨끗하다거나 더럽다거나 부끄럽다거나 창피스럽다거나 하지 않습니다. 수행자의 마음도 저 바람과 같이 지극히 넓고 커서 맺힘도 원한도 없고, 성냄도 다툼도 없나이다. 그런 마음을 배우는 제가 어찌 그런 짓을 했겠나이까?"

사리풋타의 진실한 해명을 들은 부처님은 오해를 한 수행자를 나무라고 대중 앞에서 참회토록 했다.

중아함 5권 24경 《사자후경(師子吼經)》

세상을 살다 보면 이런저런 뜻하지 않은 일로 억울한 일을 당하거나 어려운 입장에 놓이는 경우가 있다. 나는 선의로 말했는데 상대는 거꾸로 해석해서 오해하거나, 시기나 질투 때문에 함정에 빠지는 일도 있다. 참으로 억울하고 분통이 터지는 일이 생기는 것이다. 이때 불교를 공부하는 사람은 어떤 태도를 취해야 하느냐 하는 것이 이 경의 주제다.

이에 대해 부처님은 사리풋타의 입을 통해 대지와 물과 불과 바람의 덕성을 배워야 한다고 말한다. 저 대지와 물과 불과 바람은 깨끗한 것과 더러운 것을 구분하지 않는다. 사랑하는 것만 좋아하고 미워하는 것이라고 싫어하지도 않는다. 애증(愛憎)과 정예(淨穢)를 구분하지 않고 모든 것을 다 포용한다. 이것이 불자가 가져야 할 마음가짐이라는 것이다.

우리가 세상을 살면서 좋은 것이나 깨끗한 것만을 좋아하기는 쉽다. 증오를 싫어하고 더러운 것을 싫어하는 것은 인지상정이다. 그러나 따지고 보면 좋고 나쁜 것, 길고 짧은 것, 사랑과 미움이라는 것은 어디까지나 상대적인 것이다. 10cm짜리 연필이 짧은 것은 15cm보다 짧은 것이지 5cm보다는 긴 것이다. 그러므로 길다거나 짧다거나 좋다거나 싫다거나 하는 것도 모두 상대적인 것에 불과하다. 더럽다고 해도 더 더러운 것에 비하면 깨끗한 것이고, 깨끗하다고 해도 더 깨끗한 것에 비하면 더러운 것이다. 보이는 것만으로 판단하거나 차별하는 것은 단견(短見)일 수 있다. 그러므로 거기에 절대적인 가치나 의미를 부여하고 집착하는 것은 망상이고 오해다. 이렇게 마음을 쓰다 보면 모든 일에 너그러워진다.

물론 이런 마음을 누구나 갖기란 어렵다. 사실을 말하면 어느 정도 수행을 했다는 사람도 너그럽게 용심(用心)하기가 쉽지 않다. 그렇지만 모름지기 불자란 이런 마음을 배워야 한다. 그렇지 않으면 부처님 근처에 다가갈 수 없다. 불자로서 이런저런 핑계로 부처님 곁에서 멀어지는 길을 가려고 한다면 이 경을 읽고 마음을 다잡을 일이다.

욕망의 전차에서 하차하라

부처님이 라자가하 죽림정사에 계실 때의 일이다. 어느 날 존자 삼밋디(三彌提)가 먼동이 트는 새벽 온천림에 가서 온천에 목욕을 하고 나오는데 얼굴이 준수하게 생긴 정전(正殿)이라는 하늘 사람이 다가와 '그대는 수행자로서 좌우명을 받아 지니고 있는가'를 물었다. 삼밋디가 아직 없다고 말하자 그는 '도를 배우는 사람은 마땅히 좌우명을 받아 지녀야 한다'면서 부처님에게 가서 가르침을 받아 지니라고 권했다. 삼밋디 비구는 부처님을 찾아가 게송을 청했다. 이에 부처님은 다음과 같이 게송을 읊었다.

부디 과거를 생각하지 말고 / 또한 미래도 바라지도 말라.
과거의 일은 이미 지나갔고 / 미래의 일은 아직 오지 않았다.

현재의 모든 일에 대해서도 / 항상 올바르게 생각해야 하나니
참으로 슬기로운 사람이라면 / 불변하는 것은 없다고 아느니라.

이렇게 성인의 행을 행하는 사람은 / 죽음에 관한 두려움이 없다.
그는 결코 근심이 없을 것이니 / 고통과 재앙은 여기서 끝나리라.

부처님은 게송을 설한 뒤 곧 자리에서 일어나 방으로 들어가셨다. 이에 비구들은 존자 카트야나를 찾아가 이 법문을 해설해 줄 것을 청했다. 존자는 처음에는 사양하다가 재차 간청하자 이렇게 설명했다.

"이 게송은 비구들에게 삼세(三世)에 집착하지 말라는 것을 가르치는 것이다. 우리는 과거에 육근(六根)으로 육경(六境)을 대할 때 즐거움이나 괴로움에 빠지기 쉽다. 그러나 그것은 이미 지나간 것이므로 탐착하지 말라는 것이다. 그리고 미래는 아직 오지 않은 것이므로 즐거움이나 괴로움에 빠질 필요가 없다는 것이다. 그리고 현재의 일도 따지고 보면 변하지 않는 것이 없으니 또한 탐착할 이유가 없다는 것이다. 이렇게 하면 집착을 여의게 되고 모든 두려움에서 벗어나게 된다는 뜻이다."

카트야나의 설명을 들은 비구들이 뒷날 부처님께 이 사실을 아뢰었다. 부처님은 비구들에게 '카트야나는 지혜의 눈이 있으며, 바른 진리와 이치를 아는 사람'이라고 칭찬했다.

중아함 43권 165경 《온천림천경(溫泉林天經)》

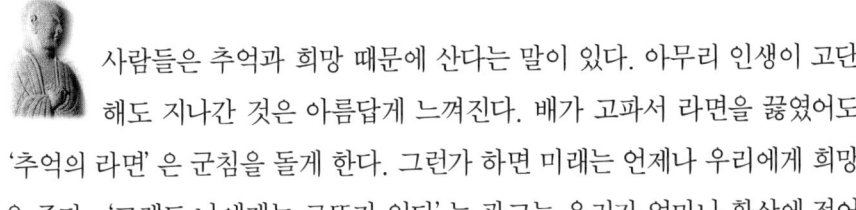

사람들은 추억과 희망 때문에 산다는 말이 있다. 아무리 인생이 고단해도 지나간 것은 아름답게 느껴진다. 배가 고파서 라면을 끓였어도 '추억의 라면'은 군침을 돌게 한다. 그런가 하면 미래는 언제나 우리에게 희망을 준다. '그래도 나에게는 로또가 있다'는 광고는 우리가 얼마나 환상에 젖어

사는지를 말해 준다.

　추억이나 희망이 이렇게 고단한 현실을 위로해 주는 것이라면 굳이 타기할 일은 아니다. 하지만 그것에 집착해서 냉정한 현실을 잊으려 한다면 문제는 심각해진다. 생각해 보면 과거란 아무리 아름다워도 이미 지나간 것이다. 미래 또한 아무리 화려해도 아직 오지 않은 것이다. 우리가 딛고 있는 것은 오직 현실의 대지다. 그러나 이 현실도 끝없이 변해 가는 것일 뿐이다.

　미국의 극작가 테네시 윌리암스가 쓴 희곡 《욕망이라는 이름의 전차》는 비비안 리가 주연한 영화로도 유명하다. 주인공 블랑쉬가 보여 주는 과거에 대한 추억과 욕망은 그것이 이루어지 않았을 때 얼마나 허망한지를 말해 준다. 그렇지만 우리는 누구도 이 사실을 깨닫지 못한다. 주인공은 과거의 우아함과 고상함에 대한 추억 때문에 그것을 잃지 않으려고 절망적 현실에 더욱 매달린다. 그러나 집착하면 집착할수록 현실과 욕망의 괴리로 더욱 비참해질 뿐이다.

　그러면 어떻게 해야 하는가. 과거는 지나갔고, 미래는 오지 않았고, 현실은 변해 가는 것임을 깨달았다면 '욕망이란 이름의 전차'에서 하차하라는 것이다. 헛된 꿈만 부풀리는 욕망의 전차에 오래 타고 있으면 멀미가 나고 나중에는 심각한 어지럼증에 시달리게 된다.

　부처님이 집착을 버리라고 한 것은 욕망에의 집착이 문제를 해결하기보다는 더 나쁜 쪽으로 빠져들게 하기 때문이다. 그러므로 지나간 과거나 오지 않은 미래보다는 지금 발을 딛고 선 현실에서 최선을 다하라고 가르친다. 그러면 어떻게 하는 것이 현실에서 최선을 다하는 것인가. 놀랍게도 그것은 지나친 탐착을 버리는 것이다. 그렇게 하면 근심이 없어진다는 것이다. 중생으로서 이것이 얼마나 가능할지는 모르겠다. 그러나 부처님은 중생이 알아듣든 말든 계속 그렇게 가르치고 있다. 참으로 못 말릴 어른이시다.

쾌락이 곧 행복은 아니다

부처님이 카시 국에 계실 때의 일이다. 그 무렵 부처님은 하루에 한 끼 먹는 계(日一食戒)를 설하고 '이 계를 지키면 비구들이 몸에 병이 없고 가벼우며 기력이 편해져서 안온해진다'고 가르친 뒤 몸소 실천해 보이셨다. 그뒤 부처님은 여행을 거듭하여 키타라기 북쪽 마을 싱사파 숲에 이르렀다. 그 숲에는 앗사지와 푸나바수카 비구가 머물고 있었는데 그들은 일일식계를 지키지 않고 하루 세 끼에 참까지 먹고 지냈다. 부처님을 수행하던 비구들은 이 사실을 알고 그에게로 가서 일일식계를 지키라고 일러주었다. 그러나 두 비구는 이렇게 말했다.

"우리는 하루 세 끼를 먹고 참까지 먹어도 몸에 병이 없고 몸이 가벼우며 안온하고 즐겁다. 그런데 무엇 때문에 이 즐거움을 버리고 미래를 기다릴 필요가 있겠는가?"

비구들은 재차 부처님의 뜻을 전했으나 완강히 거부했다. 비구들로부터 이 사실을 전해 들은 부처님은 저들을 데려오도록 했다.

"그대들은 왜 내가 가르친 일일식계를 지키지 않는가?"

"저희들은 감각이 즐거우면 모든 것이 다 즐겁고 감각이 괴로우면 모든 것이 다 괴롭다고 알고 있나이다. 즉 감각이 즐거우면 즐거움은 더욱 커지고 괴로움은 더욱 작아지나이다. 감각이 괴로우면 괴로움은 더욱 커지고 즐거움은 더욱 작아지는 것으로 알고 있나이다."

"이 미련한 자들아, 내가 언제 그렇게 가르쳤단 말인가."

부처님은 그들을 꾸짖은 뒤 다른 비구들에게 당신이 어떻게 말했는지를 일러 보라고 했다.

"저희들은 '감각이 즐거우면 그로 인해 즐거움이 불어나고 괴로움이 덜어지는 수도 있으며, 반대로 즐거움이 덜어지고 괴로움이 불어나는 수도 있다. 감각이 괴로우면 그로 인해 즐거움이 불어나고 괴로움이 덜어지는 수도 있으며, 반대로 즐거움이 덜어지고 괴로움이 불어나는 수도 있다'고 배웠나이다."

"그렇다. 나는 몸이 즐거운 일을 하지 말라고도 말하지 않으며, 몸이 괴로운 일을 하지 말라고도 하지 않는다. 나는 수행자들이 자기의 상태를 잘 관찰하여 닦아야 할 법은 닦고, 닦지 말아야 할 법은 닦지 말라고 가르친다. 이렇게 하면 즐거움은 더욱 불어나고, 괴로움은 더욱 덜어지기 때문이다.

나는 모든 비구가 다 구경지(究竟智)를 얻는다고 말하지 않는다. 그러나 점점 배우고 익혀 도의 길로 나아가고 가르침과 꾸지람을 받으면 모든 비구가 다 구경지를 얻을 것이다."

중아함 51권 195경 《아습패경(阿濕貝經)》

쾌락이란 무엇인가? 여러 가지 설명이 있겠지만 한마디로 감각기관을 즐겁게 해주는 것이 쾌락이라고 할 수 있다. 맛있는 것을 마음껏 먹을

수 있다면 얼마나 행복하겠는가. 술을 마시고 담배를 흡입해서 몽롱한 기분이 되는 것도 즐거운 일이다. 이성과의 성적 접촉은 또 어떤가. 인생에서 성적 향락을 빼놓는다면 즐거움의 절반을 잃는 것이나 마찬가지일 것이다. 좋은 음악을 듣는 것이나 아름다운 향기를 맡는 것, 아름다운 경치를 구경하는 것도 또한 즐거운 일이다. 요컨대 눈·귀·코·혀·몸·생각(眼耳鼻舌身意)이라는 여섯 가지 감각기관(六根)의 욕구를 모양·소리·향기·맛·감촉·이념(色聲香味觸法)이라는 대상(六境)으로 충족시켜 준다면 더 이상의 즐거움은 없을 것이다.

인생이란 어떤 의미에서 이러한 감각기관의 욕구를 충족시켜 주기 위한 발버둥인지도 모른다. 좋은 집에서 좋은 옷 입고, 아름다운 미인과 사랑을 나누고, 주지육림(酒池肉林)을 마음껏 헤맬 수만 있다면 더 이상 바랄 것이 없을 것이다. 우리는 이것을 행복으로 알고 이것의 충족을 위해 평생을 다 받치고 산다.

하지만 모든 향락이 다 즐거운 것은 아니다. 술과 미인이 좋다지만 지나치면 건강을 망친다. 배부른 것이 좋다지만 너무 많이 먹어도 위장장애를 일으킨다. 더욱이 향락적 생활은 잠시라도 제대로 누리지 못하면 견디기 어려운 금단증상이 나타난다. 향락은 얼핏 생각하면 매우 즐거운 것 같지만 사실은 고통의 다른 얼굴에 불과하다. 그러므로 거기에 너무 집착해서는 안 된다는 것이 부처님의 훈계다. 지나치게 사치스럽고 향락적으로 사는 사람이라면 귀기울여야 할 말씀이 아닌가 싶다.

사랑은 슬픔을 만드는 병

 부처님이 사밧티 기수급고독원에 계실 때의 일이다. 어느 날 한 바라문이 부처님을 찾아왔다. 그는 외아들을 잃은 슬픔 때문에 음식도 먹지 못하고 옷도 추스르지 못해 마치 미친 사람과 같았다.

"그대를 보니 본 정신이 아닌 것 같구나."

"저는 날이면 날마다 아들의 무덤에서 울기만 했습니다."

"바라문이여, 그렇다. 사랑이란 그렇게 슬픔과 근심, 번민과 괴로움을 생기게 하느니라."

그러나 그는 이 말에 동의하지 않았다. 사랑이 생기면 기쁨과 즐거움이 생기는 것이지, 사랑이 슬픔과 괴로움을 생기게 한다는 것은 있을 수 없다고 생각했다. 바라문은 더 이상 대화를 하지 않고 정사를 나오다가 마침 도박을 하는 사람을 만났다. 그는 도박꾼들과 어울려 부처님과의 대화를 털어놓고 그들의 의견을 물었다. 그들도 바라문과 같은 생각이었다.

도박꾼들과 바라문의 대화는 이내 사밧티에 널리 퍼져 많은 사람들의 화제가 되었다. 그 소문은 파세나디 왕과 말리카 부인에게까지 들어갔다. 왕과 왕비는 부처님의 말씀이 옳으니 그르니 옥신각신하다가 부처님께 직접 여쭈어 보기로 했다. 왕은 부처님께 사자를 보내 이 문제를 물어 보았다. 부처님은 왕의 사자에게 이렇게 답했다.

"만일 어떤 사람의 어머니가 목숨을 마쳐 죽으면 그는 미친 듯이 슬퍼한다. 만일 어떤 사람의 아버지, 형님, 누나, 동생, 며느리가 죽으면 또한 미친 듯이 슬퍼한다. 이는 모두 그들을 사랑했기 때문에 생기는 슬픔과 근심, 번민과 괴로움이다. 그래서 사랑은 슬픔을 만드는 원인이라고 말하는 것이다."

사자가 돌아와서 사실대로 아뢰자 말리카 부인이 물었다.

"대왕은 진정 나를 사랑하시는지요?"

"나는 진실로 왕비를 사랑하오."

"그렇다면 내가 하루 아침에 죽으면 대왕은 어떻게 하겠나이까?"

"나는 반드시 울며 근심하고 슬픔에 잠겨 괴로워할 것이오."

"그렇다면 부처님 말씀이 옳은 것이 아닙니까?"

왕은 그제야 고개를 끄덕이며 부처님이 말씀한 참뜻을 이해했다.

중아함 60권 216경 《애생경(愛生經)》

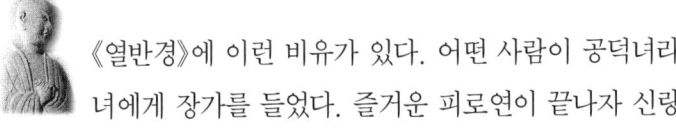

《열반경》에 이런 비유가 있다. 어떤 사람이 공덕녀라는 아름다운 처녀에게 장가를 들었다. 즐거운 피로연이 끝나자 신랑은 초례를 치르려고 신부 곁으로 갔다. 그런데 참으로 괴이한 일이 생겼다. 아름다운 신부 곁에 소름이 끼치도록 못생긴 처녀가 앉아 있었다. 그녀는 자기 아내인 공덕녀의 동생으로 이름을 흑암녀라고 했다. 신랑은 동생에게 '나는 언니와 결혼했으니 동생은 나가 달라'고 요구했다. 그러자 흑암녀는 이렇게 말하는 것이었다.

"나가라면 나가겠습니다. 그러나 내가 나가면 언니도 이 집에서 살 수 없습니다. 우리는 서로 떨어질 수 없는 자매인 까닭입니다. 그러니 언니와 살려면 나도 데리고 살고, 나를 내보내려면 언니도 함께 내보내셔야 합니다."

결국 그는 아름다운 언니와 못생긴 동생을 함께 데리고 살아야 했다나 어쨌다나.

인생이란 그런 것이다. 행복의 뒤끝은 불행이다. 사랑의 뒤끝은 슬픔이다. 그러나 우리는 언제나 행복은 영원해야 하고 사랑도 영원한 것이어야 한다고 생각한다. 나만은, 우리 가족만은 그래야 한다고 생각한다. 하지만 그런 행복과 불행은 샴쌍둥이와 같다. 둘은 언제나 붙어서 다닌다. 지금 행복의 절정에 있는 사람, 불행의 절정에 있는 사람들은 언제나 그 뒤에 와 있는 다른 모습을 미리 보아 둘 일이다.

왜 천사를 보지 못하는가

 부처님이 사밧티 기수급고독원에 계실 때의 일이다. 어느 날 부처님은 비구들에게 이렇게 말했다.

"만일 어떤 사람이 몸과 말과 생각으로 악행을 저지르고 성인을 비방하고 삿된 소견을 버리지 않거나, 또는 인간으로 태어나서 부모에게 효도하지 않으며 사문을 존경하지 않으며 복업을 짓지 않으며 후세의 죄를 두려워하지 않는다면 그는 이로 인해 몸이 무너지고 목숨이 끊어지면 반드시 지옥에 떨어지리라."

부처님은 이어 '중생이 악도에 떨어지기 전에 지옥을 다스리는 염라왕은 다섯 천사를 보내 그를 꾸짖고 가르친다. 지혜로운 사람은 이를 보고 악행을 멈추고 선행을 하면 지옥에 떨어지지 않을 것'이라며 다음과 같이 비유를 들어 가르쳤다.

"첫 번째 천사는 부모다. 어떤 마을에 어린아이가 태어났을 때 그는 아직 어리고 약해서 자신의 똥오줌도 가리지 못하고 그 속에서 버둥거린다. 아는 것도 없고 말도 제대로 못한다. 그때 부모는 똥오줌 가운데서 안아 일으켜 목욕시키고 깨끗하게 해준다. 그 천사를 보고도 착한 일을 하지 않고 방일하고 악행을 저질렀다면 마땅히 갚음을 받을 것이다.

두 번째 천사는 노인이다. 어떤 마을에서 이는 빠지고 머리는 희고 허리는 굽고 지팡이를 의지해 걸어가면서 몸을 벌벌 떠는 사람을 보았을 것이다. 그는 한때 젊고 화려한 청춘을 자랑했으나 나이가 들어 수명이 다해 목숨이 끊어지려는 고통을 받는다. 그 천사를 보고도 착한 일을 하지 않고 방일하고 악행을 저질렀다면 마땅히 갚음을 받을 것이다.

세 번째 천사는 병자이다. 어떤 사람이 병이 들어 몸은 지극히 괴롭고 위독하여 침대에 누워 있는 것을 보았을 것이다. 그도 한때는 건강을 자랑했으나 어느 순간 병이 들어 목숨이 끊어질 듯한 고통에 괴로워한다. 그 천사를 보고도 착한 일을 하지 않고 방일하고 악행을 저질렀다면 마땅히 갚음을 받을 것이다.

네 번째 천사는 사자(死者)이다. 어떤 사람이 죽으면 하루 이틀, 또는 6, 7일이 지나 육신이 썩기 시작한다. 들이나 산에서 죽은 사람의 시신은 까마귀와 솔개에게 쪼이고 승냥이에게 뜯긴다. 집에서 죽은 삶의 시신은 불에 태워지거나 땅에 묻힌다. 그 천사를 보고도 착한 일을 하지 않고 방일하고 악행을 저질렀다면 마땅히 갚음을 받을 것이다

다섯 번째 천사는 감옥의 죄수다. 죄를 지은 사람이 형벌을 받는 모습을 보면 손발이 묶여 옥에 갇힌다. 죄에 따라 손발이 절단되기도 하며 귀와 코를 베고 살을 저미며 수염과 머리를 뽑히기도 한다. 불에 지지며 날카로운 쇠평상에 눕히거나 거꾸로 매달거나 혹은 뱀에게 물리게 한다. 목을 베기도 하며 나무에 매달기도 한다. 그 천사를 보고도 착한 일을 하지 않고 방일하고 악행을 저질렀다면 마땅히 갚음을 받을 것이다."

중아함 12권 64경 《천사경(天使經)》

우리가 저지르는 악덕 가운데 하나는 오만(傲慢)이다. 청춘은 언제나 늙음을 인정하지 않는다. 언제까지나 청춘이 계속될 것으로 믿고 허랑방탕하면서 늙음을 준비하지 않는다. 건강한 사람은 자기가 언젠가 병들 것이란 사실을 생각하지 않는다. 이 정도는 아무 것도 아니라며 몸을 함부로 굴린다. 살아 있는 사람은 누구도 자기가 죽을 것을 예상하지 않는다. 천년만년 살 것처럼 욕심을 낸다. 그런가 하면 자기는 어떤 경우에도 죄를 짓지 않을 것처럼 남을 단죄하는 사람도 있다. 자신이 넘쳐 남의 처지를 생각하지 않는다.

그러나 인생이란 그렇게 오만하게 살아도 될 만큼 호락호락한 것이 아니다. 우리가 호기를 부리는 동안 전혀 생각하지도 못했던 일들이 생긴다. 그때 가서 후회하면 이미 늦다. 미리미리 겸손하게 자기를 돌아보아야 후회가 적은 인생을 살 수 있다.

《논어》〈술이편〉에서 공자는 이런 유명한 말을 남긴 바 있다.

> 세 사람이 길을 가면 반드시 나의 스승이 있다. 그 중에 선한 사람이 있다면 가려서 따르고, 선하지 못한 자는 가려서 자신의 잘못을 고쳐야 한다(子曰 三人行必有我師 焉擇 其善者而從之 其不善者而改之).

둘러보면 이 세상에는 나의 스승이 아닌 이가 없다. 그들은 모두가 염라대왕이 미리 보낸 스승이고 천사들이다. 그러나 우리는 그 천사들을 보지 못한 채 오늘도 죄만 짓고 살아간다. 죽은 다음은 그만두고 당장 내일이 걱정이다.

누가 천국에 태어나는가

부처님이 코살라 국 이차능가라 바라문촌에 계실 때의 일이다. 어느 날 이 마을에 비기라바라와 다리차라는 바라문이 찾아왔다. 이들은 모두 훌륭한 가문의 출신으로 비기라바라에게는 바실타라는 제자가 있었고, 다리차에게는 파라타라는 제자가 있었다. 두 사람의 제자는 우연한 기회에 만나 서로 이렇게 주장했다.

"내가 믿는 종교는 진실하고 바른 가르침이다. 능히 출요(出要)를 얻어 범천에 이를 수 있다. 나의 스승은 이렇게 가르친다."

그들은 다툼이 끝나지 않자 부처님을 찾아가 물어 보기로 했다. 부처님은 대답 대신 두 사람에게 '그대의 스승이나 또는 과거의 유명한 바라문으로서 《베다》를 외워 통달한 사람이라 하더라도 범천에 가 본 적이 있는가'를 물었다. 그들은 '가 본 사람이 없다'고 답했다. 그러자 부처님은 이렇게 말했다.

"가 보지도 못한 사람이 범천을 말한다면 그것은 마치 어떤 사람이 아름다운 여자를 보지도 못했으면서 그를 보았다고 하고, 심지어는 그 여자와 잠자리를 같이 했다고 말하는 것과 무엇이 다른가?"

부처님은 다시 두 사람에게 '범천이 있다면 질투하는 마음, 화내는 마음, 원한을 갖는 마음, 가족과 재물에 대해 애착하는 마음을 가진 사람이 갈 수 있다고 생각하는가'를 물어 보았다. 그들은 '그럴 수가 없다'고 답했다.

부처님은 또 그들에게 '그대의 스승이나 그대의 종교를 수행하는 사람들은 질투하는 마음, 화내는 마음, 원한을 갖는 마음, 가족과 재물에 대해 애착하는 마음을 끊었는가'를 물어보았다. 그들은 '아직 끊지 못했다'고 답했다.

"그러면 다시 묻겠다. 나와 나의 제자들은 질투하는 마음, 화내는 마음, 원한을 갖는 마음, 가족과 재물에 대해 애착하는 마음이 있다고 생각하는가, 없다고 생각하는가?"

부처님의 반문설법(反問說法)을 들은 두 사람은 어리석음을 깨닫고 불법에 귀의했다.

장아함 16권 26경 《삼명경(三明經)》

모든 종교에는 조금씩 독단이 있다. 자기 종교의 가르침이 참다운 '진리'라고 믿는 한 이는 어쩔 수 없는 일이다. 독단적인 진리를 주장하는 종교일수록 교리는 비합리적이고, 신앙은 맹목적이기 쉽다. 그러나 그 믿음이 과연 합리적인 근거가 있는 것인지는 생각해 볼 일이다.

요즘도 우리는 길거리에서 자주 'ㅇㅇ천국 불신지옥'이라는 섬뜩한 푯말을 들고 전도하는 사람들을 만난다. 이들은 자기가 믿는 종교만이 천국으로 가는 지름길이라고 확신하는 모양이다. 그들의 믿음은 거의 맹목적이다. 천국이란 것이 과연 있는지, 누가 가 보았는지를 물으면 어물어물 대답을 못한다. 그러면서도 그 종교를 믿지 않으면 무조건 지옥에 떨어진다는 것이다.

그러나 이런 주장에는 함정이 있다. 예를 들어 그 종교가 전래되기 전에 살던 사람의 운명은 과연 어떻게 되었을까 하는 점이다. 이들의 논리대로라면 그들은 다 지옥의 불구덩이에서 헤매야 한다. 그들의 조상이 다 지옥에 갔다면 이는 그때까지 은총을 베풀지 못한 그 종교의 신 때문일 것이다. 과연 그런 신을 전능한 신이라고 할 수 있는가.

더 이해할 수 없는 것은 그 종교만 믿으면 욕심을 부리거나, 화내고 나쁜 짓을 해도 그 천당이란 데를 과연 갈 수 있는가 하는 것이다. 만약 나쁜 짓을 했는데도 그 종교를 믿었다는 이유만으로 천국에 간다면 그것이 과연 제대로 된 종교이겠는가.

부처님도 이런 터무니없는 사람들을 가끔 만났던 것 같다. 그들은 무조건 자기 종교만 훌륭하고 다른 종교는 엉터리라고 주장했다. 이 경전은 그런 사람을 만났을 때 부처님이 어떻게 대처했는지를 보여 준다.

부처님의 방법은 흥분하거나 싸우지 않고, 차분하게 따져서 맹목적인 허위의식을 척파해 나가는 것이었다. 불교는 '불합리하기 때문에 도리어 믿는다'는 말도 안 되는 주장을 하지 않는다. 이성적으로 생각해서 옳다고 판단되면 믿는 종교다. 그런데 가끔은 불교를 믿는 사람 중에 외도적 방법으로 불교를 말하려는 사람이 있다. 이런 사람들을 보면 참 답답하다는 생각이 든다.

불교적 신사가 취할 태도

부처님이 사왓티 기수급고독원에 계실 때의 일이다. 어느 날 한 제자가 찾아와 몰리야파군나 비구의 좋지 못한 소문을 전했다. 그는 비구니들과 자주 어울리는 데다가 누가 그 문제에 대해 말하면 화를 내면서 싸우려 든다는 것이다. 부처님은 즉시 몰리야파군나를 불러 사실 여부를 확인하고 이렇게 가르쳤다.

"그대는 지극한 믿음으로 도를 배우고자 출가했다. 그렇다면 마땅히 마음속으로 세속의 욕심을 끊고 바른 생각을 익혀야 한다. 한번 가르침을 받은 뒤에는 바른 생각을 성취하여 바른 법으로 향해야 한다. 혹시 누가 나에 대해 나쁜 말을 하더라도 성내거나 미워하지 않으며, 시비에 휩싸이지 않으며 멀리 한적한 곳에 머물며, 고운 말과 공순한 법을 성취해야 한다. 결코 화내거나 싸우거나 시비에 휩싸이지 않도록 해야 한다."

이어서 부처님은 베데히카(韋陀提) 부인을 예로 들어 비구들을 훈계했다.

"베데히카 부인은 큰 부자의 아내로서 재산도 풍족했지만 욕됨을 잘 참고 온화해서 명성이 자자했다. 그 부인에게는 카알리라는 여종이 있었는데 그녀는 어려서부터 부인을 몸종으로서 순종적이고 부드러우며 고운 말을 썼다. 그녀는 어느 날 이런 생각을 했다.

'마님은 잘 참고 온화하다는 소문이 자자하다. 과연 그런지 시험해 보리라.'

다음날 카알리는 일부러 늦게까지 일어나지 않았다. 부인은 카알리에게 '이제 그만 일어나라'고 부드러운 말로 타일렀다. 그럼에도 카알리는 다음날에도 매우 늦게까지 일어나지 않았다. 부인은 '내일부터는 일찍 일어나라'고 말했다. 그러나 카알리는 다음날에는 아예 저녁 나절까지 일어나지 않았다. 부인은 화가 나서 욕을 하며 매질을 했다. 카알리는 부인으로부터 흠씬 두들겨 맞고 밖에 나가 이렇게 말했다.

'베데히카 부인이 잘 참고 온화하다는 것은 거짓말이다. 부인은 내가 조금 늦게 일어났다고 미치광이처럼 나에게 욕하며 매질까지 했다.'

그리하여 부인의 명성은 하루아침에 땅에 떨어지고 말았다."

여기까지 말한 부처님은 다시 비구들에게 말했다.

"모름지기 출가한 사문이란 어떤 도적이 와서 톱이나 칼로 그대들의 몸을 마디마디 끊는다 하더라도 마음이 변하거나 입으로 나쁜 말을 하지 않고, 도리어 불쌍한 마음을 일으켜야 한다. 그래야 이 세상에서 성냄도 없고 다툼도 없고 걸림도 없는 삶을 살 것이다."

중아함 50권 193경 《모리파군나경(牟犁破群那經)》

앞에서는 온화하고 품위 있는 말을 하지만 돌아서면 본색을 드러내는 사람이 있다. 윗사람에게는 예의를 다하는 척하지만 아랫사람에게는 못살게 구는 사람도 있다. 이렇게 앞과 뒤, 속과 겉이 다른 이중인격자를 만나면 우리는 구토를 느낀다.

　그러나 희로애락을 쉽게 드러내지 않는 것이 교양이고 인격이라고 한다면 너무 솔직하게 자기감정을 표현하는 것도 문제다. 더욱이 교양인의 언행이란 타인에 대한 배려를 우선하는 것이라면 적당한 자제는 미덕이다. 도리어 요즘은 말이나 행동을 너무 멋대로 해서 문제다. 사려 깊지 않은 말이 용기가 되고, 멋대로의 행동이 솔직한 태도로 간주되는 것이야말로 꼴불견이 아닐 수 없다.

　부처님의 별명 가운데는 '위없는 신사(無上士)'라는 것이 있다. 미워도 참는 것이 아니라 미움 자체가 없는, 그래서 겉과 속, 말과 행동이 일치하는 멋진 인격자라는 뜻이다. 이에 비해 평범한 속인들의 교양이란 결국 베데히카 부인처럼 상황에 따라 변할 수밖에 없다. 우리가 정말 부끄러워해야 할 점은 이런 '위선적 교양'마저 없는 천박함이다. 그런 사람들 때문에 하루에도 몇 번씩 눈살을 찌푸리게 되는 일이 얼마나 많은가.

　종교의 목적은 다른 데 있지 않다. 사람의 근본을 바꾸기 위해 종교가 필요하다. 부끄러운 일을 하고도 시치미 떼는 짓을 하거나, 사려가 깊지 못하고 멋대로 행동하는 따위의 태도가 얼마나 그릇된 것인지를 일러주어야 한다. 그러자면 무엇보다 항상 자기 자신을 돌아볼 줄 알아야 한다. 양심에 난 털을 뽑아 버려야 어떤 행동을 해도 법도에 어긋나는 일이 없다. 이것이 불교적 신사숙녀가 취할 태도다. 그러면 나는 과연 불교적 신사숙녀라고 할 만한가.

참다운 사람의 조건

 부처님이 사밧티 기수급고독원에 머물고 계실 때의 일이다. 어느 날 부처님은 제자들에게 이렇게 말씀했다.

"오늘은 참다운 사람과 참답지 못한 사람이란 어떤 사람인지에 대해 말해 주겠다. 잘 듣고 잘 기억했다가 참다운 사람이 되도록 하라.

탐욕과 성냄과 어리석음을 끊지 못했으면서도 자신이 귀족 출신이었음을 자랑삼는 사람이 있다. 그가 참되지 못한 사람이다. 탐욕과 성냄과 어리석음을 끊지 못했으면서도 용모가 남보다 뛰어난 것을 자랑삼는 사람이 있다. 그가 참되지 못한 사람이다. 탐욕과 성냄과 어리석음을 끊지 못했으면서도 자신의 말재주를 자랑삼는 사람이 있다. 그가 참되지 못한 사람이다. 탐욕과 성냄과 어리석음을 끊지 못했으면서도 자신이 유명한 장로인 것처럼 선전하는 사람이 있다. 그가 참되지 못한 사람이다.

탐욕과 성냄과 어리석음을 끊지 못했으면서도 자신의 박학다식을 자랑삼는 사람이 있다. 그가 참되지 못한 사람이다. 탐욕과 성냄과 어리석음을 끊지 못했으면서도 자신의 옷차림이 위의에 맞는다고 자랑하는 사람이 있다. 그가 참되지 못한 사람이다. 탐욕과 성냄과 어리석음을 끊지 못했으면서도 자신은 검소하고 걸식 규칙을 잘 지키고 있음을 자랑삼는 사람이 있다. 그가 참되지 못한 사람이다. 탐욕과 성냄과 어리석음을 끊지 못했으면서도 자신의 아란야행을 자랑삼는 사람이 있다. 그가 참되지 못한 사람이다.

탐욕과 성냄과 어리석음을 끊지 못했으면서도 자신은 초선을 성취했다고 자랑하는 사람이 있다. 그가 참되지 못한 사람이다. 탐욕과 성냄과 어리석음을 끊지 못했으면서도 자신이 2선, 3선, 4선을 성취하고 공처, 식처, 무소유처, 비상비비상처의 성취를 자랑삼는 사람이 있다. 그가 참되지 못한 사람이다.

이에 비해 참된 사람은 정반대다. 비록 자신이 귀족출신이고, 용모가 단정하며, 말재주가 뛰어나며, 박학다식하고, 장로이며, 옷차림이 위의에 맞고, 검소하고, 절제가 엄정하고, 아란야행을 하고, 초선과 비상비비상처정을 성취했다고 하더라도 그것을 자랑하지 않고 오히려 자신을 살피며 삼독심을 끊어 없애려고 한다. 그가 참된 사람이다."

중아함 21권 85경 《진인경(眞人經)》

불교를 공부한 지 10년이나 20년이 되었다면 그보다 공부한 기간이 짧은 사람보다 조금이라도 나은 구석이 있어야 한다. 예를 들면 다른 사람보다 더 너그럽다든지 인격이 훌륭하다든지 해야 한다. 이것이 불교를 오래 공부한 사람이 존경받는 이유다. 그러나 현실은 그렇지 못한 경우가 많다. 지혜보다는 지식이 많다든가, 진실보다는 기교만 뛰어나다든가, 능력보다는 직위가 높다든가 하는 것으로 존경의 기준을 삼는 것이 보통이다.

부처님은 이에 대해 비판적 입장을 보였다. 불자에게 존경의 기준이 되는 것은 겉으로 드러난 미모나 명성이나 학력이나 지위가 아니다. 부처님의 잣대는 외형적인 것에 있지 않다. 얼마나 내면적 성숙이 이루어졌는가에 있다.

이런 잣대로 세상에서 '잘 나가는 사람'을 재어 보면 어떤 결과가 나올까? 남 앞에서 청렴을 말하다가 부정부패에 연루되어 쇠고랑을 차는 사람은 불자가 아니다. 입으로는 봉사와 자비를 말하지만 뒤로는 사기와 착취를 일삼는 사람도 존경받을 자격이 없다. 겉으로는 종교인연 하지만 속내를 들여다보면 탐욕과 미움이 가득한 사람도 마찬가지다.

부처님은 이런 사람들을 진실하다거나 훌륭하다고 말하지 않는다. 비록 겉은 초라해도 속은 소박하고 진실한 사람을 훌륭하다고 칭찬한다. 그러면 우리는 어떤 사람인가? 부처님에게 칭찬받을 사람인가, 겉과 속이 다르다고 야단맞을 사람인가? 그보다도 이런 말을 얼굴색 하나 변하지 않고 떠들어대는 나야말로 어디에 속하는 사람인가.

깨끗한 보시의 공덕

부처님이 카필라바스투 니그로다 동산에 계실 때의 일이다. 어느 날 이모인 고타미 비구니가 부처님을 위해 금색의 화려한 가사를 만들어 와서 받아 줄 것을 청했다.

"부처님, 이 옷은 제가 세존을 위해 직접 지은 것입니다. 받아 주소서."

"고타미여, 이 옷을 비구들에게 보시하라. 비구들에게 보시한 뒤에 나에게 공양하라."

고타미는 재차 새 옷을 받아 줄 것을 청했으나 부처님은 거듭 사양했다. 옆에서 이를 지켜 보던 아난다가 고타미 비구니가 부처님이 어렸을 때 젖을 먹여 길러 주던 이모였음을 상기하면서 옷을 받아 줄 것을 청했다. 그러나 부처님은 고타미 비구니가 여래를 위해 옷을 지은 것은 칭찬할 일이지만, 대중에게 보시하는 것이 더 큰 공덕이라면서 보시의 종류와 공덕에 대해 말했다.

"아난다야, 보시에는 네 가지가 있다. 첫째는 주는 사람은 깨끗한데 받는 사람이 깨끗하지 못한 것이요, 둘째는 받는 사람은 깨끗한데 주는 사람이 깨끗하지 못한 것이요, 셋째는 주는 사람도 깨끗하지 못하고 받는 사람도 깨끗하지 못한 것이요, 넷째는 주는 사람도 깨끗하고 받는 사람도 깨끗한 것이 그것이다.

　주는 사람은 깨끗한데 받는 사람이 깨끗하지 못한 보시란 이런 것이다. 주는 사람은 순수한 마음으로 보시란 훌륭한 일이며 큰 공덕이라고 생각하는데 반해, 받는 사람은 정진도 하지 않고 받을 자격도 없으면서 보시를 많이 해야 공덕이 있다고 말하는 사람에게 하는 것이다. 받는 사람은 깨끗한데 주는 사람이 깨끗하지 못한 보시란 이런 것이다. 주는 사람이 보시란 아무 공덕도 없다고 생각하고 억지로 주는데 반해, 받는 사람은 겸손하고 고마운 마음으로 받으며 정진도 열심히 하는 사람에게 하는 것이다. 주는 사람도 깨끗하지 못하고 받는 사람도 깨끗하지 못한 보시란 이런 것이다. 주는 사람도 보시란 아무 공덕도 없다고 생각하고 억지로 주고, 받는 사람도 정진은 하지 않고 받을 자격도 없으면서 보시를 많이 해야 공덕이 있다고 말하는 사람에게 하는 것이다. 주는 사람도 깨끗하고 받는 사람도 깨끗한 보시란 이런 것이다. 주는 사람은 보시란 훌륭한 일이며 큰 공덕이라고 생각하며 순수한 마음으로 보시하고, 받는 사람도 겸손하고 고마운 마음으로 받으며 정진도 열심히 하는 사람에게 하는 것이다."

중아함 47권 180경 《구담미경(瞿曇彌經)》

　보시는 중생이 공덕을 쌓는 최고의 방법이다. 특히 승단은 재가불자의 보시에 의해 유지되므로 부처님은 출가승단에 대한 보시의 공덕을 자주 강조했다. 그러나 부처님은 무조건 많이 베푼다고 공덕이 되는 것이 아니라고 말한다. 주고 싶지 않은데 억지로 주거나, 받을 자격이 없는데 욕심껏 받아 챙기면 이는 도리어 죄악이 될 뿐이다. 나눔에도 윤리가 있어야 한다는 뜻이다. 이것이 예로부터 불교에서 강조해 온 주는 사람, 받는 사람, 그리고 주고받는 물건이 다 깨끗해야 한다는 삼륜청정(三輪淸淨)이다.

　주는 사람이 깨끗해야 한다는 것은 어떤 대가를 바라는 마음이 있으면 안 된다는 것이다. 반대급부를 기대하다가 나중에 돌아오는 것이 없으면 섭섭해 할 바에는 차라리 안 주느니만 못하다. 대개의 사람은 겉으로는 그냥 대가 없이 주는 것처럼 하지만 속으로는 대가를 바란다. 물질적 대가가 아니더라도 이름만이라도 기억해 주기를 바란다. 이것은 진정으로 깨끗한 보시가 아니다.

　이에 비해 받는 사람이 깨끗해야 한다는 것은 자격도 없이 욕심을 내서는 안 된다는 것이다. '공짜라면 양잿물도 마신다'는 말이 있지만 무조건 욕심을 내다 보면 반드시 문제를 일으키게 된다. 주지 않는 것을 억지로 달라고 하는 것도 옳지 않다. 그것은 강도 행위다. 높은 자리를 이용해 갖다 바치도록 은근히 압력을 행사하는 것도 물론 옳은 일이 아니다.

　주고받는 물건이 깨끗해야 한다는 것은 뇌물을 주거나 훔친 것을 나누는 행위는 보시가 아니라는 것이다. 밥 한 끼를 나누어도 대가가 없는 것이어야 한다. 선행을 하기 위해 훔친 물건을 내놓는 것도 옳다고 할 수 없다.

　보시란 이렇게 주어도 줬다는 마음이 없고, 받아도 부끄럽지 않고, 주고받는 물건도 깨끗해서 삼륜이 청정해야 한다. 비단 보시만이 아니다. 모든 거래가 삼륜청정으로 이루어져야 세상이 청정해진다. 이것이 나눔의 윤리다.

돈 버는 법, 돈 쓰는 법

 부처님이 사밧티 기수급고독원에 머물 때의 일이다. 어느 날 급고독 장자가 부처님을 찾아와 여쭈었다.

"부처님, 세상에는 재산을 모으고자 욕심을 부리는 사람들이 많습니다. 그들이 어떻게 돈을 벌고, 돈을 써야 할지 가르쳐 주십시오."

"거사여, 돈을 모으는 방법도 여러 가지고 돈을 쓰는 방법도 여러 가지다. 첫째는 수단과 방법을 가리지 않고 재산을 모은 뒤, 부모나 처자를 돌보지 않고 복도 짓지 않는 사람이다. 둘째는 수단과 방법을 가리지 않고 재산을 모은 뒤, 그 재산을 자기 가족을 위해서만 쓸 뿐 남을 위해서는 쓰지 않는 사람이다. 셋째는 수단과 방법을 가리지 않고 재산을 모은 뒤, 자기 가족은 물론 남을 위해서도 쓰는 사람이다. 넷째는 어떤 때는 정당하지 않은 방법으로 어떤 때는 정당한 방법으로 재산을 모은 뒤, 부모나 처자를 돌보지 않고 복도 짓지 않는 사람이다. 다섯째는 어떤 때는 정당하지 않은 방법으로 어떤 때는 정당한 방법으로 재산을 모은 뒤, 재산을 자기 가족을 위해서만 쓸 뿐 남을 위해서는 쓰지 않는 사람이다.

여섯째는 어떤 때는 정당하지 않은 방법으로 어떤 때는 정당한 방법으로 재산을 모은 뒤, 자기 가족은 물론 남을 위해서도 돈을 쓰는 사람이다. 일곱째는 언제나 정당한 방법으로 재산을 모은 뒤, 부모나 처자를 돌보지 않고 복도 짓지 않는 사람이다. 여덟째는 언제나 정당한 방법으로 재산을 모은 뒤, 그 재산을 자기 가족을 위해서만 쓸 뿐 남을 위해서는 쓰지 않는 사람이다. 아홉째는 언제나 정당한 방법으로 재산을 모은 뒤, 자기 가족은 물론 남을 위해서도 돈을 쓰는 사람이다. 열째는 언제나 정당한 방법으로 재산을 모은 뒤, 자기 가족은 물론 남을 위해서도 돈을 쓴다. 그러나 재물에 집착하지 않으며 재물에 대한 집착이 우환을 가져오는 것임을 알고 그것에서 벗어나도록 노력하는 사람이다."

이렇게 설명한 부처님은 다시 급고독 장자에게 어떻게 벌고 어떻게 쓰는 것이 옳고 그른지에 대해 말했다.

"만일 정당하지 않게 재물을 구하거나 또는 어떤 때는 정당하고 어떤 때는 정당하지 않게 재물을 구해서 자기와 남을 위해 쓰지도 않고 또한 널리 베풀어 복도 짓지 않으면 이는 모두 옳지 않다. 그러나 만약 정당하게 재물을 구하며 스스로 수고해서 재물을 구해 가족과 남을 위해 쓰고 또한 널리 베풀어서 복을 지으면 이는 둘 다 최상이니라."

중아함 30권 126경 《행욕경(行欲經)》

자본제 사회에서 돈이란 모든 것을 가능하게 한다. 돈만 있으면 못생긴 얼굴도 성형을 해서 고칠 수 있다. 공부 못하는 학생은 족집게 과외를 해서 성적을 올린다. 사랑에도 돈이 든다. 말로만 사랑을 고백하기보다는 비싼 선물을 안기면 애인의 얼굴이 금방 환해진다. 관청에서 인허가를 받으려면 뇌물이 최고다. 소금 먹은 사람이 물켠다고 거액의 뒷돈을 주면 안 될 일도 된다. 돈은 죄가 될 일도 무죄로 만들고, 죄가 안 될 일도 죄로 만든다. '유전무죄(有錢無罪) 무전유죄(無錢有罪)'라는 말은 자본제 사회에서 사법정의(司法正義)가 얼마나 돈과 유관한지를 말해 준다.

그래서 모든 사람들은 돈벌기에 혈안이다. 돈이 되는 일이라면 무슨 짓이든 하려고 든다. 정조도 팔고, 사기도 치고, 심지어는 사람도 죽인다. 그렇게 해서 성공만 하면 모든 것이 용서된다는 것이다. 사람들이 이렇게 부정한 방법으로 돈을 벌려고 하는 것은 정당한 방법으로는 돈을 벌기 어렵다는 것이 가장 큰 이유다. 오죽하면 '개처럼 벌어서 정승처럼 쓴다'는 말이 생겼겠는가.

그런데 부처님은 이런 행위에 대해 옳지 않다고 말씀한다. 정당하게 벌어서 정당하게 써야 한다는 것이다. 부정하게 벌어서 부정하게 쓰면 우환이 생긴다고 말한다. 이 말씀은 상당 부분이 진실인 것 같기는 하다. 부정한 방법으로 돈을 벌고 쓰다가 감옥에 가는 사람이 있는 것을 보면 돈이란 정당하게 벌어 정당하게 써야 하는 것이 분명하기는 하다.

그렇지만 과연 그렇게 해서 돈을 벌 수는 있을지에 대해서는 여전히 확신이 서지 않는다. 아직 제대로 돈을 벌어 보지 못해서 이런 생각이 드는 것일까? 그래서 우리는 여전히 다른 방법을 연구하느라고 바쁘다. 부처님 말씀을 귀찮아 하면서 귓등으로 흘리려고 한다. 차라리 양심을 속이는 것이 살기가 편하다는 것이다. 이래도 되는지 모르겠다.

자기를 과시하려는 허물

부처님이 라자가하 칼란다카 동산 죽림정사에 계실 때의 일이다. 어느 날 재가제자인 실의(實意) 거사가 부처님을 찾아뵈려다가 명상에 방해가 될지도 모른다고 생각하고 가까운 우담바라 숲으로 갔다. 그곳에는 무에(無恚)라는 외도가 5백 명의 제자들과 함께 있었다. 실의 거사는 무에의 무리와 인사를 나누고 부처님의 훌륭하심을 찬탄했다. 그러나 무에는 잘난 척하며 부처님이 '앞뒤가 맞지 않는 말을 한다. 가르침과 실천이 일치하지 않는다. 그는 마치 애꾸눈을 가진 소와 같다'고 비난했다.

저녁때가 되었을 무렵 부처님은 명상에서 일어나 산책을 하다가 우담바라 숲으로 왔다. 무에는 돌연한 부처님의 방문에 당황했으나 제자들 앞에서 체면을 세우기 위해 '이해할 수 없고 더러움에 물든 수행'이란 무엇인가를 질문했다.

"어떤 바라문 수행자는 알몸으로 다니거나, 임신한 여인이 있거나 개를 기르는 집에 가서 걸식하지 않거나, 물고기나 짐승 고기를 먹지 않거나, 머리를 기르고 자르지 않거나, 꼿꼿이 서 있고 앉지 않거나, 해와 달 또는 물이나 불을 섬기거나 하는 것을 수행이라 하며 자랑을 삼는다. 그러나 이런 것은 이해할 수 없는 것이며 권할 만한 수행이 못 된다. 어째서 그런가? 그런 수행은 도리어 나쁜 욕심이 생기게 하고, 자신은 귀하게 여기면서 남은 천하게 여기며, 그 마음에 시름과 두려움, 무서움, 비밀스러움, 의심, 질투, 인색, 아첨을 생기게 하며, 거짓말과 이간질을 하며 바른 생각과 바른 지혜가 사라지게 하기 때문이니라."

여기까지 설명을 들은 무에는 더러움에 물들지 않는 청고행(淸苦行)에 대해 물었다.

"고행으로 인하여 나쁜 욕심이 사라지며, 고행을 이유로 대접받기를 바라지 않으며, 나쁜 생각과 지혜를 없애고, 바른 지혜를 얻게 하는 것이 깨끗한 고행이다. 어떻게 해야 그렇게 되는가? 스스로 산목숨을 죽이지 않고, 훔치지 않으며, 음행하지 않으며, 거짓말하지 않으며, 그런 일을 남에게 권하지 않으며 그런 일을 했다고 잘난 체하지도 않는 것이 바른 수행이고 깨끗한 고행이니라. 이러한 수행을 하지 않는 사람이야말로 애꾸눈을 가진 소와 같다고 하리라."

중아함 26권 104경 《우담바라경(優曇婆邏經)》

불교는 바른 지혜를 얻어 번뇌와 욕망을 극복하고 열반의 성취를 목적으로 하는 '수행의 종교'다. 이를 위해서 부처님은 계율을 지키고, 명상을 하고, 지혜를 닦아야 한다고 가르쳤다.

부처님이 가르친 수행의 방법은 극단주의를 배제한 중도수행이었다. 출가한 이후 6년 동안 극단에 가까운 고행수도를 경험한 부처님은 그것이 무익한 것임을 누구보다 잘 알고 있었다. 따라서 제자들에게는 늘 몸과 마음을 조절하는 중도수행을 강조했다. 육체를 학대하는 고행주의나 향락에 빠지는 쾌락주의 어느 것도 수행에 도움이 되지 않는다는 것이다.

그러나 수행의 진정한 목적을 알지 못하는 사람은 엉뚱한 곳에서 헤맨다. 마음속의 번뇌와 욕망을 줄이기보다는 불면불와(不眠不臥)나 단식(斷食), 또는 단지(斷指)나 소신공양(燒身供養) 같은 행위의 실천을 자랑으로 여긴다. 그렇게 하는 것이 '목숨을 걸어 놓고 하는 수행'이라는 것이다. 그렇지만 부처님은 이에 대해 비판적인 입장을 취했다. 설사 고기를 먹지 않고, 알몸으로 다니는 특이한 고행을 한다 해도 탐·진·치를 극복하지 못한다면 무슨 의미가 있느냐는 것이다. 더욱이 그로 인해 우월감을 갖거나 이름을 내려고 한다면 그것이야말로 수행자의 태도가 아니라는 것이다.

오래 전 미국에서 어떤 사람이 여학생 기숙사에 들어가 닥치는 대로 학생들을 살해한 엽기적 사건이 있었다. 동기는 어이없게도 '다른 사람에게 나를 알리고 싶어서'였다. 수행자가 남보다 특이한 행동을 하며 그것을 자랑하려는 것도 심리적으로 보면 같은 발상이라 할 수 있다. 남이 안 하는 것을 했다고 우쭐대고 타인을 우습게 여기는 태도야말로 경멸받아 마땅한 행위다. 그런 행위는 하심과 겸손이라는 수행자의 더 큰 덕목을 상실하게 할 뿐이다. 진실한 수행자일수록 자기는 귀하게 여기고 남을 우습게 여기는 '애꾸눈'이 안 되도록 조심할 일이다.

선지식을 가까이하는 공덕

부처님이 사밧티 기수급고독원에 계실 때의 일이다. 어느 날 생문(生聞) 바라문이 찾아와 악지식과 선지식에 대해 물었다.

"부처님, 어떤 사람을 악지식이라 하는지요?"

"악지식은 마치 그믐으로 향하는 달과 같은 사람이다. 그믐으로 향하는 달은 날로 모양이 점점 어그러지고 광명도 점점 약해진다. 그리하여 나중에는 모양이 아주 없어져 볼 수도 없고 빛도 없어진다. 악지식도 또한 그와 같아서 처음에는 여래의 바른 가르침을 받아 그 법을 믿지만 점점 따르지 않고 공경하지 않으며 소행은 순하지 않으며 바른 지혜를 세우지 않는다. 그러다가 나중에는 문득 믿음을 잃고 계와 믿음과 서원과 지혜도 또한 잃어버린다. 마지막에는 마치 달이 모양을 잃듯이 모든 것을 잃고 만다. 이것이 악지식이 가는 길이다."

"그러면 어떤 사람을 선지식이라 하는지요?"

"선지식은 마치 보름으로 향하는 달과 같은 사람이다. 보름으로 향하는 달은 처음 생길 때 산뜻하고 밝고 깨끗하며 날로 그 모양을 키워 간다. 그리하여 보름이 되면 그 모습이 둥글고 풍만해지며 밝은 빛을 발한다. 선지식도 또한 그와 같아서 처음에 여래의 바른 가르침을 받은 이후 바른 믿음을 견고하게 하여 소행은 순종하며 바른 지혜를 세운다. 믿음을 더욱 증장시키며 계와 서원과 지혜 또한 늘려 나간다. 마지막에는 선법을 구족하기가 보름달과 같다. 이것이 선지식이 가는 길이다."

"악지식을 가까이하는 것과 선지식을 가까이하는 것은 어떤 차이가 있는지요?"

"악지식을 가까이하면 마치 허공의 달이 간탐의 그늘에 가리워 세간의 모든 별들이 광명을 잃는 것처럼 될 것이다. 그러나 선지식을 가까이하면 간탐의 그늘이 사라져 허공의 모든 별이 빛나듯이 지혜의 광명이 빛나게 될 것이다."

중아함 36권 148경 《하고경(何苦經)》

선지식은 범어 칼야나미트라(kalyanamitra)를 번역한 말로 선우(善友), 친우(親友), 승우(勝友)라고도 한다. 우리말로 옮기면 '좋은 벗'이라는 뜻이다. 요즘 우리들은 선지식을 훌륭한 스승, 또는 한 회상의 법주(法主)라는 의미로 사용하지만, 원래의 용례는 바른 길을 가르쳐 주는 좋은 친구라는 의미였다.

좋은 친구를 갖는 것은 세속에서도 중요하지만 수행자에게는 더욱 중요한 의미를 갖는다. 잡아함 27권 《선지식경》에서 부처님은 "수행자가 좋은 친구를 갖는 것은 수행의 전부를 성취한 것이나 다름없다."고 말할 정도다. 부처님이 이렇게 '좋은 벗'의 중요성을 강조하는 것은 수행자에게 좋은 친구야말로 더없이 훌륭한 스승이자 동반자이기 때문이다.

좋은 벗은 내가 바른 길을 갈 때나 그른 길을 갈 때나 언제나 옆에서 탁마상성(琢磨相成)하기 때문이다. 불교의 수행자들이 동도(同道)를 가는 친구를 '도반(道伴)'이라고 부르면서 특별한 형제적 우애를 표시하는 것은 이런 이유에서다.

어떤 친구와 가까이하느냐에 따라 인생의 성공과 실패가 달라지는 것은 세속 사회에서도 흔히 보는 일이다. 흔히 하는 말로 '친구 따라 강남 간다'고 한다. 근묵자흑(近墨者黑)이라고 하듯이 좋은 친구와 가까이하면 저절로 좋은 일이 생긴다. 반대로 나쁜 친구와 가까이하면 좋은 일은 사라지고 나쁜 일만 생긴다.

그러면 어떤 친구가 좋은 친구인가? 《사분율》 권41은 '선우칠사(善友七事)'라 하여 7가지 조건을 갖춘 사람을 좋은 벗이라 했다. '주기 어려운 것을 주고, 하기 어려운 것을 하고, 참기 어려운 것을 참으며, 비밀한 일을 서로 말하며, 잘못을 서로 덮어 주며, 괴로운 일을 만났을 때 버리지 않고, 비천할 때 가벼이 여기지 않는 것'이 그것이다. 또 지의(智顗)가 쓴 《마하지관》에는 밖을 지켜 주는 외호(外護), 함께 행동하는 동행(同行), 가르치고 인도하는 교수(敎授)를 '삼선지식(三善知識)'이라고 했다. 이에 비해 악지식이란 '나쁜 벗'을 말한다. 어떤 사람이 나쁜 벗인가? 선우칠사와 삼선지식에 반대되는 행위를 하는 사람이다.

이 세상에서 가장 좋은 선지식은 부처님과 그 가르침을 따르는 사람들이다. 이들과 가까이하면 보름달처럼 복과 지혜가 둥글어진다. 그러나 나쁜 길을 가는 악지식을 가까이하면 그믐달처럼 복과 지혜가 찌그러진다. 그렇다면 우리는 누구를 가까이해야 하겠는가.

자식을 잘 키우는 법

부처님이 라자가하 칼란다카 대나무 동산에 계실 때의 일이다. 그 무렵 부처님의 아들 라홀라도 출가하여 라자가하 근처 온천림에서 수행하고 있었다. 어느 날 부처님은 라홀라를 가르치기 위해 몸소 온천림으로 찾아왔다. 라홀라는 부처님이 오시자 제자의 예로써 대야에 물을 떠서 발을 씻겨 드렸다. 발을 씻고 난 부처님이 대야의 물을 반쯤 쏟아 버리고 라홀라에게 말했다.

"라홀라야, 너는 곧잘 거짓말을 한다. 거짓말을 하면 대야에 물을 반쯤 쏟아 버린 것처럼 수행의 공덕이 적어진다."

부처님은 이어 나머지 물을 다 쏟아 버리고 말했다.

"거짓말을 하고도 뉘우치지 않고 부끄러워하지 않으면 대야에 물을 다 쏟아 버린 것처럼 수행의 공덕도 아무 것도 남는 것이 없다. 그러므로 너는 마땅히 짖궂은 장난과 망령된 거짓말을 하지 말아야 한다."

부처님은 다시 라홀라에게 '사람들이 거울을 보는 이유는 무엇인가?' 를 물었다. 라홀라는 '얼굴이 깨끗한가 더러운가를 살피기 위해서' 라고 답했다. 그러자 부처님은 이렇게 타일렀다.

"라훌라야, 너는 앞으로 이렇게 해야 한다. 사람들이 거울로 얼굴을 비춰 보듯이 어떤 일을 하기 전에 반드시 이렇게 자신을 돌아보아야 한다. 즉 '이 일이 깨끗하고 옳은 일인가, 남에게 괴로움을 주는 일은 아닌가'를 살펴야 한다. 그리하여 착한 일은 행할 것이며 악한 일은 행하지 말아야 할 것이다. 모든 행동을 이렇게 한다면 너는 언제나 사람들로부터 존경을 받을 것이다."

중아함 3권 14경 《나운경(羅云經)》

라훌라는 부처님이 출가하기 전에 낳은 아들이다. 라훌라(Rahula)라는 이름은 '장애'라는 뜻이 있다고 한다. 이에 대해서는 그가 월식을 할 때 태어나서 붙인 이름이라는 설도 있고, 출가를 결심한 부처님이 아들이 태어나자 그 결심이 방해를 받았기 때문에 붙인 이름이라는 설도 있다.

어쨌거나 부처님은 누구보다 아들을 출가시켜 수행자로 만들고 싶었다. 그래서 부처님이 되어 고향인 카필라를 방문했을 때 이레 만에 그를 출사시켰다. 위대한 성자인 아버지가 아들에게 물려줄 재산은 왕관이 아니라 생사의 윤회에서 해탈하게 하는 진리의 왕관이었다. 부처님은 사리불에게 라훌라의 머리를 깎게 했다. 라훌라의 나이 12살의 일이었다.

그러나 라훌라는 아직 장난기가 덜 가신 소년이었다. 그는 사리불의 자상한 지도를 받았지만 부처님의 아들임을 내세워 교만하게 처신했고 자주 말썽도 일으켰다. 누가 부처님을 찾아오면 외출을 했다고 거짓말을 해서 골탕을 먹이는 일도 있었다. 이런 사실이 알려지자 부처님은 라훌라를 불러 엄하게 나무랐다. 이 경전은 그때의 가르침을 기록한 것이다.

이후 라훌라는 누구보다 어려운 일을 잘 참는 훌륭한 수행자가 되었다. 어느 날 사리불과 외출하는 중에 외도들이 그를 시험하기 위해 모독하고 폭행을 가한 일이 있었다. 그러나 소년은 '나의 아픔은 잠깐이지만 저 사람의 악업은 오랜 고통을 가져올 것'이라며 도리어 그를 불쌍하게 여겼다. 과연 '용의 새끼'다운 모습이었다. 후대의 사람들은 이런 라훌라를 가리켜 부처님의 10대 제자 중에 밀행(密行) 제일로 꼽는 데 주저하지 않았다. 밀행이란 남이 보든 안 보든 어려운 일을 참고 오직 수행에만 전념하는 것을 말한다.

이 경전이 우리에게 감동을 주는 것은 라훌라를 가르치는 부처님의 자상한 모습 때문이다. 부처님은 라훌라의 잘못에 대해 무조건 감싸안기보다는 아버지로서, 스승으로서 '참된 사랑'을 베풀고 있다. 자식에 대한 아버지의 사랑과 스승으로서 제자를 아끼는 마음이 라훌라를 바른 길로 인도해 주고 있는 것이다. 자식을 키우는 모든 아버지들은 부처님의 이런 모습에서 한 수 배울 일이다.

사족 한 가지. 부처님 당시에는 라훌라처럼 아직 미성년의 나이에 출가한 사례가 적지 않게 있었던 것 같다. 이들을 사미(沙彌, 여성형은 沙彌尼)라고 부른다. 견습승이라는 뜻이다. 부처님은 이들이 성년의 수행자처럼 모두 계율을 다 지키기 어렵다고 판단해서 비교적 지키기 쉬운 계를 정해 주었다. 이를 사미계(沙彌戒)라고 한다. 현재 우리 나라에서는 나이에 관계없이 처음 출가한 사람에게 사미계를 준다. 율장에는 없는 이상한 전통이다.

불자가 준비할 노후대책

부처님이 라자가하 비다라 산의 칠엽옥에 머물고 있을 때의 일이다. 어느 날 해질녘 부처님은 하루 종일 서 있는 고행을 닦는 니간타 외도들의 처소로 가서 '그대들은 왜 앉지 않고 서 있는가?'를 물었다.

"우리 스승이 가르치기를 전생에 지은 죄가 있으면 앉지 말고 서 있는 고행을 해야 죄가 멸하고 행복을 성취할 것이라고 해서입니다."

"그대의 스승은 과거에도 그 같은 고행을 했을 터인데 지금도 고행을 하는 것은 아직도 죄업이 소멸되지 않았기 때문이 아닌가. 그러면 그 고행이 무슨 의미가 있는가?"

"행복은 고행에서 비롯됩니다. 고행을 하면 그 공덕으로 죄가 멸하고 물질적으로 풍족해져서 빔비사라 왕처럼 됩니다. 이에 비하면 부처님의 행복은 보잘 것없는 것입니다."

"그대들은 빔비사라 왕처럼 물질적으로 풍족한 것을 행복이라 생각하고 그것을 얻기 위해 고행을 하는 것 같구나. 그러면 내가 묻겠다. 빔비사라 왕은 말없이 침묵할 수 있는가. 침묵의 시간으로 7일을 보내면서 그 가운데서 쾌락과 환희를 얻을 수 있다고 보는가? 아니 단 하루라도 그런 행복을 누릴 수 있다고 생각하는가?"

외도들은 '그렇지 않다' 고 대답했다. 이에 부처님은 다시 물었다.

"그러면 어떤가? 나는 하루 동안 말없는 침묵의 시간을 보내면서도 즐거움을 누릴 수 있다고 생각하지 않는가? 아니 7일 또는 그 이상의 시간을 침묵으로 보내면서도 그 가운데서 즐거움은 얻을 수 있다고 보지 않는가?"

외도들은 '그렇다' 고 대답했다. 부처님은 '그렇다면 누구의 행복이 더 참다운 행복인가?' 를 물었다. 그들은 '부처님의 행복이 참다운 행복' 이라고 대답했다. 이에 부처님은 다시 말했다.

"그렇다. 그대들은 알아야 한다. 참다운 행복이란 욕심을 비우는 곳에서 생기는 것이다. 욕심이란 행복을 앗아가고 한없는 괴로움과 환란을 가져오는 것이다. 그러므로 참으로 행복하고자 한다면 앉지 않고 서 있는 고행을 하기보다는 욕심을 비워야 한다."

중아함 25권 100경 《고음경(苦陰經)》

예로부터 장수(壽)·재산(富)·건강(康寧)·존경(攸好德)·편안한 죽음(考終命)은 오복으로 꼽혔다. 하지만 노년 인생이 길어지면서 행복의 조건도 많이 달라졌다. 요즘은 신오복(新五福)이라 하여 경제·건강·배우자·친구·일 등을 꼽는다. 이 중 과거에 없던 것은 배우자와 친구, 그리고 일이다. 눈길을 끄는 대목은 '자식' 이 포함되지 않은 점이다. 자식보다 친구와 일을 거론한 것은 현대가 어떤 시대인가를 말해 준다.

어쨌거나 사람이 늙어서도 무엇인가 일을 한다는 것은 참 행복한 일이다. 그

것도 하고 싶은 일을 한다면 최상급일 것이다. 그러나 일의 유무가 반드시 노년의 행복을 좌우하는 절대조건은 아니다. 일이 있는 것이 없는 것보다 나을지는 몰라도 그 자체에 만족하지 못하는 한 불만은 여전할 수밖에 없다. 이럴 경우는 어떻게 해야 할지 궁금하다.

이에 대한 부처님의 처방은 '욕심을 비우는 것'이 가장 중요하다고 말한다. 아무리 신오복을 다 구족했다고 하더라도 마음에 헐떡거림이 남아 있다면 인생은 괴로울 수밖에 없다. 참으로 행복한 노년을 보내고자 한다면 선가(禪家)에서 말하는 '일없는 한가한 도인(無事閑道人)'이 되는 것이 최상의 방법이다. 일없이 한가한 도인이란 어떤 사람을 말하는가. 그것은 아마도 공자가 말한 '마음 가는 대로 행동해도 큰 허물이 없는 경지(從心所欲不踰矩)'와 비슷할 것이란 생각이다. 마음에 헐떡거림이 없다는 것은 더 이상의 욕심이나 시비가 끊어진 상태를 말한다. 이쯤 되면 마음 가는 대로 행동을 해도 허물이 생기지 않을 수 있을 것이다.

만약 나이가 들어서조차 헐떡거리는 마음을 버리지 못하고 비루먹은 개처럼 여기저기에 코를 대고 킁킁거린다면 그것처럼 꼴불견도 없을 것이다. 무사도인처럼 산다는 것이 쉬운 일은 아니다. 그렇지만 노년의 외로움을 생각한다면 마음 다스리기를 연습하는 것이 무엇보다 중요한 노후대책이 아닐는지. 경전을 읽다가 문득 엉뚱한 생각이 들어 해 보는 말이다.

부지런해야 좋은 일이 생긴다

 부처님이 사밧티 기수급고독원에 계실 때의 일이다. 어느 날 부처님은 부지런하면 생기는 좋은 일에 대해 이렇게 말씀했다.

"함부로 굴지 않고 게으르지 않음(不放逸)은 모든 좋은 일의 근본이며, 모든 좋은 일의 원인이며, 모든 좋은 일의 시작이다. 함부로 굴지 않고 게으르지 않음은 모든 좋은 일 가운데 제일이 된다. 마치 농사를 지을 때 그 모든 것이 다 대지를 원인으로 하고 대지를 의지하며 대지를 바탕으로 이루어지는 것처럼.

함부로 굴지 않고 게으르지 않음은 모든 좋은 일 가운데 제일이 된다. 마치 씨앗을 심으면 초목들과 온갖 곡식, 그리고 약초들이 나서 자랄 때 다 대지를 원인으로 하고 대지를 의지하며 대지를 바탕으로 이루어지는 것처럼.

함부로 굴지 않고 게으르지 않음은 모든 좋은 일 가운데 제일이 된다. 마치 모든 뿌리향 가운데 침향(沈香)이 제일인 것처럼. 또 모든 나무향 가운데 붉은 전단향이 제일인 것처럼. 또 모든 물꽃 가운데 연꽃이 제일인 것처럼. 또 모든 뭍꽃 가운데 수마나꽃(須摩那華)이 제일인 것처럼. 또 모든 짐승의 발자국 가운데 코끼리 발자국이 제일인 것처럼.

함부로 굴지 않고 게으르지 않음은 모든 좋은 일 가운데 제일이 된다. 마치 모든 짐승 가운데 사자가 제일인 것처럼. 진을 치고 전쟁을 할 때 요새가 제일인 것처럼. 누각을 지을 때 서까래가 의지하는 대들보가 제일인 것처럼.

함부로 굴지 않고 게으르지 않음은 모든 좋은 일 가운데 제일이 된다. 마치 모든 산 가운데 수미산이 제일 높은 것처럼. 모든 왕 가운데 전륜성왕이 제일인 것처럼. 모든 광명 가운데 지혜광명이 제일인 것처럼. 모든 무리 가운데 부처가 제일인 것처럼."

부처님은 이어서 게으르지 않고 부지런함의 공덕에 대해 강조했다.

"함부로 굴지 않고 게으르지 않으면 이 생에서도 좋은 과보를 얻고 내생에서도 좋은 과보를 얻을 것이다. 이렇게 생각하고 수행하기에 게으르지 않으면 반드시 해탈을 얻으리라."

중아함 34권 141경 《유경(喩經)》

불방일(不放逸)은 쉬운 말로 옮기면 게으르지 말고 부지런하라는 것이다. 부처님이 제자들을 훈계하거나 당부한 말 가운데 가장 빈번하게 등장하는 것이 바로 불방일이다. 열반하는 그 순간까지 당부한 마지막 말씀은 '모든 것은 변한다. 게으르지 말고 정진하라'는 것이었다.

불방일을 팔정도에서는 정정진(正精進)이라는 말로 바꾸어 표현한다. 열심히 노력하고 정진해야 수행의 목적인 해탈을 성취할 수 있다는 것이다. 유명한 《법구경》에는 아예 게으름과 부지런함의 문제를 제2장 〈방일품(放逸品)〉을 통해 다루고 있을 정도다. 다른 경전에서도 게으름을 책망하고 부지런함을 권장하는 말씀이 수없이 나온다.

부처님이 이렇게 불방일을 거듭 강조하는 뜻은 다른 데 있지 않다. 게으름은 모든 악덕의 근원이고, 부지런함은 모든 좋은 일의 원인이고 시작이고 바탕이기 때문이다. 세상의 모든 일이 부지런해서 망한 적은 한 번도 없다. 반대로 게으름을 떨쳐 내지 못하고는 어떤 성취도 이루어지지 않는다. 모든 실패는 그 원인의 절반이 게으름에 있다.

《이솝우화》에 나오는 '토끼와 거북이의 경주'는 게으르지 않고 부지런한 태도가 어떤 결과를 가져오는지를 잘 보여 준다. 토끼는 거북이보다 빨리 달릴 수 있는 능력을 가졌음에도 지구력이 부족한 탓에 중간에 게으름을 피우고 낮잠이나 잔다. 이에 반해 거북이는 능력이 부족하지만 끝까지 부지런하게 걸어서 토끼보다 먼저 목적지에 도달한다. 우리 인생에도 이런 일은 수없이 많다. 재능은 있으나 성실하지 못해 실패하는 사람이 있는가 하면, 부족한 능력을 노력으로 극복한 사람도 있다.

인생에서 성공한 사람의 대부분은 재능보다는 노력에 의해 성취한 사람들이다. 무슨 일을 하든 부지런한 사람은 성공하고 게으른 사람은 실패한다는 교훈을 잊지 말아야 한다. 자기의 재주나 능력만 믿고 부지런하지 않은 사람은 결코 성공할 수 없다. 게으른 천재는 부지런한 둔재보다 못하다.

살다 보면 가끔은 게을러지고 싶은 것이 인간의 속성이다. 그럴 때마다 이 경을 나지막하게 소리내어 읽는다면 큰 도움을 받을 것이다.

제5부

부처님의 당부

어리석은 현자가 되지 말라

 부처님이 사밧티 기수급고독원에 계실 때의 일이다. 어느 날 부처님이 많은 제자들을 모아 놓고 이렇게 설법했다.

"오늘은 그대들을 위하여 어리석게 사는 법과 지혜롭게 사는 법에 대해 말하리니 자세히 듣고 잘 기억하라. 먼저 어리석은 사람이 어리석게 사는 법이란 무엇인가? 어리석게 사는 사람은 세 가지 모양과 특질이 있으니 첫째는 나쁜 생각을 하고, 둘째는 나쁜 말을 하고, 셋째는 나쁜 행동을 한다.

이렇게 생각과 말과 행동으로 어리석은 짓을 하는 사람은 다시 현재에서 몸과 마음으로 세 가지 근심과 고통을 받게 된다. 어떻게 고통을 받는가? 첫째, 어리석게 사는 사람은 뒷골목에 있거나 네 거리에 있거나 어리석은 짓만 골라서 한다. 어리석기 때문에 살생과 도둑질과 사음과 거짓말과 사특한 소견과 한량없는 나쁜 짓을 한다. 다른 사람은 이를 보고 그를 비난하는 말을 하게 된다. 어리석은 사람은 이를 보고 만일 다른 사람이 나의 나쁜 짓을 알게 되면 저렇게 나쁜 말을 할 것을 알고 근심과 고통을 겪게 된다. 둘째, 어리석게 사는 사람은 나라의 관리가 죄인을 붙잡아다가 여러 가지 가혹한 형벌을 가하는 것을 보게 된다. 손발을 묶거나 끊고, 귀와 코를 자르고 머리칼과 수염을 뽑으며, 작은 함 속에 가두거나 쇠창살로 찌르며, 갈고리로 긁거나 몽둥이로 때리는 장면을 보면서 자기에게도 저런 고문이 가해질 것을 알고 근심과 고통에 휩싸이게 된다. 셋째, 어리석게 사는 사람은 몸과 입과 생각으로 악행을 하다가 늙고 병이 들어 죽음을 앞두게 되면 자기가 복을 짓지 않고 악행만 했기 때문에 죽은 다음에 갈 곳은 반드시 지옥과 축생과 같은 나쁜 곳에 갈 것을 안다. 이로 인해 그는 몸과 마음이 근심과 고통에 빠지게 된다."

이어서 부처님은 지혜롭게 사는 사람이 가는 지혜로운 길에 대해 말씀했다.

"그러면 어떤 것이 지혜롭게 사는 법인가? 지혜롭게 사는 사람은 세 가지 모양과 특질이 있으니, 첫째는 착한 생각을 하고, 둘째는 착한 말을 하고, 셋째는 착한 행동을 한다. 이렇게 생각과 말과 행동으로 착한 짓을 하는 사람은 다시 현재에서 몸과 마음으로 세 가지 기쁨과 즐거움을 누린다.

어떻게 즐거움을 누리는가? 첫째, 지혜롭게 사는 사람은 뒷골목에 있거나 네거리에 있거나 지혜로운 일만 골라서 한다. 지혜롭기 때문에 살생과 도둑질과 사음과 거짓말과 사특한 소견과 한량없는 나쁜 짓을 하지 않는다. 다른 사람은 이를 보고 그를 칭찬하는 말을 한다. 지혜로운 사람은 이를 보고 만일 다른 사람이 나의 착한 행동을 알게 되면 저렇게 칭찬하는 말을 할 것을 알고 기쁨과 즐거움을 누린다. 둘째, 지혜롭게 사는 사람은 나라의 관리가 죄인을 붙잡아다가 여러 가지 가혹한 형벌을 가하는 것을 보게 된다. 손발을 묶거나 끊고, 귀와 코를 자르고 머리칼과 수염을 뽑으며, 작은 함 속에 가두거나 쇠창살로 찌르며, 갈고리로 긁거나 몽둥이로 때리는 장면을 보면서 자기에게도 저런 고문이 가해지지 않을 것을 알고 기쁨과 즐거움을 누리게 된다. 셋째, 지혜롭게 사는 사람은 몸과 입과 생각으로 선행을 하다가 늙고 병이 들어 죽음을 앞두게 되면 자기가 복을 짓고 선행을 했기 때문에 죽은 다음에 갈 곳은 반드시 좋은 곳이라는 사실을 안다. 이로 인해 그는 현재에도 몸과 마음이 기쁨과 즐거움을 누리게 된다."

중아함 53권 199경 《치혜지경(癡慧地經)》

지식인을 자처하는 사람 치고 양심에 따라 살아야 한다고 말하지 않는 사람은 없다. 종교를 가진 사람 치고 사랑과 자비를 들먹이지 않는 사람은 없다. 정치하는 사람은 입만 열었다 하면 특권의식을 없애고 사회정의와 평등을 실현해야 한다고 주장한다. 그러나 모두들 입으로는, 생각으로는, 지식으로는 바르게 살아야 하는 줄 알면서도 실제로는 그렇게 사는 모습을 보기란 정말로 쉽지 않다. 정의와 양심을 내세우는 지식인들일수록 불의와 타협하는 데는 선수급이다.

왜 배워야 하고 왜 알아야 하는가? 바르게 알아야 바르게 실천할 수 있기 때문이다. 그런데도 신문이나 텔레비전에 얼굴을 숙이고 나오는 사람은 모두 많이 배운 사람들이다. 배운 사람일수록, 똑똑한 사람일수록 어리석은 짓을 더 많이 한다. 흔히 하는 말로 '많이 배운 사람은 큰 도적, 적게 배운 사람은 작은 도적'들이 오늘의 세태다.

왜 이런 일이 생기는 것일까? 잘난 척하는 사람, 똑똑한 척하는 사람일수록 도리어 어리석게 사는 법에 길들여져 있기 때문이다. 헛똑똑하기 때문에 그런 일을 하는 것이다. 참 부끄러운 일이다. 어리석은 현자(賢者)보다는 현자 같은 바보가 되어 살아갈 일이다.

인간의 더러운 속성 몇 가지

부처님이 박계수의 조산 포림에 머물고 있을 때 사리풋타도 부처님과 함께 있었다. 어느 날 사리풋타는 부처님을 대신해서 인간의 더러운 속성과 그에 따른 수행자들의 태도에 대해 비구들을 가르쳤다.

"세상에는 네 종류의 사람이 있다. 자기 안에 더러움이 있지만 그것을 알지 못하는 사람, 자기 안에 더러움이 있다는 것을 알고 스스로 고치려는 사람, 자기 안에 더러움이 없지만 그것을 모르는 사람, 자기 안에 더러움이 없음을 알고 앞으로도 더러움이 끼지 못하도록 단속하는 사람이 그것이다. 이 중에서 더러움이 있으면서 그것을 모르는 사람, 더러움이 없으면서 그것을 모르는 사람은 하천한 사람이다. 그러나 더러움이 있다는 것을 알고 고치려는 사람, 더러움이 없음을 알고 더러움이 끼지 못하도록 단속하는 사람은 수승한 사람이다."

이때 한 비구가 일어나 궁금한 점을 물었다.

"존자여, 왜 어떤 사람은 더러움이 있는데도 수승하다고 하고, 어떤 사람은 더러움이 없는데도 하천하다고 하나이까?"

"더러움이 있으면서도 알지 못하는 사람은 그것을 없애려 하지 않는다. 또 더러움이 없는 것을 알지 못하는 사람은 더러움이 끼어도 그것을 모르기 때문에 항상 부지런히 닦으려 하지 않는다. 그래서 이 둘을 하천한 사람이라 하는 것이다. 그러나 더러움이 있음을 아는 사람은 그것을 고치려고 한다. 또 더러움이 없는 것을 아는 사람은 더 이상 더러움이 생기지 않도록 한다. 그래서 이 둘을 수승한 사람이라 한다."

"존자여, 그러면 무엇을 가리켜 더러움이라 하나이까?"

"욕심에서 생기는 나쁜 행동을 더러움이라 한다. 예를 들어 계율을 범하고도 그 사실을 아무도 모르기를 바라거나, 남이 알게 되면 부끄러워하기보다 오히려 화를 내고 좋지 않은 마음을 품거나, 자기보다 나은 사람이 지적하면 가만히 있고 자기보다 못한 사람이 지적하면 좋지 않은 마음을 품거나, 대중 가운데서 대접받기를 원하고 자기 뜻대로 되지 않으면 좋지 않은 마음을 품거나, 자기만이 부처님께 질문하고 또 부처님이 자기만을 위해 설법해 주기를 바라거나, 이런 모든 것이 자기 뜻대로 되지 않으면 좋지 않은 마음을 품는 것이 곧 더러움이다. 그러므로 수행자는 항상 이와 같은 더러움이 생기지 않도록 해야 한다."

중아함 22권 87경 《예품경(穢品經)》

모든 경전은 부처님이 설법한 내용만 기록한 것으로 알고 있지만 반드시 그렇지는 않다. 이 경에서 보듯이 장로 제자 가운데 부처님을 대신해 설법한 내용도 경장(經藏)에 포함돼 있다. 장로들의 설법을 부처님의 설법과 똑같은 권위를 지닌 경전으로 인정하는 것은 부처님의 가르침을 대신 전해주고 있기 때문이다.

부처님을 대신해 가장 많이 설법한 사람은 장로 사리풋타다. 그는 부처님보다 나이도 많았거니와 지혜도 뛰어나고 비유가 풍부해서 듣는 사람이 이해하기 쉬웠다. 이 경은 그가 부처님의 가르침을 얼마나 잘 이해하고 있으며, 또 얼마나 쉽게 가르치고 있는지를 보여 준다.

사리풋타가 여기서 거론하는 인간의 더러운 속성은 사실 누구에게나 있는 약점이다. 잘못을 범하고도 감추려고 하고, 남이 알면 도리어 화를 내고, 누가 그것을 지적하면 앙심을 품는 것은 흔히 목도하는 일이다. 하기는 그러니 우리가 중생이지 달리 중생이겠는가.

하지만 우리도 언제까지 못난 중생노릇만 할 수는 없는 일이다. 중생노름에서 벗어나야 괜찮은 인간이 될 터인데 그러자면 반드시 해야 할 일이 있다. 자기의 허물을 덮어 두지 말고 바로 알아야 한다. 그래야 그 허물을 다시는 범하지 않게 된다.

《나선비구경》에 보면 "잘못인 줄 알고 짓는 죄와 모르고 짓는 죄 가운데 어느 것이 더 나쁜가?"라는 질문에 "모르고 짓는 죄가 더 나쁘다."는 말이 있다. 왜냐하면 난로가 뜨거운 줄 아는 사람은 손을 댔다가도 금방 떼지만 모르는 사람은 오래도록 있다가 손을 떼기 때문에 더 깊은 화상을 입는다는 것이다.

'무식하면 용감하다'는 말도 같은 뜻이다. 폭력배들이 용감한 것은 정말 무식하기 때문이다. 나중에 어떻게 될지를 생각하면 자기의 허물을 모르는 무식이야말로 가장 천박한 것이라 하지 않을 수 없다.

인생을 마구잡이로 살 것인가

부처님이 사밧티 녹자모 강당에 계실 때의 일이다. 어느 날 해질녘 이교도 판디타의 제자 아지타가 부처님을 찾아왔다. 부처님은 마침 산책중이었으므로 아지타도 함께 걸었다. 부처님이 그에게 물었다.

"그대의 스승은 어떻게 살고 있으며 어떻게 살라고 가르치는가?"

"사문 판디타는 낮이나 밤이나, 걷거나 서거나, 앉거나 눕거나, 자거나 깨거나 항상 걸림이 없이 살라고 합니다. 때로는 달리는 코끼리, 고삐 풀린 말, 달리는 수레, 반역한 군사, 바람난 여자와 바람난 남자와 어울리기도 합니다. 때로는 사나운 코끼리, 사나운 말과 소, 사나운 개와도 어울리며, 독사 떼를 만나고, 흙덩이를 받거나 몽둥이를 휘두르며 개천에 떨어지거나 뒷간에 빠지기도 합니다. 누운 소를 타거나 깊은 구덩이에 들어가거나 가시밭 속에도 들어갑니다. 마을과 촌락의 이름을 묻고 남자나 여자를 보면 그 이름을 묻고 빈집을 보면 구경하고 다닙니다. 누가 그에게 '당신은 어디로 가는가' 라고 물으면 '나는 나쁜 길로 간다' 고 대답합니다. 그러면서도 그는 스스로 일체를 알고, 남음(有餘)이 없으며, 허물이 없다고 말합니다."

부처님은 걸음을 멈추고 비구들에게 물었다.

"그대들은 어떤 것이 지혜로운 사람이 가야 할 길이라고 생각하는가?"

아무도 대답을 하지 않자 부처님이 다시 말했다.

"자세히 듣고 기억하라. 이 세상에는 두 가지 무리의 사람이 있다. 하나는 법다운 무리요, 또 하나는 법답지 않은 무리다. 법다운 무리란 어떤 한 사람이 법다운 일을 행하고, 법다운 일을 말하여 그 무리가 모두 그것을 따르는 것을 말한다. 법답지 않은 무리란 어떤 한 사람이 법답지 않은 일을 행하고, 법답지 않은 일을 말하여 그 무리가 모두 그것을 따르는 것을 말한다."

부처님이 이렇게 말씀하고 자리를 뜨자 비구들은 법다운 것과 그렇지 않은 것이 무엇인지에 대해 토론하다가 아난다에게 그 설명을 요청했다. 아난다는 처음에는 사양했으나 비구들이 재차 간청하자 이렇게 말했다.

"법다움이란 바른 소견과 지혜로 말미암아 생기는 일체의 훌륭한 일이며, 법답지 않음이란 삿된 소견과 생각으로 말미암아 생기는 일체의 훌륭하지 못한 일을 말하는 것입니다."

중아함 49권 188경 《아이나경(阿夷那經)》

 자동차가 가는 길과 배가 가는 길이 다르듯이 사람에게는 사람이 사는 방법이 있고 동물에게는 동물이 살아가는 방법이 있다.

사람이 살아가는 방법을 보면 동물과는 확실히 구분되는 점이 몇 가지 있다. 사람은 몸은 비록 진흙탕 속에 빠졌더라도 생각은 늘 바르고 높게 가지려고 한다. 욕심대로 자기의 몫만 챙기려 하지 않고 다른 사람의 입장을 살펴 양보할 줄도 안다. 화나는 일이 있어도 지긋하게 눌러서 참고, 어려운 일을 당해도 반

드시 좋아질 날이 있을 것으로 믿고 기다리면서 희망을 잃지 않는다.

 이에 비해 동물은 사람과 다르다. 그들은 생각할 능력이 없고 지혜가 모자라기 때문에 모든 것을 본능에 내맡긴다. 먹이가 있으면 우선 자기 배부터 채우려 하고, 남을 이기기 위해서는 언제나 이빨을 내놓고 으르렁거린다. 자기보다 힘센 동물을 만나면 꼬리를 내리고 약한 상대를 보면 두 눈을 부라린다. 화부터 먼저 내고 아귀처럼 욕심을 부린다 해도 동물의 세계에서는 전혀 문제가 되지 않는다.

 우리가 사람인 이상 사람으로 살기 위해서는 사람다운 방법으로 살아야 하는 것은 당연하고 당연한 일이다. 그러나 과거나 지금이나 이 세상에는 사람의 탈을 쓰고 사람다운 방법으로 살기보다는 동물적 방법으로 살아가는 사람이 적지 않다. 반대로 개와 같은 동물이 더 사람처럼 살아서 화제가 되는 일도 있다. 이렇게 사람이면서도 사람답게 살지 못하는 것은 바른 소견과 바른 지혜가 없기 때문이다. 바른 소견과 바른 지혜가 없는 것은 아집과 탐욕에서 벗어나지 못하기 때문이다.

 불교는 사람이면서 사람답게 살지 못하고 동물처럼 사는 중생에게 아집과 탐욕을 제거하고 바른 소견과 바른 지혜를 일깨워 주기 위한 종교다. 옛 스승들의 가르침에 의하면 바른 소견과 지혜는 부처님의 설법이 담긴 경전을 자주 많이 읽으면 가능하다고 한다. 오늘부터 당장 실천해 볼 일이다.

잘난 척하는 사람의 뒷모습

부처님이 라자가하 죽림정사에 계실 때의 일이다. 어느 날 오후 점심 공양을 마친 비구들이 한자리에 모였다. 부처님이 가르친 법과 율에 대해 오전에 의논하던 일을 마무리 짓기 위해서였다. 그때 대중 가운데 질다라상자라는 비구가 있었다. 그는 다른 사람의 말이 채 끝나기도 전에 할 말이 있다면서 중간에 끼어들기도 하고, 예의를 갖추지 않고 장로 비구들에게 질문하기도 했다.

이를 본 대구치라 존자가 그의 무례를 나무라고, 다른 사람의 말이 끝나면 심사숙고해서 질문하라고 충고했다. 그러자 질다라상자 비구와 친한 사람들이 나서서 그를 감싸고 돌았다.

"대구치라 존자여, 너무 질다라상자를 꾸짖지 마시옵소서. 질다라상자도 계덕(戒德)이 있고, 많이 알며, 게으른 듯하면서도 잘난 체하지 않습니다. 그는 다른 비구들의 일을 잘 도와주기도 하는 괜찮은 사람입니다."

그러나 대구치라 존자는 이렇게 말했다.

"여러분, 남의 속마음을 잘 모르면서 함부로 이렇다 저렇다 말하지 말라. 왜냐하면 어떤 비구는 부처님 앞에서는 참괴심을 갖기도 하고 높은 장로 앞에서는 몸을 잘 지키고 보호하지만, 뒷날 부처님과 장로들이 떠나게 되면 자주 속인들과 어울려 시시덕거리고 잘난 체하며 떠들어댄다. 그런 뒤에는 욕심이 생기고 마음과 몸이 뜨거워져서 곧 계를 파하고 도를 버리게 된다. 어떤 비구는 초선이나 제2선 제3선 또는 제4선에 이르기도 한다. 그러나 초선이나 제2선 제3선 또는 제4선을 얻은 뒤에는 더 이상 노력하지 않고 자주 속인들과 어울려 시시덕거리고 잘난 체하며 떠들어댄다. 그런 뒤에는 욕심이 생기고 마음과 몸이 뜨거워져서 곧 계를 파하고 도를 버리게 된다."

그런 일이 있은 뒤 얼마 지나지 않아 질다라상자 비구는 계를 파하고 출가수행을 저버렸다는 소식이 들렸다. 비구들이 이 사실을 알려 오자 대구치라 존자가 말했다.

"그는 처음부터 참 도리를 알지 못하였기 때문이다."

중아함 20권 82경 《지리미리경(支離彌梨經)》

사람을 만났을 때 참기 어려운 것 가운데 하나가 아무리 보아도 속은 별 볼일 없는 것 같은데 혼자 잘난 척하는 사람이다. 자기가 유명한 누구의 친구라며 으스대거나 전문적 식견도 없으면서도 아는 척하는 사람을 보면 속이 뒤집힌다. 남의 의견은 아랑곳하지 않고 자기 멋대로 말하고 행동하는 사람을 만나도 불쾌해진다.

그런데 재미있는 것은 이렇게 잘난 척하는 사람일수록 그 속내를 보면 열등감으로 가득 차 있다는 사실이다. 잘 나가는 사람이 자기 친구라고 떠드는 사람의 속내는 그런 친구를 둔 나도 사실은 한때 잘 나갈 기회가 있었다는 것을 과시하려고 한다. 그렇지만 아무리 유명한 사람이나 잘 나가는 사람이 친구라고 자기도 유명한 인사가 되는 것은 아니다. 신문이나 방송에서 본 짧은 지식을 가지고 마치 전문가라도 되는 양 떠드는 것도 마찬가지다. 그런 정도는 다른 사람도 다 아는 것을 혼자 아는 척하면 무식만 탄로날 뿐이다.

속담에 '벼는 익을수록 고개를 숙인다'는 말이 있다. 속이 찬 사람일수록 겸손하고 사양할 줄 알아야 한다는 뜻이다. 높은 지위에 있거나 남보다 많이 알면 알수록 더욱 자기를 낮추는 데서 그 사람의 인격을 평가하는 것이 세상의 잣대다. 그러므로 누구든 정말 다른 사람 앞에서 잘나 보이고 싶다면 비결은 한 가지뿐이다. 실력을 갖추고 겸손한 모습을 보여 주어야 한다. 낭중지추(囊中之錐)라는 말도 있듯이 송곳은 아무리 주머니 속에 감추어도 그 날카로움을 드러내게 마련이다. 실력만 있으면 남이 알아 주는 것은 시간 문제다.

남이 보기에 항상 조금 모자라는 것 같은데 본인만 그것을 모른다면 불쌍한 사람이다. 남보다 잘나 보이고 싶으면 실력을 닦아야지 입만 가지고 잘난 것을 증명하다가는 못난 사람이 되기 십상이다. 특히 조심할 일은 현재 내가 남보다 조금 잘나 보인다고 해서 꾸준하게 실력을 연마하는 것을 게을리하는 태도다. 그러다가는 언제 못난 사람들보다 더 못해질지 모른다. 실제로 우리 주변에는 한때 잘난 척하다가 일패도지(一敗塗地)하는 사람이 수없이 많다. 작은 성과에 만족하고 정진을 게을리한 탓에 나중에는 속 빈 강정처럼 된 사람, 뒷날 이 사실을 깨닫고 후회하는 사람이 한둘이 아니다. 사실은 나부터 그런 사람의 하나여서 하는 말이다.

어떻게 원한을 갚아야 할까

부처님이 코삼비의 구사라 동산에 계실 때의 일이다. 그 무렵 코삼비 비구들은 자주 다툼을 벌였다. 부처님은 비구들을 가르치기 위해 옛날 장수왕 이야기를 들려 주었다.

"옛날 코살라 국에는 장수왕이란 어진 왕이 있었다. 당시 이웃나라 카시 국의 왕은 브라흐마닷타였는데 어느 날 군사를 일으켜 코살라를 쳐들어왔다. 장수왕은 브라흐마닷타가 침공할 것을 미리 알고 있었으므로 계략을 써서 적국의 왕을 사로잡고 전쟁을 승리로 이끌었다. 그러나 전쟁을 싫어한 장수왕은 적국의 왕을 항복문서만 받고 놓아 주었다.

몇 년 뒤 브라흐마닷타는 패전의 수치를 갚기 위해 다시 쳐들어왔다. 장수왕은 브라흐마닷타의 전쟁 포기 약속만 믿고 대비하지 않고 있다가 군사를 모두 빼앗기고 말았다. 장수왕은 끊임없이 싸우고 또 싸워야 하는 전쟁에 회의를 느꼈다. 왕은 더 이상의 싸움을 포기하고 아내와 함께 평민으로 변장하고 바라나시로 숨었다.

평민으로 변장한 장수왕은 시골로 다니면서 풍류를 즐기며 살았다. 사람들은 장수왕의 인품에 감탄해 '장수박사'라고 불렀다. 그 사이 아내는 아들을 낳았다. 왕은 아들의 이름을 '장생'이라 지었다. 그러나 안타깝게도 장수왕은 신분이 탄로나 브라흐마닷타에게 잡혀 사형을 기다리는 신세가 됐다. 그럼에도 왕은 몰래 찾아온 아들에게 이렇게 말했다.

'아들아, 참아야 한다. 원한을 품지 말고 자비로운 마음을 가져야 한다.'

장생 동자는 아버지의 유훈에 따라 어머니를 모시고 바라나시에 숨어 살았다. 사람들은 그를 '장생박사'라고 부르면서 존경했다. 그의 명성은 브라흐마닷타에게까지 들어갔다. 왕은 장생을 불러 시종관으로 삼아 항상 곁에 두었다. 왕은 어느 날 장생과 둘이 사냥을 나갔다. 사냥에 열중하던 왕은 피곤해지자 나무 밑에서 장생의 무릎을 베고 잠이 들었다. 장생은 옛일을 생각하고 복수를 하고자 칼을 뽑아들었다. 그러나 '참아야 한다'는 아버지의 당부가 생각나 그만두었다. 마침 잠에서 깨어난 왕은 '내가 꿈을 꾸었었는데 장수왕의 아들이 나를 죽이려 했다'며 꿈 얘기를 했다. 장생은 왕 앞에 무릎을 꿇고 '나는 장수왕의 아들이며 조금 전에 원수를 죽이려 했다'는 사실을 고백했다. 브라흐마닷타는 자신의 죄를 뉘우치고 장수왕이 다스리던 코살라 국의 영토를 장생에게 돌려주었다. 또 자신의 딸을 그의 아내로 삼게 했다. 장수왕의 원한은 이렇게 해서 행복한 결말을 맺게 되었다."

여기까지 말한 부처님은 비구들에게 이렇게 일러주었다.

"서로 싸우지 말라. 만일 싸움을 싸움으로 막으려 하면 끝이 없다. 오직 참는 것만이 싸움을 끝낼 수 있나니 참는 것이야말로 존귀한 법이니라."

중아함 17권 72경 《장수왕본기경(長壽王本起經)》

'불구대천(不俱戴天)'이란 고사성어가 있다. 머리에 하늘을 함께 이고 살 수 없는 사람을 지칭할 때 쓰는 말이다. 하늘을 함께 이지 못할 정도라면 그와는 도저히 용서할 수 없는 원한 관계가 있다는 말이다. 부모를 죽인 원수나 아내를 빼앗아 간 불한당이나 내 인생의 항로에 결정적인 불이익을 준 사람이 있다면 여기에 해당될 것이다. 이 경에 등장하는 장생 왕자와 브라흐마닷타의 관계도 그렇다.

이에 대해 부처님은 부모를 죽인 원수에게조차도 원한을 갚으려 하기보다는 용서하라고 말씀한다. 그 이유는 다른 데 있지 않다. 피로써 피를 씻을 수 없듯이 원한으로써 원한을 갚을 수 없기 때문이다. 그래서 부처님은 《법구경》을 통해 이런 유명한 잠언을 남겼다.

원한은 원한으로 갚을 수 없나니	不可怨以怨
원한을 쉬어야 원한은 끝이 난다.	終以得休息
참는 것만이 원한을 쉬게 하리니	行忍得息怨
이것만이 불변의 진리라 하네.	此名如來法

작은 이해 관계만 얽혀도 의가 상하고, 사소한 감정으로 사이가 벌어지기 쉬운 인간으로서는 이런 부처님의 가르침을 받아들이기가 쉽지 않다. 차라리 감정이 내키는 대로 말하고 행동하고 싶은 것이 중생이다. 오, 부처님 이럴 때는 어떻게 해야 합니까? 그래도 부처님의 대답은 한결같다. 참아야 한다는 것이다. 그것이 불자가 원한을 갚는 방법이라는 것이다.

여덟 가지 미증유법

부처님이 베란자 황로원에 계실 때의 일이다. 어느 날 바다에서 거친 일로 생업을 삼는 파라다 왕과 그 일행이 부처님을 찾아왔다. 부처님은 이들과 이런 저런 얘기를 나누다가 바다가 가진 미증유의 덕목에는 어떤 것이 있느냐고 물었다.

"부처님, 바다에는 여덟 가지의 미증유법(未曾有法)이 있습니다. 첫째, 큰 바다는 밑에서 위로 올라 갈수록 둘레가 넓고 편편합니다. 둘째, 큰 바다는 조수의 때를 한번도 어긴 적이 없습니다. 셋째, 큰 바다는 물이 매우 깊어 밑이 없을 정도입니다. 넷째, 큰 바다는 물이 짜서 모두 한 가지 맛입니다. 다섯째, 큰 바다는 갖가지 보배가 충만해 있습니다. 여섯째, 큰 바다에는 훌륭한 신들이 많습니다. 일곱째, 큰 바다는 송장을 받지 않으며 송장이 오면 파도로 밀어서 뭍으로 내보냅니다. 여덟째, 큰 바다는 다섯 가지의 강이 들어오면 옛 이름을 버리고 '큰 바다'라고만 부릅니다. 이것이 큰 바다가 갖는 미증유법입니다."

이렇게 대답한 파라다 왕은 불법에는 어떤 미증유의 법이 있는지에 대해 물었다.

"파라다여, 불법에도 큰 바다처럼 여덟 가지의 미증유법이 있다. 바다가 밑에서 위로 올라갈수록 넓어지듯이 불법도 그 안에 있으면 점점 배우게 되고 그 둘레가 넓어진다. 바다의 조수가 때를 어긴 적이 없듯이 불법을 따르는 사부대중도 계율을 어기는 일이 없다. 바다가 깊어서 그 끝을 모르듯이 불법도 그 깊이를 알 수 없다. 바닷물이 짜서 한 맛이듯이 불법도 욕심이 없는 것으로 맛을 삼는다. 바다에는 보배가 가득하듯이 불법에도 보배가 충만해 있으니 그 이름은 4념처, 5력, 7각지, 8정도 등이다. 큰 바다에는 신들이 많듯이 불법 안에도 성인이 많으니 그 이름은 수다원, 사다함, 아나함, 아라한이다. 바다는 송장이 오면 파도로 밀어내듯이 불법도 정진하는 성중만 용납하고 게으르고 악행을 하는 사람은 밀어낸다. 바다는 강물을 받되 옛 이름을 버리고 '큰 바다' 라고 하듯이 불법도 천민과 평민, 귀족과 바라문 등 4계급의 사람들이 출가를 하지만 그 이름은 오직 '사문' 이라 불린다."

부처님의 설명을 들은 파라다 왕은 '불법이야말로 참다운 미증유법' 이라면서 삼보에 귀의하기를 다짐했다.

중아함 8권 35경 《아수라경(阿修羅經)》

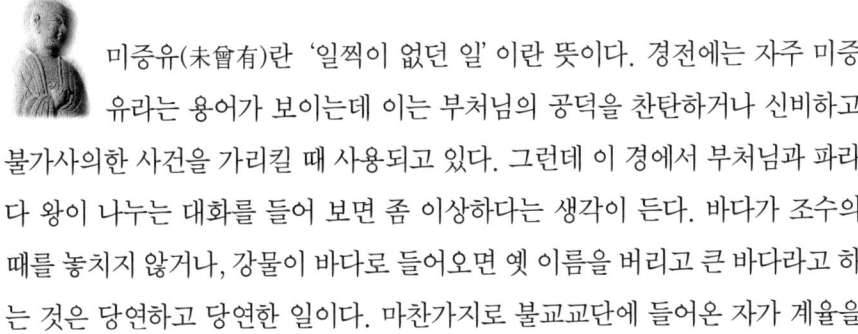

미증유(未曾有)란 '일찍이 없던 일' 이란 뜻이다. 경전에는 자주 미증유라는 용어가 보이는데 이는 부처님의 공덕을 찬탄하거나 신비하고 불가사의한 사건을 가리킬 때 사용되고 있다. 그런데 이 경에서 부처님과 파라다 왕이 나누는 대화를 들어 보면 좀 이상하다는 생각이 든다. 바다가 조수의 때를 놓치지 않거나, 강물이 바다로 들어오면 옛 이름을 버리고 큰 바다라고 하는 것은 당연하고 당연한 일이다. 마찬가지로 불교교단에 들어온 자가 계율을 잘 지키고 사성계급의 사람이 출가하면 오직 사문이라 불리는 것도 당연한 일이다. 그럼에도 두 분이 이 일을 놓고 짐짓 '미증유한 일'이라고 말하는 것은 무슨 까닭인가?

그러나 다시 생각해 보면 부처님이 예로 든 여덟 가지 일은 참으로 미증유한 사건이다. 계율을 지키기가 어찌 쉬운 일이며, 욕심 없기가 어찌 쉬운 일이며, 사람을 차별하지 않기가 어찌 쉬운 일이며, 나쁜 사람을 멀리하기가 어찌 쉬운 일이겠는가. 불교는 이렇게 참으로 쉽지 않은 일을 현실에서 구현하려는 종교다. 이 어려운 일을 실현한다면 이는 일찍이 없던 일이라고 말하는 것이 당연하다.

참으로 이 세상에서 '상식의 실천'처럼 미증유한 일은 없다. 불교교단이 그것을 구현하려 하니 이를 미증유한 일이 아니고 무엇이라 하겠는가.

질투의 일곱 가지 죄악

 부처님이 사밧티 기수급고독원에 머물 때의 일이다. 어느 날 비구들에게 질투하는 사람이 짓는 일곱 가지 죄악에 대해 말씀했다.

"첫째, 서로 원한이 있는 사람들은 상대의 집안에 미인이 있는 것을 질투하여 미인이 어떻게 되기를 바란다. 그러나 질투심을 지니면 아무리 깨끗하게 목욕하고 좋은 향을 바르더라도 그 얼굴이 점점 나빠진다. 질투심에 덮여 나쁜 마음을 버리지 않기 때문이다.

둘째, 서로 원한이 있는 사람들은 상대 집안 사람이 편안히 잠자는 것을 질투하여 안온하지 못한 잠을 자기를 바란다. 그러나 질투심을 지니면 아무리 좋은 침대에서 좋은 베개를 베고 자더라도 편안하게 자지 못한다. 질투심에 덮여 나쁜 마음을 버리지 못하기 때문이다.

셋째, 서로 원한이 있는 사람들은 상대 집안에 좋은 일이 생기는 일을 질투하여 좋은 일이 생기지 않기를 바란다. 그러나 질투심을 지니면 아무리 애를 쓰더라도 끝내 좋은 일이 생기지 않는다. 질투심에 덮여 나쁜 마음을 버리지 못하기 때문이다.

넷째, 서로 원한이 있는 사람들은 상대 집안에 좋은 친구가 있는 것을 질투하여 좋은 벗이 없어지기를 바란다. 그러나 질투심을 지니면 좋은 벗이 그를 피해 간다. 질투심에 덮여 나쁜 맘을 버리지 않기 때문이다.

다섯째, 서로 원한이 있는 사람들은 상대 집안이 칭찬 듣는 것을 질투하여 칭찬 듣지 않기를 바란다. 그러나 질투심을 지니면 나쁜 이름이 사방에 퍼진다. 질투심에 덮여 나쁜 마음을 버리지 않기 때문이다.

여섯째, 서로 원한이 있는 사람들은 상대 집안이 큰 부자가 되는 것을 질투하여 큰 부자가 되지 않기를 바란다. 그러나 질투심을 지니면 몸과 말과 생각으로 나쁜 업을 지음으로써 끝내 재산을 잃게 된다. 질투심에 덮여 나쁜 마음을 버리지 않기 때문이다.

일곱째, 서로 원한이 있는 사람들은 상대 집안 사람들이 좋은 곳에 태어나는 것을 질투하여 하늘에 나지 않기를 바란다. 그러나 질투심을 지니면 몸과 입과 뜻으로 나쁜 짓을 하게 되므로 나중에 지옥보를 받게 될 것이다. 질투심에 덮여 나쁜 마음을 버리지 않기 때문이다.

그러므로 알아야 한다. 질투심은 마음의 더러움이 되어 재물이나 명예에 이롭지 않고 도리어 무섭고 두려운 일을 가져온다. 눈먼 장님처럼 바른 법을 깨닫지 못하고 앞이 캄캄해진다. 그러나 슬기로운 사람은 이를 알아 작은 잘못도 알아서 없애기에 애쓴다. 그리하면 성냄도 걱정도 없어지고, 질투하는 마음을 끊으면 번뇌가 없어져 열반을 얻으리라."

중아함 30권 129경 《원가경(怨家經)》

 기형도라는 시인이 쓴 〈질투는 나의 힘〉이라는 시가 있다. 내용은 이렇다.

아주 오랜 세월이 흐른 뒤
힘 없는 책갈피는 이 종이를 떨어뜨리리
그때 내 마음은 너무나 많은 공장을 세웠으니
어리석게도 그토록 기록할 것이 많았구나
구름 밑을 천천히 쏘다니는 개처럼
지칠 줄 모르고 공중에서 머뭇거렸구나
나 가진 것 탄식밖에 없어
저녁 거리마다 청춘을 세워 두고
살아온 날들을 신기하게 세어 보았으니
그 누구도 나를 두려워하지 않았으니
내 희망의 내용은 질투뿐이었구나
그리하여 나는 우선 여기에 짧은 글을 남겨 둔다
나의 생은 미친 듯이 사랑을 찾아 헤맸으나
단 한 번도 스스로 사랑하지 않았노라

이 시에서 보듯이 때로는 질투가 삶을 희망으로 밀어 올리기도 한다. 모든 희망은 어쩌면 질투에서 비롯되는 것인지도 모른다. 스포츠 선수가 기록을 내는 것은 경쟁자와 경쟁할 때 생긴다고 한다. 보다 시적으로 나뭇가지 끝에 피어난 새순은 다른 순을 시기해서 피어난 것이다. 그렇지만 질투가 마냥 긍정적인 효과만을 가져오는 것은 아니다. 더 많은 경우는 그 질투 때문에 스스로를 못 살게 하고 괴로워하는 것이 인간이다. 그런 질투는 사람을 분노하게 하고 황폐하게 만든다.

우리가 불교를 공부하는 것은 마음을 다스려 편안함을 얻기 위해서다. 불교를 공부하면서 마음이 편안해지지 않는다면 거짓으로 불교를 믿었거나, 공부를 제대로 하지 않았기 때문이다. 남을 원망하는 마음으로 밤새도록 몸을 뒤척이는 것은 스스로를 괴롭히는 것일 뿐 자신에게는 아무런 도움이 되지 않는다.

그러면 어떻게 해야 불길처럼 솟는 원한과 이글이글 타는 질투를 다스려 편안한 마음을 만들 수 있을까?

부처님 당시부터 제시된 전통적인 방법은 사념처(四念處)를 닦는 것이다. 그러나 전문적인 수행을 하기 어려운 사람은 경전을 소리내어 읽는 것도 좋은 방법이다. 훌륭한 가르침이 담긴 경전을 소리내어 읽다 보면 어느새 원한과 질투가 사라진다. 마음이 어지러운 사람은 꼭 실천해 보기 바란다. 반드시 효과가 있을 것이다.

스승의 스승다운 모습

부처님이 코살라 국 사라바 숲에 계실 때의 일이다. 어느 날 사람들의 존경을 받는 노차 바라문이 부처님을 찾아왔다. 여러 가지 설법을 들은 그는 기쁜 마음으로 부처님과 대중들을 공양에 초대했다. 그러나 그는 돌아가는 길에 이런 생각을 했다.

'사문이나 바라문 가운데는 옳은 진리를 많이 알고 깨달은 사람도 많다. 그러나 남을 위하여서는 설명하지 않는 경우가 적지 않다. 비유하면 그것은 낡은 감옥을 부숴 버리고 새 감옥을 짓는 것과 같다. 그것은 탁한 것을 탐하는 것이며 훌륭한 것이 아니다.'

다음날 부처님은 노차 바라문으로부터 공양 초청장을 들고 온 이발사로부터 이 같은 말을 전해 들었다. 부처님은 노차 바라문의 집에 가서 공양을 마친 후 그의 잘못을 일깨워 주기 위해 다음과 같이 설법했다.

"세상에는 세 종류의 스승이 있다. 첫 번째는 출가하여 수행하고는 있으나 모든 번뇌를 없애지 못하고, 훌륭한 스승의 법도 얻지 못했으며, 자기의 이루어야 할 업도 이루지 못하고 제자들에게 설법하는 스승이다. 그래서 그 제자들은 그를 공경하거나 섬기지 않고 다만 함께 의지하여 살아간다. 이것은 마치 어떤 사람이 낡은 감옥을 부숴 버리고 새 감옥을 짓는 것과 같다.

두 번째는 출가하여 수행하고는 있으나 모든 번뇌를 없애지 못하고, 비록 다소 훌륭한 스승의 법을 얻었다 하더라도 자기가 이루어야 할 업도 이루지 못하고 설법하는 스승이다. 그래서 그 스스로가 제자들로 하여금 자기를 공경하거나 섬기지 못하도록 하며 그저 서로 의지하여 함께 살아가는 것이다. 이것은 마치 어떤 사람이 남의 뒤를 따라가면서 손으로 그의 등을 어루만지는 것과 같다.

세 번째는 출가하여 수행하고는 있으나 모든 번뇌를 없애지 못하고, 비록 다소 훌륭한 스승의 법을 얻었다 하더라도 자기가 이루어야 할 업도 이루지 못하고 설법하는 스승이다. 그러나 모든 제자들은 그를 공경하고 섬기며 함께 산다. 이것은 마치 자기의 벼농사는 내버려 두고 남의 밭농사에 매달려 김을 매는 것과 같다."

부처님은 다시 노차에게 말했다.

"그러므로 노차여, 그대는 삼명을 얻어 무명을 없애고, 밝은 지혜의 광명으로 누진지를 증득한 참다운 스승을 공경하고 따라야 한다. 그런 스승의 설법을 듣고 따르는 수행자는 반드시 사문사과(沙門四果)인 수다원과(須陀洹果)·사다함과(斯陀含果)·아나함과(阿那含果)·아라한과(阿羅漢果)를 얻을 것이다. 이 세상에서 그런 스승은 여래와 같은 사람뿐이니라."

장아함 17권 29경 《노차경(露遮經)》

 사전적 의미로 '노블레스 오블리제(Noblesse oblige)'는 '사회 고위층 인사에게 요구되는 높은 수준의 도덕적 의무'를 말한다. 프랑스어에

서 파생한 이 말은 유럽의 상류사회가 어떻게 사회적 지위를 계속 유지할 수 있었는지를 말해 준다. 유럽에서 귀족은 사회적으로나 경제적으로 신분과 과실을 독점하는 만큼 이들은 이에 대한 윤리적 의무를 고려하지 않을 수 없었다. 요컨대 노블레스 오블리제란 상층 집단의 규범적 태도이자 전략이었다. 이들은 자신들에 대한 사회적 거부감을 약화시키기 위해서라도 윤리적 덕목과 부의 사회적 환원을 강조해 왔으며, 이것이 다름 아닌 노블레스 오블리제의 전통을 이뤄 왔다.

예를 들면 과거 유럽의 귀족층들이 사회적 특권을 누리는 대신 전쟁과 같은 일이 생기면 의무적으로 전쟁에 참가했다. 그래서 많은 귀족 자제들이 전쟁터에서 죽었다. 이것은 높은 신분의 사람들이 나름대로 그 사회에 대해 갖는 의무감이 어떠해야 하는지를 보여 주는 것이다. 이런 정신이라면 반드시 유럽에만 있는 것은 아니다. 우리 나라의 경우 경주에 가면 최부자라고 하는 유명한 부잣집이 있는데 이 집에는 이런 가훈이 전해져 온다고 한다.

첫째, 과거를 보되 진사 이상은 하지 말라. 둘째, 재산은 만석 이상 모으지 말라. 셋째, 과객(過客)을 후하게 대접하라. 넷째, 흉년에는 남의 논밭을 매입하지 말라. 다섯째, 최씨 가문 며느리들은 시집온 후 3년 동안 무명옷을 입어라. 여섯째, 사방 백 리 안에 굶어 죽는 사람이 없게 하라.

세속에서도 남에게 존경을 받으려면 이렇게 높은 수준의 도덕적 책무를 다해야 하는데 종교인은 더 말할 나위가 없다. 그들에게는 최상급의 까다롭고 높은 도덕적 책무가 요구된다. 행동은 물론이고 남에게 보이지 않는 속마음까지도 부끄럽지 않아야 한다. 그런데 과연 한국사회의 종교인들, 특히 불교인들이 이 수준에 이르고 있는지를 묻는다면 어떤 대답을 해야 할지 머리가 아프다.

참다운 스승과 제자의 관계

부처님이 마가다 국 라자가하에 계실 때의 일이다. 어느 날 부처님은 외출을 했다가 날이 저물자 질그릇을 만드는 옹기장이 집에 가서 하룻밤 묵기를 청했다. 옹기장이는 자기는 허락하겠으나 다만 먼저 온 어떤 수행자가 있으니 동의를 구해 보라고 했다. 부처님은 방에 들어가 그 수행자에게 '하룻밤 같이 머물러도 되겠는가'를 물었다. 그는 '그대만 불편하지 않다면 나는 괜찮다'고 했다. 그리하여 부처님은 옹기장이의 공방에서 낯모르는 수행자와 하룻밤을 같이 보내게 되었다.

부처님은 발을 씻고 좌구를 깔고 앉아 선정에 들었다. 낯모르는 수행자도 잠자코 선정에 들었다. 그의 행동거지는 매우 기품 있고 수행자다운 데가 있었다. 부처님은 기특한 생각이 들어 그에게 '그대의 이름은 무엇이고 스승은 누구인가'를 물어 보았다. 그는 이렇게 답했다.

"나의 이름은 푸쿠사티이고, 스승은 고타마 붓다입니다. 그분은 샤카 족의 아들로서 머리를 깎고 출가하여 위없는 깨달음을 이루신 분입니다."

부처님은 다시 '그대는 스승의 얼굴을 본 적이 있는가'를 물었다. 그는 '아직 뵙지 못했다'고 했다. 부처님은 다시 '만일 그를 보면 알아볼 수 있겠는가?'를 물어 보았다.

"아마 알아보지 못할 것입니다. 하지만 그분은 나의 세존이시며, 여래·응공·정변지·명행족·선서·세간해·무상사·조어장부·천인사·불이라는 별호로 불리시는 분입니다. 나는 그분의 가르침에 의지해 도를 배우고 있습니다."

부처님은 얼굴도 본 적이 없는 수행자가 당신을 의지해 출가한 것을 알고, 그를 위해 밤새도록 육계취(六界聚)와 십팔의행(十八意行), 사념처(四念處)에 대해 설법했다.

"수행자여, 이와 같이 수행하는 것은 '나(我)'에 대한 집착을 버리기 위해서다. 나에 대한 집착은 스스로 자랑하고 뽐내고 교만하고 방일해진다. 이것을 떨쳐 버려야 미워하지 않으며 근심하지 않으며 열반에 들게 된다."

푸쿠사티는 그 자리에서 법의 눈(法眼)이 열렸다. 그리고 설법을 해준 분이 누구인 줄 알았다. 그는 스승의 발 앞에 엎드려 이렇게 용서를 빌었다.

"부처님, 여래를 몰라보고 '그대'라고 부른 저의 무례를 참회하오니 받아 주소서."

중아함 42권 162경 《분별육계경(分別六界經)》

 부처님의 제자가 스승의 얼굴도 모른다는 것은 얼핏 이해가 안 가는 부분이다. 그러나 당시의 사정을 고려하면 이는 충분히 있을 수 있는 일이었다. 부처님 당시의 수행자들이 반드시 부처님을 뵙고 출가한 것이 아닌 까닭이다.

물론 처음에는 그렇지 않았다. 모두가 부처님을 직접 뵙고 출가를 했다. 적어도 초기교단의 모습은 그러했다. 이들은 부처님으로부터 '잘 왔다 비구여(善來比丘)'라는 말을 들으면 그것으로 입단 허락을 받은 것으로 간주했다. 하지만 교화의 영역이 점점 넓어지고 제자들이 사방으로 흩어져 포교를 하자 사정이 달라졌다. 부처님의 교화활동 영역은 갠지스 강 중류 지방이 중심이었다. 부처님은 이 지역을 중심으로 45년간 교화활동을 폈는데 날이 갈수록 교화의 영역이 넓어지자 현지에서 출가를 원하는 사람들이 생겨났다. 부처님은 서울에 계신데 경상도나 함경도에서 출가를 원하는 사람이 생겨난 것이다. 이들이 모두 부처님을 뵙고 출가를 허락받는 것은 번거로운 일이었다.

　부처님은 이들을 위해 '수계제도'를 만들었다. 《사분율》〈수계건도〉에 의하면 현지에서 출가하려는 사람은 세 사람의 계율을 잘 아는 스승과 일곱 명의 증인(三師七證)이 지켜 보는 가운데 삼귀의(三歸依)를 다짐하면 승가의 일원이 될 수 있었다. 이렇게 하여 불교의 승가는 더욱 사방으로 확대될 수 있었다. 오늘의 수계제도도 이 전통에 따른 것이다.

　위의 이야기는 그런 과정에서 생긴 삽화 중의 하나다. 얼굴도 모르는 스승과 제자가 만나 서로 존경과 신뢰를 교환하는 장면은 매우 감동적이다. 과연 그 스승에 그 제자다운 모습이라는 생각이 든다. 참다운 스승과 제자의 관계란 이런 존경과 신뢰를 나누는 사이일 것이다.

　나는 이 경전을 읽으면서 만약 오늘 이곳으로 부처님이 오신다면 과연 어떨까를 가끔 생각해 본다. 부처님은 얼굴도 모르는 제자를 보고 과연 내 제자답다고 하는지 어떤지가 궁금하다. 만약 우리 곁에 부처님이 오셨는데 실망을 시켜 드린다면 참 민망할 것 같다.

전륜성왕이 다스리는 나라

부처님이 많은 제자들과 마가다 국에 계실 때의 일이다. 어느 날 부처님은 비구들에게 이렇게 말씀했다.

"그대들은 마땅히 스스로를 등불 삼고 진리를 등불로 삼되 다른 것을 등불로 삼지 말라. 스스로에 귀의하고 진리에 귀의하되 다른 것에 귀의하지 말라. 왜 그런가? 이렇게 하기를 게으르지 않으면 악마도 방해하지 못하며 탐욕과 걱정이 없어지기 때문이다."

부처님은 이어서 견고념(堅固念)이라는 전륜성왕의 비유를 들어 비구들을 가르쳤다.

"옛날 금륜보(金輪寶)·백상보(白象寶)·감마보(紺馬寶)·신주보(神珠寶)·옥녀보(玉女寶)·거사보(居士寶)·주병보(主兵寶)를 갖춘 견고념이란 전륜성왕이 있었다. 그는 많은 아들을 두고 있었는데 모두 용맹하고 건장하여 무기를 쓰지 않고도 적국의 항복을 받았다. 왕은 오랫동안 태평성대를 누렸다. 왕은 나이가 들자 자신의 수명과 복락이 얼마 남지 않았음을 알고 태자에게 왕위를 물려 주고 수염과 머리를 깎고 수행자의 길로 나섰다. 그런데 왕이 출가한 지 얼마 되지 않아 윤보가 사라지면서 나라가 뒤숭숭해지고 뜻하지 않은 어려움이 생겨나기 시작했다. 태자는 출가한 아버지를 찾아가 이 사실을 아뢰었다. 늙은 왕은 아들의 보고를 받고 이렇게 말했다.

'너는 걱정하거나 기분 나빠하지 말라. 너는 다만 전륜성왕의 법을 부지런히 행하라. 마땅히 법에 의해 법을 세우고, 법을 갖추어 그것을 존중하라. 법을 관찰하고 법으로써 우두머리를 삼으며 바른 법을 보호하라. 법으로써 예쁜 여자를 가르치며 법으로써 보호해 살펴라. 법으로써 모든 왕자, 대신, 친구, 관리, 백성, 사문과 바라문을 가르쳐라. 밑으로는 금수까지 보호하고 살펴라.'

왕은 거듭해서 이렇게 말했다.

'왕국 내에 있는 사문이나 바라문으로서 수행과 공덕이 구족한 자에게 법을 물어 마음으로부터 깊이 관찰하여 마땅히 행할 것은 행하고 버릴 것은 버려라. 외로운 노인이 있거든 마땅히 구제하여 보살피고 가난하고 곤궁한 자가 와서 구하거든 거절하지 말라. 또 옛날부터 지켜온 법을 고치지 말라. 이런 것들이 전륜성왕이 수행해야 할 법이니라.'

태자는 아버지의 말대로 했다. 그랬더니 사라졌던 윤보가 나타나고 뒤숭숭한 일들도 없어졌다. 태자는 그 윤보를 굴려 사해를 평정했다."

장아함 6권 6경 《전륜성왕수행경(轉輪聖王修行經)》

부처님이 태어났을 때 아버지 정반왕은 아지타라는 선인에게 관상을 보게 한 적이 있다. 아지타는 부처님의 관상을 보자 '세속에 있으면 전륜성왕이 될 것이고 출가하면 진리의 법왕이 될 것'이라고 예언했다고 한다. 이 얘기에서 보듯이 전륜성왕(轉輪聖王)은 진리의 왕인 부처님, 즉 법왕(法王)

에 비교되는 세속을 통치하는 왕이다.

　세상에는 많은 통치자가 있지만 전륜성왕을 이상적인 통치자로 보는 것은 진리에 의한 통치를 하기 때문이다. 즉 정법에 의해 이상적인 국가를 건설하여 모든 백성이 편안하게 살 수 있도록 한다는 것이다. 그래서 전륜성왕은 부처님에게만 나타나는 32가지 거룩한 모습을 갖추고 태어난다고 하는 믿음도 있었다.

　전륜성왕을 이렇게 이상적인 통치자로 내세우는 것은 불교 이념의 사회적 실천을 위한 것으로 보여진다. 부처님의 경우 출가수행자이므로 세속 사회를 권력으로 통치할 힘은 없다. 오직 진리(법)에 의한 가르침과 설득만이 법왕이 할 역할이다. 세속 사회에서 진리의 이념을 제도적으로 구현해 낼 사람은 왕이다. 왕은 권력을 가지고 있으므로 행정과 제도를 통해 행복한 세상을 만드는 일을 할 수 있다. 왕이 이런 나라를 만드는 것은 개인적 명예나 욕심에 의한 것이어서는 곤란하다. 거기에는 백성의 희생과 고통이 따른다. 좋은 나라는 바른 지혜를 갖춘 사람이 정법에 의해 통치를 할 때 가능하다.

　역사적으로 이와 같은 전륜성왕의 이상을 실현한 통치자는 고대인도의 통일제국인 마우리아 왕조의 아쇼카 왕으로 알려지고 있다. 그는 통일전쟁을 위해 수많은 목숨을 희생한 것에 회의를 느끼고 불교의 정법에 의한 통치를 구현하려고 노력한 통치자로 평가받고 있다. 또 신라의 법흥왕도 전륜성왕의 이상을 실현하려고 했던 통치자였다.

　물론 전륜성왕의 사상은 천하통일을 전제로 한다는 점에서 제국주의적 발상이라는 지적도 있다. 그러나 전륜성왕은 정법에 의한 통치를 전제한다는 점에서 제국주의보다는 UN과 같은 평화적 세계주의에 더 가깝다고 보는 것이 타당할 것이다.

나라가 부강해지는 일곱 가지 비결

부처님이 라자가하 기사굴산에 계실 때의 일이다. 마가다 국의 아사세 왕은 소국인 밧지 국을 침공하기 전에 부처님께 사신을 보내 왔다. 전쟁을 일으키면 승리할 수 있을지를 묻기 위해서였다. 사신을 맞은 부처님은 대답 대신 제자 아난다에게 물었다.

"아난다야, 내가 예전에 밧지 국에 머물며 '칠불쇠법(七不衰法)'을 가르쳐 준 적이 있는데 요즘 그들은 어떠하더냐?"

"부처님, 밧지 국 사람들은 지금도 부처님이 가르친 칠불쇠법을 실천하고 있습니다. 첫째, 그들은 자주자주 모임을 갖고 서로 바른 일에 대해 의논합니다. 둘째, 임금과 신하가 공명정대하고 아랫사람들은 윗사람들을 존경하는 기풍이 있습니다. 셋째, 옛 풍습을 지키며 예의를 존중합니다. 넷째, 부모를 효도로 섬기고 어른을 존경합니다. 다섯째, 돌아가신 조상을 받들고 유업 잇기에 노력하고 있습니다. 여섯째, 도덕적이며 음란하지 않습니다. 일곱째, 사문과 바라문을 공경하고, 계율을 지키며 바르게 생활하는 데 게으르지 않습니다."

"아난다야, 칠불쇠법 가운데 한 가지만 지켜도 나라가 망하지 않는다. 그런데 밧지 국은 일곱 가지를 다 지킨다면 그 나라는 더욱 안온하고 강성하여 누구의 침략을 받아도 망하지 않을 것이다."

사신은 이 대화 내용을 왕에게 보고했다. 아사세는 말뜻을 알아듣고 전쟁을 포기했다.

한편 부처님은 아난다를 시켜 라자가하에 있는 모든 비구들을 강당에 모이게 했다. 부처님은 비구들을 위해 교법이 더욱 자라되 줄어들지 않는 칠불쇠법을 일러주었다.

"첫째, 복잡한 일을 적게 하고 단순한 일을 많이 하라. 둘째, 침묵하기를 즐겨 하고 많은 말을 하지 말라. 셋째, 잠을 적게 자고 쾌락에 빠지지 말라. 넷째, 패거리를 만들어 쓸데없는 짓을 하지 말라. 다섯째, 아무 덕이 없으면서 자랑하지 말라. 여섯째, 악한 사람과 짝하지 말라. 일곱째, 산이나 숲 같은 한적한 곳에 있기를 좋아하라. 비구들이 이렇게 칠불쇠법을 닦으면 교법은 증장하고 닳아서 없어지지 않으리라."

장아함 2권 2경 《유행경》

장아함 《유행경》은 부처님이 열반하기 직전 만년의 가르침을 모아 놓은 경전이다. 이 경에서는 라자가하에서 마지막 안거를 보낸 부처님이 쿠시나가라까지 여행을 하면서 겪은 여러 가지 이야기가 소개되고 있다. 이 중 《유행경》에 나오는 칠불쇠법의 가르침은 중아함 35권 142경 《우세경(雨勢經)》에도 실려 있다.

유사 이래 세계의 역사는 언제나 약육강식의 동물의 법칙이 지배해 왔다. 약소국이 강대국의 침략을 받아 멸망하는 것은 불가항력이었다. 그러나 국토는 작아도 국력은 강력한 강소국도 있었다. 이들 강소국이 강대국의 무력 지배를 뿌리치고 독자적으로 자기 문화를 보존하고 발전시켜 온 것은 그 나름의 이유가 있었다. 그것은 무엇보다 국민들이 화합하고 상하가 신뢰를 하며 자기 문화를 지켜 나가려는 열정이 있었기 때문이다.

그런 뜻에서 이 경전들이 강조하고 있는 일곱 가지 가르침은 새겨 볼수록 가슴에 남는다. 특히 상하가 모여 옳은 일에 대해 자주 토론하라는 것은 국가나 사회, 또는 회사 조직의 의사소통이 얼마나 중요한지를 말해 준다. 또 아랫사람이 윗사람을 존경하고, 옛 풍습을 지키는 것을 나라가 건강해지는 비결로 꼽은 것도 주목할 점이다. 이는 부처님이 민주적인 가치를 숭상하면서도 보수적인 가치관도 중시했음을 짐작케 한다.

사회가 건강해지려면 '온건한 진보'와 '개혁적 보수'가 잘 어울려야 한다. 극단적 좌우 어느 한쪽으로 당파성이 치우치다 보면 균형을 잃기가 십상이다. 실제로 지금 우리 사회는 이 문제가 잘 조화되지 않으므로 해서 심각한 갈등을 겪고 있다. 모든 구성원들은 서로 자기 입장만 내세울 뿐 양보하려고 하지 않는다. 이런 사회가 도달하게 될 종착점은 뻔하다. 적과 동지로 편을 가르고, 상생보다는 상쟁에 익숙해지면서 충돌과 파멸에 이르게 될 뿐이다.

지금 우리는 정치적으로나 사회적으로 심각한 위기국면에 얼굴을 맞대고 있다. 단체든 국가든 자멸에 이르지 않으려면 지금 당장 자기 중심의 이기적 태도부터 바꾸는 진정한 용기를 가져야 할 것이다.

대중지도자가 갖춰야 할 덕목

 부처님이 알라비칼라에 머물고 있을 때의 일이다. 어느 날 수장자(手長者)가 5백여 명의 장자를 이끌고 부처님을 찾아와 예배하고 한쪽에 앉았다. 부처님이 수장자에게 물었다.

"그대는 어떤 법으로 이처럼 많은 대중을 이끌고 있는가?"

"저는 부처님께서 말씀하신 네 가지 원칙으로 이들을 이끌어 가고 있습니다. 첫째는 은혜를 베풀고(惠施), 둘째는 부드럽고 고운 말을 쓰며(愛語), 셋째는 사람들에게 이익이 되도록 하며(以利), 넷째는 모든 일을 같이 하도록 하는 것(等利)입니다. 저는 이렇게 네 가지 원칙으로 대중을 이끌고 있습니다."

장자의 대답을 들은 부처님은 이렇게 말했다.

"훌륭하구나 장자여, 너는 능히 법답게, 좋은 방편으로 대중을 이끌고 있구나. 만일 과거의 모든 장자나 바라문이 방금 말한 사섭법으로 대중을 이끌었다면 어떤 대중도 이끌지 못하는 일이 없었을 것이다. 또 만일 과거·현재·미래의 사문이나 바라문이 이 방법으로 대중을 이끈다면 어떤 대중도 이끌지 못할 대중이 없을 것이다."

설법을 들은 수장자는 매우 기뻐하며 집으로 돌아갔다. 그리고 만나는 사람마다 부처님이 자신에게 들려 주었던 말씀을 반복해서 전해 주었다. 수장자가 전해 주는 부처님의 말씀을 들은 사람들은 모두 성냄과 다툼, 슬픔과 원한이 없어지고 늘 기쁨이 충만해졌다.

중아함 9권 40경 《수장자경(手長者經)》

부처님 당시에는 대상(隊商)들이 무역을 하여 큰 부(富)를 축적했다. 경전에는 이들이 무역을 하기 위해 배를 타고 바다로 나가거나 또는 사막으로 여행을 하는 장면이 자주 등장한다. 이 경전에 나오는 수장자는 아마도 무역을 하던 대상의 우두머리쯤 되는 인물이 아닌가 여겨진다. 그가 대상의 우두머리로 장사를 잘 하게 된 것은 부처님의 가르침을 잘 따랐기 때문이다. 즉 대상을 이끌 때는 언제나 부처님이 가르친 사섭법(四攝法)의 원칙에 의해서 했다는 것이다. 사섭법이란 보시(布施) · 애어(愛語) · 이행(利行) · 동사(同事)를 말한다. 이 경에서 말하고 있는 혜시(惠施) · 애어(愛語) · 이리(以利) · 등리(等利)는 용어만 다를 뿐 의미는 같다.

부처님이 대중지도자의 덕목으로 이 네 가지를 가르친 뜻은 너무나 명백하다. 남의 우두머리가 되려면 무엇보다도 베풀 줄 알아야 한다. 재물이나 지식을 독점하지 말고 자신의 이익보다는 남을 먼저 배려해야 한다. 그래야 대중이 믿고 따른다. 이것이 보시섭이다.

또한 항상 부드럽고 고운말을 써야 한다. 지위가 높다고 권위적이고 무시하는 언사를 쓰거나 무조건 억누르려고만 하는 것은 아랫사람의 기분을 나쁘게 할 뿐이다. 이것을 안다면 높을수록 겸손한 말씨를 써야 한다. 이것이 애어섭이다.

또한 항상 대중을 이롭게 하는 것이 무엇인가를 생각하고 처신해야 한다. 육체적으로나 정신적으로 항상 자신의 이익보다는 남을 이롭게 하는 일을 먼저 생각하고 실천해야 한다. 그렇게 하면 대중은 그를 존경하지 않을 수 없을 것이다. 이것이 이행섭이다.

마지막으로 중요한 덕목은 고락을 함께 하는 것이다. 자기는 높은 사람이라고 우산을 쓰고, 다른 사람은 낮다고 비를 맞게 하는 것은 대중지도자가 할 행동이 아니다. 윗사람을 모시는 사람도 그렇게 하는 것이 얼마나 잘못된 것인지를 알아야 한다. 진정한 존경은 지위의 높고 낮음에 있는 것이 아니라 고락을 함께 나누려는 마음을 보여 주는 데서 심복(心服)이 일어난다. 이것이 동사섭이다.

대중지도자가 대중으로부터 존경받거나 경원되는 것은 이 사섭법을 실천하느냐 못하느냐에 있다. 나라를 이끌어 가는 사람이 국민으로부터 존경을 받고, 회사를 경영하는 사람이 사원들로부터 신뢰를 받는 방법도 여기에 있다. 대중들은 독선적인 카리스마보다는 동고동락해 주고, 사리사욕보다는 공익을 먼저 생각하는 사람을 좋아한다. 정치적으로나 사회적으로 성공한 지도자는 모두 이런 덕목을 갖춘 사람이다. 반대로 실패한 사람의 대부분은 나누기보다는 독점하고, 칭찬하기보다는 원망하고 비난하는 말을 많이 하고, 공공의 이익보다는 사리사욕에 눈이 멀고, 동고동락보다는 혼자만 잘먹고 잘살려고 한 탓이다.

남의 우두머리가 되려는 사람들이 지도자로서의 성공 여부를 미리 알아 볼 점괘가 있다. '사섭법의 거울'에 비춰 보면 거기에 정확한 괘사(卦辭)가 들어 있다.

권력 측근들이 알아둘 일

부처님이 라자가하에 있을 때의 일이다. 어느 날 부처님은 여러 비구들에게 이렇게 말했다.

"나는 이제 늙어 몸은 갈수록 쇠하고 피곤하다. 마땅한 시자(侍者)를 두어야 할 것 같다. 그대들은 나를 위해 시자를 한 사람 천거해서 내가 해야 할 일과 하지 않아야 할 일을 보살피고 내가 말하는 바를 받아 그 뜻을 잃지 않게 했으면 좋겠다."

이에 콘단냐, 야사를 비롯한 여러 큰 비구들이 차례로 일어나서 시자가 되기를 자청했으나 부처님은 그들이 연로했음을 이유로 거절했다. 이때 존자 목갈라나가 부처님의 뜻을 헤아리고 아난다를 시자로 추천했다. 아난다는 처음에는 사양했으나 여러 장로들이 거듭 청하자 다음과 같은 조건을 제시하고 수락했다.

"존자시여, 만약 부처님께서 나의 세 가지 소원을 들어 주신다면 시자가 되겠나이다. 첫째, 부처님의 새 옷이나 헌옷을 입지 않겠습니다. 둘째, 부처님께 따로 올린 공양을 대신 받지 않겠습니다. 셋째, 뵈올 때가 아니면 부처님을 뵙지 않겠습니다."

이 소식을 전해 들은 부처님은 아난다에게는 다음과 같은 15가지 불가사의한 덕이 있다고 칭찬했다.

① 총명하고 지혜로우니 반드시 비방할 사람이 있을 것을 미리 알고 있다.

② '옷과 밥을 위해 세존을 모신다'는 비방을 미리 알고 있다.

③ 자신이 부처님이 뵈올 때와 이교도들이 부처님을 친견할 때를 안다.

④ 비록 타심지는 없으나 여래의 마음을 알고 있다.

⑤ 여래를 25년 동안 모셔도 뽐낼 생각이 전혀 없다.

⑥ 때가 아닌 때는 여래를 뵙지 않는다.

⑦ 타인 때문에 단 한번의 꾸지람을 들은 것 외에는 다른 일로 꾸지람을 들은 일이 없다.

⑧ 많은 법문을 듣고 잊지 않아도 뽐내지 않는다.

⑨ 단 한 구절을 제외하고는 두 번 묻지 않았다.

⑩ 여래로부터 많은 법문을 들어 가졌을 뿐 처음부터 남에게 법을 받은 적이 없다.

⑪ 그 법문이 자신만을 위한 것이라고 생각하지 않았다.

⑫ 누가 와서 물을 것을 대비해 미리 대답을 준비하지 않았으며 그 자리에서 이치에 따라 대답했다.

⑬ 부처님과 모든 훌륭한 제자들에 비해 부족하고 부끄럽다는 생각을 가지고 있었으므로 교만한 마음을 갖지 않았다.

⑭ 수행자가 눕고 자는 행동거지를 배운 후부터는 한 번도 어기지 않았다.

⑮ 몸과 말과 생각으로 여래를 모심에 있어 아난다를 따를 사람이 없었다.

중아함 8권 33경 《시자경(侍者經)》

아난다는 부처님의 10대제자 중에서 '다문제일(多聞第一)'로 칭송받는 사람이다. 부처님 나이 55세 때부터 25년간 시봉했으니 설법을 가장 많이 들었을 것은 당연하다. 그러나 이런 아난다에 대해 일부에서는 시기와 질투가 있었던 듯하다. 이 경이 그런 사정을 추측케 한다.

이 경은 두 가지 사실을 복합적으로 기록하고 있다. 전반부는 아난다가 어떤 자세로 부처님을 모셨는지에 관한 것이다. 후반부는 그에 대한 부처님의 평가다. 두 가지 사실은 시간적으로 차이가 있을 터인데 경전을 편찬하다 보니 한곳에 합쳐 놓은 것이 아닌가 여겨진다.

여기서 우리가 살펴볼 점은 지도자 또는 권력자를 지근거리에서 모시는 사람의 태도에 관한 것이다. 세속 사회에서는 권력자 옆에 있는 비서들이 더 큰 권력을 행세하는 경우가 많다. 오죽하면 '호가호위(狐假虎威)'라는 말이 생겨 났겠는가.

실제로 우리는 언제나 권력 주변에 해바라기처럼 얼굴을 돌려 가며 권세를 행사하는 사람을 숱하게 보았다. 그러다가 패가망신한 사람도 많이 보아 왔다. 그러나 아난다는 달랐다. 그는 처음부터 엄격한 자기 절제를 다짐하고 부처님을 모셨다. 이에 대한 교단과 부처님의 평가는 매우 훌륭한 것이었다. 권력 주변에서 서성거리는 사람들이 이 경을 읽고 큰 깨달음을 얻는다면 큰 다행일 것이다.

수단도 정당해야 한다

부처님이 라자가하 죽림정사에 계실 때의 일이다. 그 무렵 사리풋타는 사밧티 기원정사에서 여름 안거를 보내고 있었다. 어느 날 죽림정사에서 부처님과 함께 안거를 마친 비구가 찾아왔다. 사리풋타는 그에게 부처님과 제자들, 신심 깊은 재가신자들의 안부를 차례로 물었다. 그런 다음 옛친구인 다난자니(陀然)의 근황을 물었다.

"내 친구 다난자니도 건강하고 편안한가? 자주 부처님을 찾아뵙고 설법을 듣는가?"

"그는 건강하고 편안하지만, 부처님을 찾아뵙고 설법 듣는 일은 잘 하지 않습니다. 계를 어기고, 다른 사람을 속이고, 옳지 않은 방법으로 재물을 모은다는 소문이 자자합니다."

사리풋타는 이 말을 듣고 다난자니를 찾아갔다.

"벗이여, 그대는 어찌해서 바른 법을 닦지 않고 금계를 지키지 않으며, 남을 속이고 옳지 않은 방법으로 재물을 모으는가?"

"나는 세속에 사는 사람이네. 부모와 처자를 보살펴야 하네. 국가에 세금도 내고, 조상을 위해 제사도 지내고, 사문과 바라문에게 보시도 해야 하네. 이를 위해서는 많은 재물이 필요하네. 이 점을 이해해 주게."

"그럼 내가 한 가지 물어 보겠네. 어떤 사람이 부모를 위하느라고 악행을 했다고 하세. 처자를 위해 또는 조상을 위해 악행을 하고, 세금을 내기 위해 악행을 하고, 보시를 하기 위해 악행을 했다고 하세. 그렇다고 그가 지은 죄가 감해질 수 있겠는가?"

친구는 고개를 떨구면서 '그렇지 않다'고 말했다. 사리풋타는 친구를 위해 진심을 다해 이렇게 말했다

"그렇다면 벗이여, 정당한 행위와 정당한 방법과 정당한 공덕의 결과로 재물을 얻어 부모와 처자를 보살피고, 조상을 위하고 사문에게 보시를 행하는 것이 옳지 않겠는가? 그래야 처자와 친족과 이웃과 사문들로부터 존경받지 않겠는가?"

중아함 6권 27경 《범지타연경(梵志陀然經)》

'끝이 좋으면 다 좋다'는 말이 있다. 어떤 일을 도모할 때 목적만 좋으면 수단이 조금 나쁘더라도 이해하고 넘어 가려는 것이 보통 사람들의 심리다. 그러나 이 경은 아무리 목적이 훌륭하다고 해도 수단이 나쁘면 안 된다고 말한다. 목적이 훌륭하다면 수단도 훌륭해야 한다는 것이다. 어떻게 보면 융통성이라고는 조금도 없어 보인다.

이런 태도는 세속적 삶을 살아가야 하는 사람들에게는 매우 불편한 요구다. 어떻게 처음도 좋고 중간도 좋고 끝도 좋은 방법으로 사업을 하고 재산을 축적하며 살아갈 수 있단 말인가. 그러나 사리풋타는 이 문제에 대해 강력하게 충고

한다. 아무리 좋은 목적이라도 정당한 방법이 아니면 옳은 것이라 할 수 없다는 것이다. 만약 재산을 모으기 위해 사람을 죽이거나 훔치거나 속이는 것을 정당하다고 한다면 이 세상에 죄가 될 일이란 하나도 없을 것인데 그것이 과연 말이나 되느냐는 것이다.

물론 세상에는 한 가지 원칙이나 기준으로 말할 수 없는 현실도 있다. 역사소설의 주인공이기는 하지만 임꺽정이나 홍길동 같은 인물은 가렴주구에 참다 못해 활빈당을 만들어 탐관오리들의 재산을 털어 가난한 백성에게 나누어 준다. 국법이 미치지 못하거나 국법 자체가 사람을 억압하는 구조 아래서는 폭력적 저항이 불가피했기 때문이다. 이런 경우는 과연 허물이 되는지 안 되는지 하는 되물음을 받으면 뭐라고 답을 해야 할는지 답답해진다. 혁명의 시대에는 억울한 개인의 희생이 불가피하다는 주장에 대해서도 마찬가지다.

그러나 한 가지 분명한 것은 어떤 경우라도 목적이 좋다고 수단은 아무래도 괜찮다는 발상은 좋지 않다는 것이다. 그런 것을 인정하는 순간 말썽이 생기고 시비가 일어난다. 실제로 이런 상황이 비일비재한 것이 우리의 삶이다.

목적을 위해 수단과 방법을 가리지 않는 것은 인간의 법칙이 아니다. 힘있는 자만이 살아 남는 것은 동물의 법칙이다. 인간은 동물이 아니라면, 동물처럼 살고 싶지 않다면 우리는 모든 일에서 수단의 정당성을 확보해야 한다. 목적이 좋더라도 수단이 나쁘다면 목적 자체가 나쁜 것으로 변질될 수 있다. 우리가 걱정해야 할 것도 바로 이 점이다. 그런데 과연 우리는 정당한 수단으로 살아가고 있는가? 이 경은 그것을 묻고 있다.

무상의 인식은 수행의 근본

 부처님이 사밧티 기수급고독원에 계실 때의 일이다. 어느 날 부처님은 비구들에게 이렇게 말씀했다.

"비구들이여, 만일 어떤 이학외도들이 그대들에게 무엇이 모든 일의 근본이 되느냐고 묻거든 욕심이 근본이 된다고 대답하라. 그들이 다시 무엇이 존재(有)가 되느냐고 묻거든 사상(思想)이 유(有)가 된다고 대답하라. 그들이 다시 무엇이 상주(上主)가 되느냐고 묻거든 염(念)이 상주가 된다고 대답하라. 그들이 다시 무엇이 앞(前)이 되느냐고 묻거든 선정이 앞이 된다고 대답하라.

비구들이여, 그들이 다시 무엇이 위(上)가 되느냐고 묻거든 지혜가 위가 된다고 대답하라. 그들이 다시 무엇으로써 참(眞)을 삼느냐고 묻거든 해탈로써 참을 삼는다고 대답하라. 그들이 다시 무엇으로써 마지막(訖)을 삼느냐고 묻거든 열반으로써 마지막을 삼는다고 대답하라. 비구는 마땅히 이렇게 알고 이렇게 배우며 이렇게 대답해야 하느니라.

비구들이여, 집을 나와 도를 배우려는 사람은 모든 것이 무상하다는 생각을 익히며, 무상한 것은 괴롭다는 생각을 익히며, 괴로움은 나가 없으며 깨끗하지 않다는 생각을 익히며, 거친 음식을 싫어하지 않는다는 생각을 익히며, 일체 세간은 즐거워할 것이 못된다는 생각을 익히며, 세속적 습관을 멀리하는 생각을 익히며, 해탈의 참 모양을 그것을 성취할 생각을 익혀야 한다.

비구들이여, 이렇게 하면 비구들이 애욕을 끊고 맺음을 없애며, 모든 법을 바르게 알고 바르게 관찰하여 괴로움의 끝을 보게 되느니라."

부처님께서 이렇게 말씀하자 비구들은 깊이 새겨 듣고 받들어 행하여 큰 이익을 얻었다.

중아함 28권 113경 《제법본경(諸法本經)》

지금은 사라진 풍습이지만 몇십 년 전만 해도 농촌에서는 모내기철이 되면 '농자천하지대본(農者天下之大本)'이라는 깃발을 꽂아 놓고 모를 심는 풍습이 있었다. 농악패들이 논두렁을 돌며 한바탕 신명나는 놀이를 펼치는 것도 이때였다. '농자천하지대본'이란 글자 그대로 농사란 천하에서 가장 소중한 일이라는 뜻이다. 농사가 소중한 것은 두말할 것도 없이 농사로 생산되는 소출이 사람을 살려 주기 때문이다. 아무리 권력이 높거나 미인이라도 먹지 않고는 살 수 없다. 그러니 농사가 천하의 대본이 되는 것은 당연하다.

그러면 인생을 바르게 살기 위한 불교수행에서 농사에 비견되는 대본(大本)이 있다면 무엇일까? 여러 가지 중요한 것이 많겠지만 가장 중요한 것은 바로 '무상(無常)의 인식'이 아닌가 생각된다. 어째서 그런가 하면 일체의 존재가 무상하다고 인식하면 집착이 적어진다. 내일이나 모레에 문득 죽음이 찾아온다면 오늘을 이렇게 아옹다옹 살려고 하지는 않을 것이다. 만약 나도 언젠가는 늙고 병든다는 사실을 뼈저리게 느낀다면 인생을 이렇게 허송하지는 않을 것이다. 사랑할 시간도 모자라는데 미워하고, 괴롭게 살 이유가 없다는 깨달음을 얻게 될 것이다.

어떤 사람은 모든 것이 무상하다면 인생이란 너무 허무하고 쓸쓸한 것이 아니냐고 하면서 무상을 강조하면 좋지 않다고 말한다. 일리가 있는 말이다. 그렇지만 그는 하나만 알고 둘은 모른다. 모든 것이 무상한 까닭에 인생은 노력할 만한 가치가 있는 것이다. 만약 부자는 영원히 부자고 가난뱅이는 영원히 가난뱅이라면 인생은 불공평한 것이다. 그러나 모든 것은 잠시도 머물지 않고 변한다. '3대 부자 없고 3대 가난뱅이 없다' 는 말도 있듯이 부자도 영락해서 가난뱅이가 되고 가난뱅이도 언젠가는 돈벌어서 부자가 될 수 있다. 이것이 모든 것이 변해 간다는 무상의 이치다.

무상을 바르게 깨닫지 않으면 인생을 대하는 태도에서 근본적인 변화가 일어나지 않는다. 불교를 공부한다고 하면서 욕심 내고 못된 짓 골라서 하는 것은 모든 것이 변한다는 것을 깨닫는 수행을 하지 않은 탓이다. 진정으로 이것을 안 사람만이 온갖 더럽고 치사하고 아니꼽고 유치한 짓을 하지 않는다. 이것을 모르는 사람은 욕심 내고 화내고 치사한 짓만 골라서 한다. 그러니 어찌 수행의 근본, 불교의 근본이 무상에 있다고 하지 않겠는가.

이 세상에서 가장 소중한 것

부처님이 사밧티 기수급고독원에 계실 때의 일이다. 어느 날 부처님은 비구들에게 이렇게 말씀했다.

"파세나디 왕의 명령이 미치는 땅에서는 파세나디 왕의 권력과 재물이 제일이라고 한다. 그러나 파세나디 왕도 무상의 법칙에서 벗어나지 못한다. 파세나디 왕의 권력이나 재물도, 파세나디 왕 자신도 끝내는 다 사라진다. 많이 아는 제자가 이와 같이 관찰한다면 그는 왕이 되는 것을 바라지 않을 것이요, 권력과 재물을 제일 많이 갖는 것도 바라지 않을 것이다. 그런데 하물며 그보다 못한 하천한 것을 바라겠는가?

해와 달이 광명을 비치는 1천 세계도 마찬가지다. 수미산과 사천왕천과 도리천과 염마천과 도솔천과 화자재천과 타화자재천을 만들었다고 하는 대범천이 있는데 그는 스스로 중생을 만들어낸 중생의 아버지라고 한다. 그러나 그도 결국은 무상의 법칙에서 벗어나지 못한다. 많이 아는 제자로서 이와 같이 관찰한다면 그는 대범천왕이 되는 것을 바라지 않을 것이요, 대범천왕이 갖고 있는 제일의 능력도 바라지 않을 것이다. 그런데 하물며 그보다 못한 하천한 것을 바라겠는가?

그러므로 그대들은 알아야 한다. 이른바 변하지 않는 나(我)란 없는 것이며, 나의 것(我所有), 나의 본체(我體)라는 것도 없는 것이다. 이것을 증득하는 것을 도(道)라고 하나니 그것만이 제일로 깨끗하고 밝은 것이니라.

또 그대들은 알아야 한다. 생과 멸을 떠나 슬기로써 일체의 참모습을 보아야 하나니, 그렇게 해야 이 세상에서 가장 중요한 제1의 열반을 얻을 수 있다."

중아함 59권 215경 《제일득경(第一得經)》

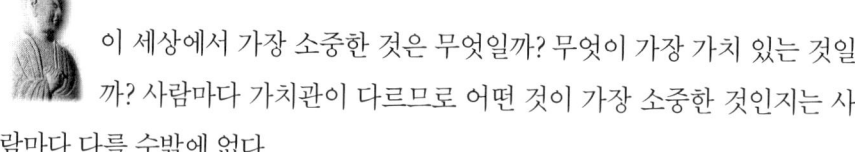 이 세상에서 가장 소중한 것은 무엇일까? 무엇이 가장 가치 있는 것일까? 사람마다 가치관이 다르므로 어떤 것이 가장 소중한 것인지는 사람마다 다를 수밖에 없다.

공부를 하는 학생에게 가장 중요한 것은 아마도 학업성적일 것이다. 매년 입시철이 되면 성적을 비관해서 자살하는 학생이 나온다. 입시 위주의 교육이 불러온 결과이긴 하지만 어쨌든 목숨을 버릴 만큼 성적에 매달리는 것을 보면 학생에게 학업 성적처럼 중요한 것은 없을 것이다. 연애하는 사람에게는 사랑이 가장 소중하다. 흔히 남이 하면 불륜, 내가 하면 로맨스라는 말이 있지만 불륜이 됐건 로맨스가 됐건 사랑에 눈먼 사람에게는 사랑밖에 보이는 것이 없다. 그래서 연애지상주의자들은 불륜과 로맨스를 구분하는 기준으로 사랑 때문에 목숨을 걸 수 있는지를 물어야 한다고 말한다. 그런가 하면 강도에게는 돈이 가장 중요하다. 그는 돈을 뺏기 위해서는 사람의 목숨까지 뺏는 것을 주저하지 않는다.

그런데 이런 것들을 모두 시시하게 여기고 다른 것에 목숨을 거는 사람들이 있다. 그들은 왕의 권력도, 부자의 재산도, 사랑의 짜릿함도 그 어떤 것도 영원한 것은 없으며 그것들은 하천한 것이라고 말한다. 그런 것은 무상하고 무상해서 아침 이슬과 같고 물거품 같은 것이어서 집착할 만한 가치가 없다고 말한다. 그러면 그들이 최고의 가치로 여기는 것은 무엇인가? 그들은 그런 좋은 것을 다 버리고 무엇을 위해 살고자 하는가?

불교의 수행자는 이 세상에서 가장 소중한 것은 열반이라고 말한다. 열반은 모든 고통이 소멸된 영원한 행복이다. 이 행복을 얻기 위해서는 다른 하천한 것에는 눈을 돌리지 말아야 한다. 그러자면 우선 자기 자신에 대한 집착에서 벗어나야 한다. 나(我)라든가, 나의 것(我所)이라든가, 나의 본체(我體)라든가 하는 생각에서 벗어나야 한다. 왜냐하면 그런 것은 모두 무상의 법칙에 지배를 받으므로 영원하지 않은 까닭이다.

무상의 지배를 받지 않는 방법은 간단하다. 거기에 집착하지 않으면 된다. 권력이나 재물이나 사랑이나 명예나 그런 것의 지배를 받지 않으려면 그것이 얼마나 무상하고 뜬구름 같은 것인 줄 알면 된다. 그러면 더 이상 그런 하천한 것에 집착하지 않는다. 집착을 버리는 그 순간 대자유와 해탈을 얻는다. 이것이 이 세상에 인간으로 태어난 우리가 가장 소중하게 여겨야 할 가치관이라는 것이 부처님의 가르침이다.

그런데 문제는 그 가르침이 옳기는 한 것 같은데, 왜 이렇게 실천하기가 어려운지 모르겠다. 하긴 그것이 쉬우면 누군들 부처님이 못되겠는가. 그게 잘 안되고 어려우니 스님들은 출가를 하고 수행을 하는 것이 아닌가. 그러니 너무 자책할 일은 아니다.

삶의 무상성을 깨닫고 나면

부처님이 베살리의 대림에 계실 때의 일이다. 어느 날 부처님이 숲을 산책하다가 욱가 장자를 만났다. 장자는 여자 시종을 거느리고 왕과 같은 호사를 누리다가 술이 취해 혼자서 숲 속을 헤매는 중이었다. 장자는 단정하고 원만한 상호와 위신이 의젓한 부처님의 모습을 뵙자 금방 술이 깨었다.

부처님은 그를 위해 품행을 단정히 할 것과 이웃에게 보시할 것, 계율을 잘 지킬 것을 차례로 말씀했다. 이어서 욕심이 재난의 근본이 된다고 꾸짖고, 생사는 더러운 것이라 이르시고 고·집·멸·도 사제법을 설했다. 부처님의 설법을 들은 장자는 의심과 미혹을 끊고 이내 바른 법을 깨달았다.

삼보에 귀의하고 오계를 받아 재가신자가 된 장자는 집으로 돌아가 모든 아내를 불러모아 놓고 제 갈 길을 가라고 했다. 둘째는 물론 첫째 부인마저 개가를 원하자 금은보화를 나누어 주며 시집보내 주었다. 그리고 많은 재산을 아낌없이 보시했다. 부처님과 제자는 물론이고, 멀리서 오는 여행자, 가난한 사람, 병자에게 널리 자선을 베풀었다.

어느 날 욱가 장자의 장삿배가 바다에 나갔다가 침몰되어 큰 재산을 잃게 되었다. 그럼에도 그는 자선을 베푸는 일을 멈추지 않았다. 도리어 더 많은 재산을 내어 보시를 한다는 소문이 들렸다. 이를 알게 된 비구들은 그가 너무 무리하지 않았으면 좋겠다고 생각했다. 그래서 아난다를 대표로 뽑아 비구대중들의 뜻을 전하기로 했다.

아난다는 욱가 장자를 찾아가 비구대중들의 뜻을 전했다. 장자는 비구대중의 뜻이라는 말을 듣고 마지못해 그 뜻을 받아들이기로 했으나 여전히 섭섭한 눈치였다. 아난다는 장자가 왜 그렇게 무리를 해 가며 자선을 베풀려 하는지를 물었다. 이에 장자는 이렇게 대답했다.

"가난한 사람의 소원은 마을에서 제일가는 부자가 되는 것입니다. 마을의 부자는 성중의 제일가는 부자가 되는 것이 소원입니다. 성중의 부자는 나라에서 제일가는 대신이 되는 것이 소원입니다. 나라의 가장 높은 대신은 작은 나라도 왕이 되는 것이 소원입니다. 작은 나라 왕은 전륜성왕이 되는 것이 소원입니다. 그러나 전륜성왕은 이렇게 생각합니다.

'나는 수행자처럼 머리와 수염을 깎고 가사를 입고 지극한 마음으로 집을 버리고 도를 배우는 사람이 되었으면, 그리하여 위없는 범행을 닦아 스스로 깨닫고 성취하여 다시는 윤회고를 받지 않았으면……'

아난다 존자님, 내가 이루고 싶은 것은 저 전륜성왕처럼 모든 재물이 다 마르도록 베풀고 또 베풀어서 마침내 깨달음을 이루고 해탈을 이루는 것입니다."

장자의 말을 들은 아난다는 '그것은 참으로 기특하고 거룩한 생각'이라고 칭찬하고 그의 공양을 받고 설법한 뒤 정사로 돌아왔다.

중아함 9권 39경 《욱가장자경(郁伽長者經)》

역사적으로 보면 왕이나 부자였던 사람들이 갑자기 출가를 결심하는 사례가 적지 않다. 중국의 순치 황제가 그랬고, 신라의 부설 거사도 그랬다. 얼마 전에는 홍콩의 유명한 배우 이연걸이 배우로서의 '호화로운 생활'을 포기하고 티베트의 절로 들어가 수행할 뜻을 밝혔다. 중화권에서 유명한 소프라노 이나(李娜)도 절에 들어 갔고, 여배우 황원신(黃元申), 최태청(崔笞靑)도 은퇴한 후 절에 들어 갔다. 우리 나라에서는 대학 총장, 방송국 사장, 경찰 간부를 역임한 저명인사들이 불교에 귀의했다는 뉴스가 있었다.

이렇게 각 분야의 정상에 섰던 사람들이 불교에 귀의하려는 이유는 무엇일까? 그것은 아마도 삶의 무상성을 뼈저리게 느꼈기 때문일 것이다. 이 경에 나오는 욱가 장자도 그런 심정이었을 것이다. 진정한 불교적 삶이란 이렇게 무상성을 깨닫는 것에서 비롯되는 것 같다.

만약 불교신자로서 터무니없는 행동을 서슴지 않는 사람이 있다면 그 이유는 다른 데 있지 않다. 삶의 무상성을 뼈저리게 느끼지 못한 탓이다. 그런데 대부분의 사람들이 죽을 때까지 욕심을 못 버리는 것을 보면 삶의 무성성을 느낀다는 것이 말처럼 쉬운 것이 아닌가 보다.

비불교적 태도에 대한 비판

부처님이 사밧티 동원정사에 계실 때의 일이다. 어느 날 항상 다투기를 좋아하는 녹자모의 아들 흑비구가 부처님이 계신 곳으로 왔다. 부처님이 이를 인연으로 여러 비구들에게 왜 사람들이 싸우게 되는지에 대해 말했다.

"항상 싸우기를 좋아하고 싸움하지 않는 것을 칭찬하지 않는 사람이 있다. 그러나 이것은 즐겨할 것이 못 되고, 사랑하고 기뻐할 것이 못 된다. 그렇게 하면 공경하고 존중하는 마음이 없어지며 열반에 이를 수 없다. 나쁜 욕심을 가지고 나쁜 욕심을 버리지 않는 사람이 있다. 그러나 이것은 즐겨할 것이 못 되고, 사랑하고 기뻐할 것이 못 된다. 그렇게 하면 공경하고 존중하는 마음이 없어지며 열반에 이를 수 없다. 계를 버리고 범하면서 계를 지키는 것을 칭찬하지 않는 사람이 있다. 그러나 이것은 즐겨할 것이 못 되고, 사랑하고 기뻐할 것이 못 된다. 그렇게 하면 공경하고 존중하는 마음이 없어지며 열반에 이를 수 없다. 분노에 얽매여서 원한과 질투 아첨과 속임수를 품으면서 그것을 그치고 버리는 것을 칭찬하지 않는 사람이 있다. 그러나 이것은 즐겨할 것이 못 되고, 사랑하고 기뻐할 것이 못 된다. 그렇게 하면 공경하고 존중하는 마음이 없어지며 열반에 이를 수 없다.

스스로에게나 남에게 부끄러움이 없고 참괴심을 지니는 것을 칭찬하지 않는 사람이 있다. 그러나 이것은 즐겨할 것이 못 되고, 사랑하고 기뻐할 것이 못 된다. 그렇게 하면 공경하고 존중하는 마음이 없어지며 열반에 이를 수 없다. 모든 범행자를 칭찬하지 않고 도리어 칭찬하는 것을 비난하는 사람이 있다. 그러나 이것은 즐겨할 것이 못 되고, 사랑하고 기뻐할 것이 못 된다. 그렇게 하면 공경하고 존중하는 마음이 없어지며 열반에 이를 수 없다. 모든 법을 관찰하지 않고 연좌 수행하는 것을 칭찬하지 않으며 비난하는 사람이 있다. 그러나 이것은 즐겨할 것이 못 되고, 사랑하고 기뻐할 것이 못 된다. 그렇게 하면 공경하고 존중하는 마음이 없어지며 열반에 이를 수 없다.

그러므로 수행자는 항상 싸우기를 싫어하며, 나쁜 욕심을 버려야 하며, 계를 지켜야 하며, 분노를 버려야 하며, 부끄러워할 줄 알아야 하며, 범행자를 칭찬해야 하며, 연좌 수행을 좋아해야 한다. 그래야 열반에 이를 수 있다."

중아함 23권 94경 《흑비구경(黑比丘經)》

불교 수행의 목표는 오로지 자신을 잘 다스려 '참다운 행복'인 열반을 성취하는 데 있다. 그런데 우리는 가끔씩 이 점을 잊어버리고 잘못된 길에서 헤매는 수가 많다. 용서하기보다는 미워하고, 화해하기보다는 분열하고, 나누기보다는 독점하고, 겸손하기보다는 오만하고, 칭찬하기보다는 헐뜯는 일에 익숙하다. 앞에서는 정의롭고 성실한 척하면서 뒤에서는 비수를 들이대고 호박씨를 까는 일도 다반사다. 그러면서도 입으로는 온갖 거룩한 말씀을 다 늘어놓는다. 정직하게 돌아보면 다는 아니더라도 누구나 한번쯤 그런 일을 하지 않은 사람이 드물기에 하는 말이다.

부처님은 이 경에서 그렇게 사는 것이 얼마나 비불교적인 삶인지를 엄중하게 타이르고 있다. 불자라면 마땅히 싸우기를 싫어하며, 나쁜 욕심을 버려야 하며, 분노를 버리며, 부끄러워할 줄 알며, 범행자를 칭찬하고, 연좌수행을 좋아해야 하는데 지금 무슨 짓들을 하고 있느냐고 나무라는 것이다. 그렇게 하면 결코 열반에 이를 수도, 참다운 불자가 될 수도 없다는 것이다.

부처님의 이런 말씀은 특별할 것도, 새로울 것도 없다. 어떻게 보면 잔소리에 불과한 말씀이다. 그런데도 이 경이 특별하게 읽히는 것은 지금 우리들이 참으로 그렇게 살지 못하기 때문이다. 실제로는 비불교적 삶을 살면서 말끝마다 불교와 부처님을 입에 달고 사는 것이 우리들이다. 모르긴 해도 이렇게 지적을 하면 나는 아니라고 자신있게 나설 사람이 과연 몇이나 되겠는가.

이 점을 인식한다면 우리는 좀 달라져야 한다. 남의 허물을 비난하기보다는 자신은 잘못이 없는지 살피는 겸손한 태도가 필요하다. 불교적 인격이란 이렇게 자기 자신의 허물을 먼저 살피는 데서 생긴다. 불자와 비불자의 차이는 다른 데 있지 않다. 늘 자기 점검을 하고 사느냐, 그렇지 않느냐에 있다.

남을 꾸짖을 때 유의할 점

 부처님이 사밧티 기수급고독원에 계실 때의 일이다. 어느 날 부처님은 제자들에게 '일좌식(一坐食)'에 대해 말했다.

"나는 여기저기서 음식을 먹지 않고 한자리에서 먹는다. 그래도 더 이상 구하는 바가 없고, 몸에는 병이 없고 기력은 단단하다. 그대들도 일좌식을 실천하라."

그러나 대중 가운데 밧달리 비구는 그렇게 하면 배가 고파서 일좌식을 실천하기가 어렵다고 했다. 부처님이 재차 권했으나 말을 듣지 않았다. 그는 여름 안거 동안 일좌식을 행하기 싫어서 부처님 곁을 떠났다. 안거가 끝나자 주변에 있던 비구들이 다시 부처님 곁으로 모여들었다. 밧달리는 부처님의 꾸중이 두려워 피하려 했으나 도반들의 권유로 마지못해 돌아왔다. 밧달리가 돌아오자 부처님은 그를 엄하게 꾸짖었다.

"내가 만일 구해탈(俱解脫)을 얻은 비구에게 '너는 이 진탕에 들어가라'고 했다면 그는 과연 말을 안 듣거나 다른 곳으로 피하겠느냐?"

"피하지 않았을 것입니다."

"너는 구해탈을 얻지 못했으면서도 나를 믿지 못하고 법을 믿는 생각도 없다. 모든 비구들이 계를 지키는데 오직 너만 일좌식을 감당할 수 없다며 떠나갔다. 왜 그랬는가?"

"참으로 잘못했나이다. 저는 바보 같고, 미치광이 같고, 멍텅구리 같고, 나쁜 놈입니다."

밧달리는 용서를 빌었다. 부처님은 밧달리가 허물을 뉘우치는 것을 보고 왜 계율을 지켜야 하는지를 설명해 주고 타일렀다. 명랑한 마음이 된 밧달리는 부처님의 설법이 끝나기를 기다렸다가 마지막으로 이런 것을 여쭈어 보았다.

"부처님, 어떤 이유로 똑같이 계율을 범해도 어떤 이에게는 엄하게 다스리고, 어떤 이에게는 그렇게 하지 않나이까?"

"그것은 이렇기 때문이다. 어떤 사람은 꾸지람을 받은 뒤 오히려 화를 냄으로써 나중에는 대중으로부터 따돌림을 받아 아예 충고조차 듣지 못하게 된다. 그러나 어떤 사람은 더욱 분발함으로써 대중들은 그를 신뢰하고 잘 이끌어 주고자 한다. 그래서 엄하게 나무라기도 하고 반대로 하기도 하느니라."

중아함 51권 194경 《발다화리경(跋陀和利經)》

부처님의 설법을 대기설법(對機說法)이라고 한다. 병에 따라 약을 주는 것과 같다고 해서 응병여약(應病與藥)이라고도 한다. 대기설법은 불교적 상담의 중요한 원리다. 만약 누구를 나무라고 야단을 치려고 하면 이런 원리에 입각해야 한다.

예컨대 어떤 사람에게 문제가 있을 때 무조건 비난하거나 야단치는 것이 반드시 효과적이지만은 않다. 반항심만 키워 엇길로 나가게 하는 수도 있다. 반대로 무턱대고 오냐오냐 하다 보면 버릇을 고치지 못하는 수도 있다. 그러므로 누구에게 어떤 조언을 하려면 먼저 그 사람이 처한 입장과 근기를 고려해야 한다. 그래야 좋은 방안이 찾아진다. 진심으로 사람을 아끼고 보호하려는 마음이어야 왜 야단을 치는지, 왜 위로를 해야 하는지에 대한 대답이 나온다. 이런 자비심이 전달되지 않으면 조언을 받는 사람이 마음의 문을 닫기 때문에 어떤 말도 귓등으로 흘리고 만다.

그런 점에서 빅토르 위고의 《레미제라블》은 비록 소설이지만 따뜻한 말 한마디, 자선의 눈길 한 번이 얼마나 중요한지를 보여 준다. 빵 한 조각 때문에 범죄자가 되어 19년형을 선고받고 탈옥하여 도망가던 장발장이 인생을 송두리째 바꾸기로 한 것은 어느 성당에서 신부님의 도움을 받은 후부터였다. 그는 자기도 회개를 하면 얼마든지 잘살 수 있다는 것을 깨닫고 새로운 삶을 시작한다. 신분을 숨기고 선한 신사가 되어 비구 시의 시장까지 된 그는 자신의 비참한 과거를 생각하고 어려운 이들에게 자상한 온정을 베푼다. 그렇지만 그의 인생은 원칙주의자 경찰서장 자베르의 출현으로 다시 도망자의 신세가 된다. 하지만 이 소설은 어려운 환경에 처한 사람에게 베푼 작은 자선이나 도움말이 한 인간을 어떻게 변화시키는지를 보여 주었다는 점에서 오랫동안 사람들의 뇌리에 남아 있다.

지난 2004년 노인과 여성들만을 대상으로 20여 명을 살해한 유영철이라는 희대의 살인범이 체포돼 세상을 떠들썩하게 한 적이 있다. 만약 그가 범죄를 저지르기 전에 부처님을 만났다면 어떤 조언을 받았을까? 미리 따뜻한 말로 위로해 주었다면 이토록 잔혹하고 엽기적인 범죄가 없었을지도 모른다. 세상에는 아직도 '제2의 유영철'과 같은 사람이 얼마든지 많다. 이들에게는 말 한마디가 인생을 바꾸는 계기가 될 수도 있다. 자비무적(慈悲無敵)이라고 했다. 꾸짖기보다 사랑으로 감싸는 일이야말로 사람을 살리는 길이다.

정말로 중요한 덕목 두 가지

부처님이 앙가 국 첨파 성 강가 연못가에 계실 때의 일이다. 첨파 성에는 종덕이라는 바라문이 있었는데 그는 대대로 훌륭한 가문의 후예였다. 어느 날 그가 누각에 올라 사방을 바라보고 있는데 많은 사람들이 강가 연못으로 가는 것이 보였다. 아랫사람을 불러 이유를 물어 보았더니 부처님을 찾아뵙고 가르침을 받기 위해서라는 것이었다.

종덕 바라문도 일찍이 부처님의 명성을 들은 바가 있었으므로 사람들과 같이 강가 연못가로 가기로 했다. 그러자 사람들이 나서서 '당신과 같이 훌륭한 바라문이 부처님을 찾아가는 것은 옳지 않다. 부처님이 당신을 찾아와야 한다'며 만류했다. 그러나 종덕 바라문은 '파세나디 왕도 부처님에게 귀의했다. 이는 그분이 그만한 덕을 갖추었기 때문일 것이다. 훌륭한 분을 찾아뵙는 것은 내 명성에 흠이 되지 않는다'며 뜻을 바꾸지 않았다.

종덕 바라문과 많은 사람들이 찾아오자 이미 저들의 마음을 알고 있는 부처님이 물었다.

"바라문들은 몇 가지 덕을 성취해야 바라문이라 하는가?"

"다섯 가지입니다. 7대 이래 훌륭한 가문이어야 하고(種姓), 세 가지 《베다》를 외우고 뜻을 알며, 사람들의 길흉화복을 알고, 제사의례에 능통해야 하며(諷誦), 용모가 단정해야 하며(端正), 계를 지켜야 하며(持戒), 지혜가 있어야 합니다(智慧)."

부처님은 종덕 바라문에게 '그 중 한 가지를 제외해도 좋다면 어떤 것을 버리겠느냐?'고 물었다. 바라문은 처음에는 종성, 두 번째는 풍송, 세 번째는 단정의 조건을 제외해도 무방하다고 했다. 왜냐하면 종성이 시원찮고 용모가 추하고 《베다》를 잘 외우지 못한다 해서 크게 문제될 것은 없기 때문이었다. 그러자 부처님이 다시 물었다.

"그러면 지계나 지혜 가운데 하나를 더 제외해도 되겠는가?"

"안 됩니다. 만일 계를 지키지 않는다면 지혜는 허망하고, 지혜가 없으면 계를 지키려 하지 않습니다. 그래서 이 두 가지는 반드시 갖추어야 합니다."

"그렇다. 지계와 지혜는 왼손과 오른손 같아서 손을 씻을 때 서로 깨끗이 해주는 것과 같다. 그러므로 나도 지계와 지혜를 구족한 사람만을 참다운 수행자라고 한다."

장아함 15권 22경 《종덕경(種德經)》

당나라 때의 유명한 시인이자 정치가였던 백낙천(白樂天)은 불교에 해박했던 인물이었다. 그의 박학 앞에서는 누구도 오금을 펴지 못했다. 그가 항주의 자사(刺使)로 부임했을 때였다. 마침 인근에 경산도흠(徑山道欽)의 법손으로 도림(道林)이라는 선사가 있었다. 새처럼 나무 위에 둥지를 틀고 좌선을 한다고 해서 사람들이 조과(鳥窠) 선사라 부르는 인물이었다. 소문을 들은 백낙천은 어느 날 도림 선사를 찾아가 물었다.

"불법의 깊고 중요한 대의는 무엇입니까(如何是佛法嫡嫡大義)?"

"나쁜 일을 하지 말고 많은 선을 행하는 것입니다. 스스로 그 마음을 깨끗하게 하십시오. 이것이 모든 부처님의 가르침입니다(諸惡莫作 衆善奉行 自淨其意 是諸佛敎)."

도림 선사의 대답은 '칠불통계게(七佛通誡偈)'라 하여 불경을 몇 줄이라도 읽은 사람은 다 아는 내용이다. 새롭고 신통한 대답을 기대했던 백낙천은 '삼척동자도 할 수 있는 말'이라며 실망을 표했다. 그러자 도림 스님은 정문일침(頂門一鍼)과도 같은 한마디를 던졌다.

"삼척동자도 아는 말이지만 팔순 넘은 노인도 실천하기는 어렵지요."

그는 이 한마디에 자신의 오만불손을 크게 뉘우쳤다고 한다. 《전등록》 4권 '우두산 6세 조종(祖宗)' 조에 나오는 얘기다.

안다는 것과 그것을 실천한다는 것은 이렇게 차이가 있다. 유치원 문턱을 넘은 사람이면 누구나 정직하게 살아야 하고 질서를 지켜야 한다는 것쯤은 알고 있다. 긴말 그만두고 입 달린 사람치고 어떻게 사는 것이 옳고 바른 것이라는 것을 모르는 바보는 없다. 삼척동자도 다 아는 것이 '바르게 사는 법'이다.

그러나 실세로는 그렇게 사는 사람이 드물다. 사랑과 자비를 등록상표처럼 내세우는 종교인들마저 현실과 마주하면 미움의 채찍을 휘두른다. 정의와 양심을 내세우는 지식인들일수록 불의와 타협하는 데는 선수급이다. 모두가 말과 행동이 일치하지 않는 것이다. 어째서 입으로는 정의를 말하고 도덕과 양심을 들먹이는 사람이 파렴치하고 비도덕적인 일에 연루되는가? 어째서 앎과 삶이 어긋나는 해괴한 일이 생기는 것인가? 그것은 아는 것(지혜)을 실천(지계)하는 일에 소홀했기 때문이다. 이제부터라도 자기 발등부터 살펴볼 일이다.

지은이 / 홍사성

동국대학교 불교학과 졸업. 불교신문 주필, 불교평론 주간, 불교TV 제작국장, 불교방송 방송본부장 등을 역임했다.
《부처님은 이렇게 말씀했다》《세계의 불교》《불교입문》《동남아불교사》《근본불교의 이해》《불교상식백과》등의 책을 냈다.

마음으로 듣는 부처님 말씀

2005년 12월 10일 초판 발행

•

지은이 / 홍사성
펴낸이 / 김병무
펴낸곳 / 도서출판 장승

•

출판등록일 1993. 2. 13, 제2-1493호
(우)110-300 서울 종로구 관훈동 197-28
백상빌딩 13층 4호
전화 (02)730-2500, 725-2800
팩스 (02)723-5961

•

값 11,800원

•

ISBN 89-8001-037-0 03220
※잘못된 책은 바꾸어 드립니다.